KB004536

왜 아프리카 원조는
작동하지 않는가

The Trouble with Africa: Why Foreign Aid Isn't Work

by Robert Calderisi

Copyright © 2016 Robert Calderisi. All rights reserved.
Translated into Korean by Ms. Hyonjong Lee, © 2023 Greenrainbooks.
Translation rights arranged through Africa Insight.

왜 아프리카 원조는 작동하지 않는가

아프리카 개발협력의 혁신적 전략 10가지

로버트 칼데리시

이현정 옮김, 허성용 해제

초록비책공방

차 례

1^부

아프리카는 무엇이 다른가

2^부

최전방 이야기

3^부

사실과 마주하기

4^부

미래를 향해

2023년, 한국의 독자에게

2006년에 집필된 제 책 『왜 아프리카 원조는 작동하지 않는가The Trouble with Africa: Why Foreign Aid Isn't Work』를 한국 독자들에게 소개하게 되어 영광입니다. 당시 제가 인용했던 많은 현장 사례와 경제 정보는 당연히 과거의 것이기에 일반 독자들은 이 책을 시대에 뒤떨어진 책이라 여길 수도 있겠습니다. 그러나 아프리카인 대부분의 일상을 개선하기 위해 오랫동안 묵묵히 노력해온 이들에겐 이 책에서의 주장들이 여전히 유효합니다.

특히 아프리카에게 있어 가장 중요한 부의 원천이자 가계소득 향상의 핵심인 농업 분야는 지금까지도 별로 나아지지 않았습니다. 기초 교육의 범위와 질은 아프리카인을 위한 지원 프로그램에서 수십 년간 그것을 우선시했던 이들의 의욕에 비해 훨씬 뒤처져 있지요.

정치적 진보 역시 고통스러울 정도로 더뎠습니다. 이 책에서 언급된 '최전선' 국가 중 하나인 코트디부아르에서는 제가 세계은행World Bank 지부장이었던 1990년대 초 당시 정치계 거물이었던 세 사람이 지금도 여전히 정치를 주도하고 있습니다. 카메룬과 적도기니의 독재자들은 40년이 넘는 지금까지 집권 중이지요. 2021년 아프리카연합 AU: African Union과 프랑스 대통령 에마뉘엘 마크롱 Emmanuel Macron이 암살된 대통령의 아들을 군정 지도자로 인정한 것은 왕자가 왕위를 계승했던 왕정 시대에나 가능한 것으로 헌법을 무시한 처사입니다.

원조를 통한 개발 가능성과 잠재력을 가진 후보국이라고 이 책에서 제가 꼽았던 다섯 나라 중 세 나라는 지금은 정치적 혼란(말리)이나 독재 정치(탄자니아와 우간다)로 후퇴했습니다. 물론 최근 탄자니아에선 후임 여성 대통령이 견제와 균형의 정치로 복귀를 시도하고 있습니다. 5개국 중 여러 문제가 있음에도 민주주의와 법치를 지키기 위해 헌신하는 나라로 눈에 띄는 것이 가나입니다. 가나는 1957년 아프리카 국가 중 최초로 독립한 나라로서 지금은 그때와는 다른 의미에서 여타 국가들의 선례라 할 수 있습니다.

아프리카 대륙의 시민사회는 소셜미디어의 힘과 영향력 덕에 15년 전보다 강력해졌고, '종신' 대통령의 수는 상당히 줄었습니다. 그럼에도 정치 및 사회 분야 활동가들에게 새로운 경제원조의 필요성을 설득시키는 것은 여전히 의미 있는 과제로 남아 있습니다. 공적원조는 신념을 가진 엘리트 계층에게만 도움이 되는 것이 아닙니다. 기획 단계에 시민사회를 참여시키고 모니터링 및 평가 과정에서 그들의 전문성과 선의를 활용하면 경제적·사회적 협력의 영향과 평판도 향상될 것입니다.

이 책의 한국어판 출간은 또 다른 의미에서 시기적절합니다. 아프리카는 이미 선진국들과 중국으로부터 충분한 자문을 받았지만, 그 국가들은 경제지원 프로그램을 통해 상업적·정치적 이득을 추구한다는 비난을 받습니다. 과거 아프리카에는 실질적으로 도움이 될 전문 기술이나 체험이 부족한데도 아프리카를 구하겠다는 연로한 선교사들이 넘쳐났지요. 그와 마찬가지로 현재의 아프리카에는 서구 대학에서 경제 개발이나 국제관계를 공부하고 이제 막 졸업한 '선한 사람들'이 또다시 넘쳐납니다.

이런 상황에서 한국이나 내 조국 캐나다 같은 '중간 강대국middle-powers'은 지정학적 이해가 강대국보다 덜 중요하기 때문에 아프리카 입장에서는 더 신뢰할 수 있습니다. 더욱이 한국은 전쟁의 여파와 천연자원 부족이라는 열악한 환경에서도 빈곤을 벗어나 번영하는 나라 중 하나가 된 독보적 경험이 있다는 점에서 매우 중요합니다. 아프리카에서 일하는 한국인들은 고난의 역사를 가졌다는 공통분모 덕에 아프리카인들과 특별한 인연을 맺게 되었다고 이야기합니다. 그러한 경험은 아프리카인들의 자신감과 사기를 높여준다는 점에서 한국의 투자 효과만큼이나 큰 가치를 갖습니다.

일부 평론가들은 이 책의 다정하고, 건설적이고, 도전적인 내용들을 '거친 사랑'의 표현이라 일컬었습니다. 저는 한국 독자들이 이 책의 기본 전제 및 주장들이 매우 긍정적이라는 사실을, 또 정치적 자유와 그것의 보장을 위한 개발협력이 이루어지면 아프리카인들도 한국인들과 같은 창의성과 에너지를 가족 부양에 사용할 수 있음을 발견하길 바랍니다.

2023년 봄 뉴욕에서, 로버트 칼데리시

2015년판 서문

이 책이 처음 출판된 2006년 3월은 토니 블레어Tony Blair 총리 당시 영국이 주도해 설립한 아프리카위원회Commission for Africa가 아프리카에 대한 서방국의 지원을 두 배로 늘려야 한다고 주장한 때로부터 1년이 지난 때였다. 이 주장은 2005년 7월 스코틀랜드 글렌이글스에서 열린 G8 정상회의에서 다루어졌다. 공정성을 갖추기 위해 아프리카 위원회는 에티오피아 총리, 전前 탄자니아 대통령, 전前 국제통화기금IMF: International Monetary Fund 총재, 대중가수 밥 겔도프Bob Geldof로 구성되었다. 위원회의 여러 주장 중 대對 아프리카 지원을 두 배로 확대하자는 주장 외에는 관심을 얻지 못했는데, 그중 하나는 부유한 국가 내에서의 농업 보조금을 폐지하는 것이었다. 농업 보조금 폐지는 원조 프로그램을 확대하는 경우보다 아프리카에게 더 많은 이익을 가져다줄 수 있었지만, 당시 여론은 국제원조 목표액과 대부분의 서방국이 원조 목표 달성에 실패했다는 사실에만 관심을 두었다.

이 책은 편견을 거부한다. 정치인, 고위직 공무원, 사업가, 그리고 이들에게 '서비스'를 제공하는 컨설턴트를 제외하면 아프리카에 대한 원조가 더 필요하다고 믿는 시민은 거의 없다. 30년간의 현장 경험에서 나는 원조 효과에 의문을 품는 사람들에게 원조 관리에 대한 다른 접근 방식을 포함한 개선 방안을 제시해야 할 의무감을 느꼈다.

『왜 아프리카 원조는 작동하지 않는가』는 비슷한 시기에 출간된 제 프리 삭스Jeffrey Sachs의 『빈곤의 종말The End of Poverty』이나 윌리엄 이스털리 William Easterly의 『세계의 절반 구하기The White Man's Burden』와 함께 평가받곤 했다. 삭스 교수는 아프리카를 근대화시키고 아프리카 개개인의 삶을 향상시키기 위해, 또 궁극적으로는 지속가능한 성장과 개발을 위해 서 방 원조의 대규모 증가가 필요하다고 주장했다. 이스털리 교수는 이러 한 '빅 푸시Big Push' 전략이 유토피아적인 데다 이미 실패한 마셜 플랜 Marshall Plan과 유사한 방식이라는 점에서 비판적이었다. 그는 외국 주도 하의 개발보다는 현지 자생적인 개발을 옹호했으며, 개발협력 기획자 planners의 역할은 현장 탐색자searchers가 현장의 특성과 현지인들의 입장 및 필요에 맞는 해결책을 찾을 수 있게 하는 것이라고 조언했다.

원조 규모 문제를 제외한 내 의견은 전반적으로 중간자적인 입장 으로 이스털리 교수의 주장에 가깝다. 대규모 원조 예산은 대규모 프 로젝트 실행, 성급한 의사결정, 때로는 공여국과 수원국受援國 간의 초 기 약속에 매몰되어 현실을 반영하지 못해 원조가 낭비되는 결과를 낳 기도 한다. 그럼에도 과거의 원조가 아프리카 수원국들의 발전에 크 게 기여했다는 점은 인정되며, 아프리카 내 국가들도 전반적으로 이 에 동의한다.

앞서 말한 두 권의 책은 출발 배경이 각각 다르다. 삭스는 러시아, 폴란드, 볼리비아, 아프리카 대륙의 국가들에 고위급 정책을 자문하는 경제학계의 슈퍼스타다. 그는 농부와의 대화를 위해 시골길을 덜컹거리며 오가는 데만 수십 년을 쏟을 만큼 대단한 열정으로 구시대 학자들을 압도하는 강점을 보여줬다.

세계은행에서 이스털리는 경제전문가로, 나는 조직관리자로 일했다. 이러한 배경 때문에 우리는 불가피하게 상호보완적일 수 있었다. 삭스 교수가 선구자적으로 제안한 소위 '새천년마을Millennium Villages'이 우리에게는 1970~1980년대 세계은행이 이미 실패했던 '포괄적 농촌개발 프로젝트'와 비슷해 보였다(삭스 교수의 실험에 대한 평가 보완은 니나 먼크Nina Munk의 저서 『이상주의자: 제프리 삭스와 빈곤의 종말 주문The Idealist: Jeffrey Sachs and the Quest to End Poverty』을 참고).

『왜 아프리카 원조는 작동하지 않는가』가 발간되고 3년이 지나 담비사 모요Dambisa Moyo라는 잠비아 출신의 경제학자가 그녀의 저서 『죽은 원조Dead Aid』에서 원조 효과성에 대한 논쟁에 불을 지폈다. 서양 남성이 아닌 변화를 원하는 아프리카 여성이 썼다는 점에서 이 책은 세계적인 관심을 받았다. 이 책에는 원조에 대한 그녀의 제한된 경험이 반영되어 있는데, 여기엔 원조가 민간자본의 대체재라는 주장 등 몇몇 잘못된 가정이 담겨 있다.

『왜 아프리카 원조는 작동하지 않는가』는 대체로 긍정적인 서평을 받았고 2006년에는 「이코노미스트The Economist」의 '올해의 책'으로 선정되었다. 그러나 몇몇 평론가는 내가 제시한 해결책에 의구심을 표했다.

「월스트리트저널The Wall Street Journal」의 한 평론가는 "원조 실패의 원인을 탁월하게 분석하긴 했으나 고위 전문관료 중심적 해결 방안은 그 의도와는 무관하게 시작부터 곤경에 빠지게 하는 처방"이라 평했다.

「파이낸셜타임스Financial Times」의 앨런 비티Alan Beattie는 내가 제시한 새로운 국제개발기구 위원회, 즉 세계은행과 국제통화기금IMF 및 유엔개발계획UNDP: United Nations Development Programme의 통합체가 그 역할과 업적을 떠나 탄생 자체부터 불가능할 것이라 했다. 국제금융기구들이 아직 가보지 않은 길인 이 세 기구의 통합을 두고 그는 어느 여성개발원, 하버드 대학의 인문과학대학교 교수진, 중국인민해방군을 합치는 것만큼이나 비현실적인 일임을 지적했다. 더불어 내 제안의 일부가 너무 억지스러운 탓에 내가 오로지 도발적으로 보이기 위해 그런 주장을 하는 것 같다고 했다.

관행을 과도하게 존중하는 지식 언론인과 달리 나는 활동적인 실행가로서 성역에 도전했다. 내 책을 세계은행에 처음 선보였을 때 직원들은 내 제안이 이미 원조 개혁이나 추가 담론에 언급되어 자신들도 알고 있는 내용이라며 공감을 표했다. 나는 단순히 이 과정을 가속화시키고 행동으로 바꾸고자 했을 뿐이다.

이 책에 대해 가장 놀랍고 만족스러웠던 반응은 젊은 아프리카인들에게서 나왔다. 저자와의 대화에 참석한 그들은 백인으로서 이렇게 도발적이고 모욕적인 제목의 책을 쓴 나를 주의 깊게 관찰했다. 그러나 책을 처음부터 끝까지 읽은 이들은 내 책의 제목이 1983년 자신의 고국에 대한 수필을 쓴 치누아 아체베Chinua Achebe*의 『험난한 나이지리아 The Trouble with Nigeria』**에서 차용한 것임을 깨달았다. 그들은 또한 내가 제안한 내용이 아프리카 대륙에서 직접 경험하고 아프리카인들의 목소

---

* 나이지리아 국적의 소설가이자 시인.
** 이 책의 원제는 '험난한 아프리카'임.

리에 귀기울여 들은 후 나온 것임을 알게 되었다. 나는 서구의 진보적 입장에 도전하기 위해 이 책을 썼고 그 내용이 결국은 보수적 입장의 사람들에게도 위로가 되었는데 젊은 아프리카인들이 내 책에 관심을 보여주었다는 것이 놀라웠다. 그리고 내게 편지를 쓴 그들 중 그 누구도 나의 결론에 반대하지 않았다.

2008년 어느 나이지리아 유학생은 페이스북을 통해 내게 다음과 같은 메시지를 보냈다.

"나는 잠든 룸메이트를 깨우지 않기 위해 조용한 흐느낌 속에서 이걸 씁니다. 당신의 책을 읽고 24시간이 지난 내게 일어난 일을 말하고 싶어요. 나는 화나고, 부끄럽고, 슬프고, 아프지만 고국으로 돌아가 내 나라를 바로잡는 데 최선을 다하기로 결심했습니다. 솔직하게 써주셔서 감사합니다. 어떤 부분에선 좀 지나치다고 생각되지만 전체적으로 당신의 책은 진실합니다. 나의 할아버지는 '네 입에서 구취가 난다고 말해주는 친구가 진정한 친구다'라고 말씀하시곤 했어요. 이 책을 읽으며 다른 수업과 책, 과제에서는 느낄 수 없던 무언가가 제 마음속에서 일어났는데, 그것은 아프리카인의 긍정성과 강인함에 대한 믿음과 애정입니다."

이 책은 놀랍게도 남아프리카공화국(이하 '남아공')에서 많이 팔렸다. 물론 남아공은 다른 아프리카 국가들과 공통점이 별로 없는 나라다. 그곳 독자들은 비가 오면 파이는 도로, 정전, 부정부패 증가와 같은 새로운 현상들을 볼 때 경제 관리와 지배 구조 역시 나아진 게 없다고 할 것이다. 하지만 바뀐 것들은 분명 있다. 사스SARS가 아프리카의 취약한 보건 시스템 탓에 전 세계적인 위험을 야기했던 에볼라 바이러스로 대체된 것이 한 예다. 국가 안보 전선에도 주요한 변화가 있었다. 2006년 당시 이슬람 극단주의자들은 소말리아 내에서만 위협적인 존재였으나 이제는 나이지리아와 같은 대국들의 근간을 흔들고 있으며, 사헬Sahel* 전역에 대혼란을 확산시키고, 부족한 국가예산 관리뿐 아니라 국제관계까지 복잡하게 만들고 있다. 이런 점들을 고려하여 이 책 끝 부분에 있는 제안을 바꿔야 하느냐는 질문에는 일단 아니라고 답하겠다.

나는 정치 체제를 개방하고 합리적인 경제 및 사회 정책을 도입하면서, 무조건적 원조를 받을 수 있는 자격을 갖추기 위해 오랫동안 부패와 전쟁했던 아프리카 5개국의 사례를 제시했다. 여기에 가능하다면 베냉, 르완다, 잠비아를 추가하고 싶다. 이 5개국은 모두 소국小國이다. 본래 이 그룹에 있었던 말리는 이후 군사적·정치적 혼란기 탓에 빠졌고 현 정부를 전복하려는 시도를 프랑스 군대가 지지하고 있다. 우간다 역시 정치적으로 계속해서 후퇴했다. 일부 국가들의 경우 비리 공무원이 강탈한 재산의 환수 절차 강화 및 간소화를 위해 일련의 국제적 노력을 했으나(나의 첫 번째 제안이었다), 부당한 권력자들을 국제형사재판소에 기소하는 데까지는 미치지 못했다.

이 책이 출판된 후로 아프리카가 변한 게 없다는 뜻은 아니다. 아프리카 일부 국가는 지난 10년간 높은 경제성장률을 보였고, 정치적 담론들 또한 대륙 전체에 권리의식을 불러일으켰다. 세계은행에 따르면 르완다는 이제 이탈리아보다 사업을 하기에 좋은 여건을 갖춘 국가가 되었다.

• 　사하라 사막의 주변 지대.

아프리카인들은 무능한 정부에 대해 보다 큰 반감을 표출하고 있다. 2008년 4월 남아공 최대 항구인 더반의 항만 노동자들은 짐바브웨로 향하려던 중국 국적의 배에서 무기를 하역하길 거부했다. 그러는 사이 인권 변호사는 남아공 영내領內에서의 무기 하적을 금지하는 명령을 내려달라고 법원에 요청했다. 그 중국 배는 결국 모잠비크, 앙골라의 항구에서도 입항이 금지되었다. 중국과 인도는 아프리카에 공을 들이고 있지만 아프리카 대륙에서 일어나는 이러한 새로운 경향에 적응해야 한다.

아프리카에서는 레즈비언, 게이, 양성애자, 성전환자 등 성소수자의 권리를 주장하는 용감한 극단주의자들의 저항 외에도 온건한 저항 및 불복종과 같은 작은 움직임들이 나타나고 있다. 또 남아공, 나미비아, 케냐, 보츠와나와 같은 국가들에선 아직은 조심스럽지만 법치와 헌법주의의 발전을 향한 움직임과 시도들이 눈에 띈다.

그러나 이러한 진전을 과대평가해서는 안 된다. 아프리카의 경제성장은 대부분 유가와 원자재가의 상승 때문이며 절대다수의 아프리카 사람들의 삶은 그대로이기 때문이다.

정치 환경에서의 변화도 별로 없다. 아프리카의 신생국인 남수단은 내전 탓에 독립 이후 2년간 오히려 퇴보했다. 수십 년간 권력 다툼을 벌이던 가봉과 기니 대통령은 현직에 있을 때 사망했고, 부르키나파소 대통령은 축출되었다. 미국의 로널드 레이건Ronald Reagan 대통령 시절부터 권력을 잡은 앙골라, 카메룬, 우간다 대통령들은 장기집권 중이고,

짐바브웨는 91세의 로버트 무가베Robert Mugabe가 35년째 통치 중이다.[●]
과오가 많은 타보 음베키Thabo Mbeki 남아공 대통령이 2008년 9월 집권
당에서 신임을 잃었다는 것은 놀라운 소식이었다. 국제정치에서 가장
권위 있는 프리덤하우스Freedom House^{●●}는 법치, 의사표현의 자유, 결사,
여성 및 성소수자에 대한 차별 지표 추세로 볼 때 아프리카는 점진적
으로 후퇴하고 있다고 밝혔다. 프리덤하우스에 따르면 아프리카인의
12퍼센트, 언론의 3퍼센트만이 자유를 누리고 있다. 높은 경제성장률,
역동적인 기업가 정신, 이동통신 가입자 급증에도 불구하고 아프리카
는 여전히 세계에서 가장 후진적이다.

2012년 세계은행은 아프리카를 비롯한 모든 대륙에서 절대빈곤 인
구가 처음으로 감소했다고 발표했다. 1981~2011년 동아시아의 절대
빈곤층은 77퍼센트에서 44퍼센트로, 남아시아는 60퍼센트에서 40퍼
센트로, 라틴 아메리카는 14퍼센트에서 6퍼센트로 낮아졌다. 그러나
아프리카는 51퍼센트에서 47퍼센트로밖에 개선되지 못했으며, 전체
아프리카인 중 절반에 가까운 이들은 아직도 1.25달러 미만의 돈으로
하루를 살고 있다.

이러한 절대빈곤의 원인은 농업 분야의 개선이 늦다는 데 있다. 생
산성 증가가 거의 농가소득으로 직결되는(아프리카 농가는 대부분이 자영
농이고 기업농은 드물다) 아프리카 농업의 특성을 감안해보면 정부의 무
관심이나 정책 실패가 주된 원인이다. 연구에 따르면 아프리카 소규모
농가의 소득은 적절한 유인誘因과 지원만 이루어지면 상당히 오랜 기간

● 　무가베는 37년간 통치 후 2019년에 사망함.
●● 　전 세계의 민주주의 확산과 인권시장 및 국제언론 감시 활동을 펼치고 있는 비영리 인권단체.

개선이 가능하다. 또한 다양한 토양과 기후를 감안했을 때 아프리카는 충분히 세계 시장에서 주요 곡물 공급자가 될 수 있다. 그러나 아프리카 정부들은 농업을 구시대적인 것으로 여기는 경향이 있다. 그들은 호주, 캐나다, 덴마크, 미국처럼 산업화된 국가들이 농업 분야에서 상당한 소득을 거둔다는 사실을 망각한다. 아프리카의 정책 입안자들은 농업이 가져올 기회를 새로운 시각에서 바라봐야 한다.

복잡하고 다양하게 얽힌 이해관계 속에서 돌파구를 찾을 수만 있다면 수백만 명의 삶을 변화시킬 수 있다. 아프리카에 대한 국제원조는 내가 이 책에 기술한 것보다 작게 그러나 전략적으로 역할을 다할 경우, 즉 열정적인 아프리카인들이 이끌고 주도하는 사업을 측면 지원할 경우 효과적일 수 있다. 규정과 접근은 투명해야 한다. 원조는 권리가 아니라 신중하고 충분히 훈련된 투자나 마찬가지다. 그렇기에 우리는 원조를 자선과 혼동하면 안 된다.

몇 년 전 캐나다 북극의 북서쪽 구석에 있는 노스웨스트주의 소도시 이누빅에서 수단 출신의 한 부부가 경찰서에 한 사건을 신고했다. 어느 날 아침 잘린 순록의 머리가 현관 앞에 놓인 것을 보고 증오범죄라고 판단한 것이다. 그런데 알고 보니 그곳 현지인들은 사냥에 능했으며 자신이 잡은 동물을 이웃들과 나누는 풍습이 있었고, 사냥당한 동물에서 가장 소중히 여겨지는 부분은 머리였다. 그제야 부부는 자신들이 아프리카에서 경험했던 공동체에서 나눔이 갖는 가치를 깨달았다.

국제원조는 순록의 머리와도 같다. 선물이지만 항상 선물처럼 보이는 것은 아니다. 아프리카 정부들은 필요악처럼 보이는 조건들 탓에 원조 활용이 어렵고 효과도 나타나지 않는다고 한다. 비영리기구들은 모든 공적원조가 태생적으로 잘못될 수밖에 없다고 주장한다. 국제원조 관계자들은 자신들의 프로그램이 정말로 가난한 사람들에게 혜택을 주는지 의구심을 갖는다.

그러나 가장 설득되어야 할 그룹은 두 곳이다. 하나는 사회정의를 믿으면서도 원조를 이기적인 것이라 여기는 서구의 사람들이고, 다른 하나는 원조가 자신들의 나쁜 정부를 오히려 지원해주는 도구일 뿐이라 여기는 아프리카 개혁가들이다. 국제원조는 이러한 상반된 인식의 두 그룹 모두가 그 효과를 인정할 수 있게끔 잘 기획되어야 한다. 내가 이 책을 처음 발표했던 10년 전처럼, 오늘날에도 역시 시급한 일은 이 두 그룹 모두가 아프리카 원조의 효과성에 대한 담론을 시작하는 것이다.

2006년판 서문

나이지리아 자체에는 문제가 없다. 국토, 기후, 수자원, 공기 등 그 어떤
것에도 말이다. 나이지리아의 문제는 무책임한, 진정한 리더십이 없는
지도자들의 무관심과 무능력이다.

— 치누아 아체베, 『험난한 나이지리아』(1983)

1999년 8월 1일, 일몰이 시작될 때 서아프리카 기니의 수도인 코나
크리 공항에 잠입한 두 소년은 브뤼셀 국적기인 사베나항공Sabena Airbus
비행기의 수하물 칸에 몸을 구겨 넣었다. 두 소년은 죽을 수도 있다는
것을 알고 있었다. 그로부터 1년 전 한 세네갈 청년이 이런 방식으로
잠입했고, 몸은 비록 뻣뻣해졌으나 근처에 있던 엔진의 열기 덕에 살
아서 파리에 도착한 바 있었다. 그러나 운이 없었던 이 소년들은 성층
권에서 영하의 기온에 얼어붙고 산소 부족으로 질식하여 착륙 후 주
검으로 발견되었다.

그중 한 소년의 손에 쪽지 하나가 쥐어져 있었다. '존경하는 유럽의
여러 대사大使들과 관료들, 그리고 시민 여러분'으로 시작되는 그 쪽지

에는 아프리카의 공립학교에서 벌어지는 '아동 인권 유린'에 대한 이야기가 담겨 있었다.

"세네갈의 사립학교들은 양질의 학습 환경을 제공하지만 많은 돈이 듭니다. 우리 부모들은 가난해서 그 학비를 내지 못하지요. 그래서 우리 아프리카 어린이들은 유럽인들이 아프리카의 발전을 위해 교육기관을 만들어주기를 부탁합니다. 유럽 시민들에게 도움을 요청하기 위해 우리는 죽을 수도 있는 이 모험을 합니다."[1]

이후 일어난 일들 역시 비극적이다. 이튿날 유럽연합EU: European Union의 기니 대사는 프랑스 방송에 나와 소년들의 죽음을 애도하면서도 "유럽이 더 많은 원조를 제공해야 이런 일의 재발을 막을 수 있습니다."라며 그 죽음이 갖는 의미를 퇴색시켰다. 이틀 후 코나크리 시장은 "사베나항공과 공항 측이 더 나은 보안 시스템을 제공했더라면 이런 일은 일어나지 않았을 것"이라 논평하며, 이 사건에 대한 자국 정부의 책임이 없음을 밝혔다.

기니 국민들은 정부 관료의 이런 발언이 어떤 의도를 갖는지 알고 있었다. 소년들의 시신이 고국으로 돌아왔을 때 공항에 운집한 많은 군중들은 슬퍼하고 분노했다. 한 남자는 프랑스 기자에게 "이 소년들은 우리를 대신해 이야기한 것입니다."라며 기니 정부에 대한 분노를 표출했다.

이런 비극은 피할 수 있었다. 코나크리 시장의 말이 100퍼센트 틀린 것은 아니지만, 이런 일의 발생을 막을 수 있는 것은 보안 시스템의 개선이 아닌 공교육의 정상화였다.[2]

에이즈나 전쟁으로 매년 수백만 명의 아프리카인이 불필요하게 죽어가는 것에 비하면 두 소년의 죽음은 별것 아니다. 그러나 이 죽음은 아프리카 대륙의 발전을 원하는 사람들에게 심장이 찔린 듯한 아픔을 느끼게 했다. 청소년 기본 교육을 위해 지원된 서방의 원조자금과 노력에 대해 아는 사람들은 더욱 분노했고, 아프리카에 대한 통찰력을 가진 사람들은 다시 한 번 아프리카의 근본적 문제를 제기했다.

1975년 이후 아프리카는 세계무대의 변방으로 계속 후퇴했지만 이런 양상은 앞으로 달라질 수도 있다. 국제 테러리스트들이 대안적인 새로운 안식처를 찾음에 따라, 사스나 조류독감 같은 신종 질병이 발생국에서 전 세계로 확산됨에 따라, 대규모 이주가 핵 확산만큼이나 21세기 초의 지배적인 도전이 됨에 따라 실패한 국가들이 국제적으로 미칠 파급 효과에 대한 서방의 관심은 높아질 것이다. 그러나 안타깝게도 이 실패한 국가들의 대부분은 아프리카에 있다.

전략적 고려는 차치해두더라도, 대다수 아프리카 시민의 고통은 세계의 양심을 괴롭힌다. 그러나 그 공포의 규모와 기원에 대해 알려진 바는 거의 없다. 아프리카 대륙에서는 12시간마다 2001년 9.11 테러로 발생한 사망자 수와 같은 3,000명이 에이즈로 죽는다. 또 아시아에서 2004년에 발생한 쓰나미로 인한 익사 혹은 압사한 이들의 절반에 해당하는 15만 명의 산모가 매년 출산 과정에서 목숨을 잃는다.

일부 사람들은 아프리카의 문제들이 수 세기 동안 지속되어왔다고 주장하지만 그 문제들은 1975년 이후로 더욱 심각해졌다. 대부분의 아프리카인과 동정심 많은 서구인은 아프리카의 문제들이 역사의, 그리고 서구 식민지 시대의 잔재라 믿는다. 그러나 독립 이후 아프리카는 독자적 역사를 구축해왔고, 냉전이 끝난 뒤엔 외국의 지배로부터 자유로워졌다.

또 어떤 사람들은 세계화가 아프리카를 더 가난하게 만든다고 비난한다. 하지만 대부분의 아프리카 국가는 세계 경제에서 차지하는 비중이 아주 작고, 시간이 갈수록 그 영향력은 더욱 미미해지고 있다. 아프리카는 국제무역에 동참하는 대신 자존심, 분노, 빈곤, 자기연민의 소용돌이에 휘말려 꾸준히 뒤처졌다.

아프리카는 서구인들을 오랫동안 매료시켜왔다(참고로 이 책에서 말하는 '아프리카'는 사하라 이남의 48개국을 지칭한다.● 모로코, 알제리, 튀니지, 리비아, 이집트 등 북아프리카 5개국은 지리적·정서적으로 분리되어 있고, 이들의 역사적·문화적 전통은 사하라 이남 국가들과 구별된다). 17세기의 한 영국 작가는 "인류가 오랫동안 추구해온 경이로움을 아프리카에서 찾을 수 있다. 아프리카와 그 경이로움은 우리 안에 있다는 것을 발견했다."라고 했다.[3] 그러나 아프리카의 현실은 주변뿐 아니라 아프리카인 스스로를 실망시켰다. 그래서 많은 아프리카인이 조금 더 나은 환경에서 꿈과 안전을 찾고자 다른 대륙으로 이주했다.

그럼에도 아프리카는 여전히 재능 있는 인재와 자원, 전통이 풍부한 곳이다. 아프리카의 지혜는 대부분 몇 마디 단어로 압축되어 구전되었다. 예를 들어 서아프리카 속담 중에는 "사람은 자신이 감당하고 있는 짐에 대해서만 말할 수 있다." 또는 "이방인은 큰 눈을 가지고 있어도 보지 못한다."와 같은 것들이 있다.

아프리카를 오랫동안 사랑해온 사람들은 아프리카의 다양한 문화

●   현재는 남수단과 서사하라를 포함한 50개국이 이에 해당.

와 국가에 대해 언급할 때 더욱 조심하고 겸손해야 한다. 어떤 사람들은 지리적 용어로서의 '아프리카'는 존재하지 않는다고 주장한다. 한 작가는 "아프리카 대륙은 너무 커서 묘사할 수 없다. 그곳은 별천지이고, 진정한 바다이며, 다양하고 거대한 우주다."라고 하고,[4] 어떤 관찰자는 "아프리카 대륙은 미국 영토의 네 배 이상이다. 또한 미국보다 훨씬 복잡하고, 덜 동질적이며, 그 자체로서 엄청나게 다양하고, 변동성도 더 크다."라고 했다.[5]

불행히도 아프리카는 그 자체의 큰 실패 탓에 일반화되어 인식되고 있다. 아프리카의 엄청난 다양성은 '아프리카의 문제'를 더욱 도드라지게 만든다. 아프리카는 야만적인 내전이 주기적으로 일어나는 유일한 지역이고, 지난 30년간 계속해서 빈곤해진 세계 유일의 대륙이며, 통제불능에 이른 인구증가가 전반적인 상황을 악화시킨 세계 유일의 지역이다.

전 세계 에이즈 환자의 3분의 2가 아프리카에 있다는 사실은 이제 놀랍지도 않다. 무질서한 아프리카에서 그나마 나은 편인 남아공의 대통령도 자국에선 에이즈로 죽은 사람이 없다고 주장하는 등 아프리카 나라들의 정부는 이 문제를 대체로 무시해왔다.

보츠와나와 모리셔스는 경제적·정치적 재앙을 모면할 수 있었는데, 다른 아프리카국들은 이 두 나라를 자신들이 본받아야 할 모델로 보기보다는 '비非아프리카 국가'로 여기고 있다. 보츠와나는 논란이 많지만 소국이고 광물자원이 풍부하며, 모리셔스는 중국인과 인도인이 공동체를 이루고 있다는 점에서 다르다고 볼 수 있다. 그렇다면 이 두 나라를 제외한 다른 아프리카 국가들은 어떤 공통점을 가질까?

근대에 제작된 지도의 대부분은 아프리카를 세계의 중심에 위치시켜 서유럽이 부속물이나 추가로 덧붙여진 것처럼 그렸다. 피렌체의 지도 제작자 조반니 베스푸치Giovanni Vespucci(아메리고 베스푸치Amerigo Vespucci의 조카)는 1526년 세계지도에 아시아나 남미 대륙보다 아프리카를 조금 더 정교하고 정확하게 그렸다.[6] 그러나 이후 지정학적 무게 중심이 이동하면서 아프리카는 지도의 구석으로 밀려났다.

세계 인구의 10퍼센트를 차지하는데도 국제무역에서 갖는 비중이 1퍼센트에 불과하고, 외교와 군사 분야에 미치는 영향력도 크지 않은 아프리카는 서방 이민국 관료들에게 기이하고 수수께끼 같으며 당연히 눈엣가시인 존재가 되었다. 종교, 원조, 여행 산업 외에 아프리카 대륙은 에이즈 감염병과 관련되어서만 종종 언급될 뿐이다.

아프리카는 세상을 이끄는 현실적인 사람들보다 모험가, 인류학자, 동물학자, 선교사, 이상주의자, 그리고 일부 낭만주의자들에게 매력적이다. 아프리카에 특파원을 두고 있는 언론사도 거의 없다. 남아공을 제외하면 아프리카 대륙은 경제·금융 분야의 뉴스가 거의 없으며 국제뉴스 단신에도 등장하지 않는다. 국제회담에서 볼 수 있는 아프리카 특유의 화려한 복장이 아니었다면 국제무대에서도 주목받지 못했을 것이다. 석유와 가스 산업 분야를 제외하고, 아프리카에 있는 사업가 대부분은 독점 기업가, 마라톤 선수, 해적이다. 전문 투자자들은 수십 년간 아프리카를 피해왔고, 주식중개인들은 꿈에서조차 아프리카에 대해 생각하지 않는다. 아프리카를 대상으로 했던 10년간의 투자액보다 많은 민간 투자금을 중국이 매년 유치하는 것과 대조적이다.

더 심각한 것은 아프리카 사람들이 아프리카를 떠나고 있다는 점이다. 아프리카 르네상스를 이끌 수 있는 전문 인력 중 적어도 7만 명이 매년 아프리카를 등지고 있다. 능력 있고 도전적인 이들이 아프리카로 돌아올 때까지, 아프리카에 대한 세계의 평화유지 노력과 원조는 대부분 효과를 거두기 어려울 것이다.

⊠ ⊠ ⊠

최근 들어 아프리카나 국제원조를 주제로 한 책들이 여러 권 발간되었다. 그러나 국제기구 출신의 고위 관료 관점으로 지난 30년간 아프리카 개발의 내부적인 이야기를 다룬 책은 이 책이 처음일 것이다. 나와 비슷한 또래의 원조 전문가들은 아직도 현업에 있기 때문에 자신들의 의견을 자유롭게 표현할 수 없다.

나는 부모님 간병을 위해 세계은행에서 은퇴했고, 사전승인 없이 과거 업무와 관련된 글이나 책의 발표를 금지하는 세계은행의 규칙에 따라 2년을 기다렸다. 특정 주제와 관련된 특별한(또 어쩌면 독특한) 경험이 있는 사람으로서, 나는 아프리카 발전에 기여하기 위해 내 경험을 공유해야 한다는 의무감을 느꼈다. 나는 계속해서 아프리카에 깊은 관심을 갖고 있다. 아프리카가 환상을 버리고 고유의 재능과 자원을 충분히 펼친다면 세계 사람들과 다시 연결될 수 있다고 믿는다.

그간 내가 아프리카와 맺은 인연은 다양하다. 1975년 처음 아프리카 대륙에 발을 내디딘 이후 나는 계속 일을 했고 여행도 다녔다. 1970년대에는 탄자니아, 1990년대에는 코트디부아르에 살면서 아프리카에 대한 꿈을 키웠다. 또한 세계 최대 원조기구인 세계은행에서 경력의 대부분을 쌓았고, 양자 원조기구인 캐나다국제개발청Canadian International Development Agency과 선진국들의 원조 관행을 조정하는 경제협력개발기구OECD: Organisation for Economic Co-operation and Development 에서 일했다. 이어 세계은행에서 아프리카 대변인으로 3년간 일했던 1997~2000년에는 새천년이 밝았는데도 왜 인류의 10퍼센트가 계속 절대빈곤선 이하로 뒤처져 있는지 궁금해하며, 변화를 이끌고자 하는 아프리카 사업가, 언론, 학생, 여성 단체, 인권옹호자, 환경주의자들의 걱정, 좌절, 희망과 매일같이 씨름했다. 21세기 초에는 가장 논란이 많은 원조 프로젝트였던 '차드-카메룬 송유관 프로젝트'를 관리하고 소명하는 일을 했다. 나는 많은 아프리카인 앞에서 정기적으로 연설하며 그들의 거칠고 때론 연민을 일으키는 질문들에 답변하려 노력한 몇 안 되는 국제 관료 중 하나였다.

주요 산업국들이 아프리카를 돕는 데 보이는 새로운 관심은 이 책을 쓰는 또 다른 동기가 되었다. 2005년 7월, 영국의 토니 블레어 총리는 스코틀랜드 글렌이글스에서 열린 G8 회의의 주요 의제로 '아프리카'와 '기후변화'를 선정했다. 나는 이 책이 그러한 담론에 진정으로 독립적인 기여를 하길 바란다.

이 책은 내가 경력을 거치는 동안 소농小農부터 대통령에 이르기까지 이념과 문화의 차이가 매우 큰 수천 명의 아프리카인과 접촉하고 대화한 내용을 담은 에세이다. 이 책에 나오는 주장 중 일부는 다른 사람이 제기한 것이지만,[7] 언론인이나 학자가 아닌 고위급 원조 담당자로서 내가 얻은 보다 최신의 증거들은 그 주장을 좀 더 뒷받침해줄 것이다.

이 책은 몇몇 실용적인 해법을 제시할 것이다. 나는 아프리카인이 형제에게 기대하는 사랑과 충실, 그러나 한편으론 아프리카를 혼란과 소동에 빠뜨려온 정치 문제들에 대한 조바심으로 이 책을 썼다. 이 책에 쓴 글의 대부분은 내 견해이긴 하지만 아프리카에서 일했던 다른 많은 이의 의견을 반영한 것이다.

나는 지금이 아프리카에 대한 담론을 지배하는 과도한 절망이나 우아함을 벗어날 때라고, 또 이 대륙의 인재와 기업들을 해방시킬 수 있는 구체적 대책을 아프리카인과 전 세계가 제안할 때라고 믿는다. 여기에는 몇몇 불쾌한 진실을 공유하는 것도 포함된다.

일부 사회에선 이 책이 논란이 될 것이다. 우선 이 책은 아프리카 대륙에서 기본적으로 여겨지는 규칙, 즉 아프리카 밖에선 아프리카에 대해 직설적으로 이야기하지 말라는 규칙을 어겼다. 더불어 비非아프리카인이 썼다는 점에서도 주목을 받을 것이라 본다. 나는 좋게는 '큰 눈의 이방인'이라는 비난부터 가장 나쁘게는 '아프리카 전문가인 척하는 덕에 국제언론들을 종횡무진하는 신인종주의자, 흑인혐오 지성인'이라는 비난까지 받을 것이다.[8]

서방의 신문과 TV를 보는 사람들은 아프리카가 관리 부실로 시장을 계속 잃고 있다는 사실을 모른다. 코트디부아르와 같은 '자본주의' 국가를 포함하여 아프리카 대부분의 국가는 사업하기에 좋지 않으며, 아프리카인의 충직함과 운명주의는 부족주의보다 더 파괴적이다. 아프리카의 지도자와 지식인들은 의도적으로 서방의 잘못을 탓하고, '새로운' 지도자들은 국민여론이나 에이즈와 같은 주요 현안에 관심이 없다. 최근 몇 십 년 동안 아프리카는 다른 누구보다 서로에게 더 잔인했을 것이다. 전 세계가 아프리카를 무시하기는커녕 30년이 넘도록 지속적으로 아프리카의 채무를 탕감해주는 등 특별한 노력을 기울여왔다는 사실 또한 일반적으로는 잘 알려져 있지 않다.

이 책은 불가피하게 세계은행의 사례를 많이 참고했다. 나는 세계은행에서 일하는 것이 매우 즐거웠지만 그곳을 옹호할 의도도, 그곳에 대해 계속되는 비난에 뭔가를 더 추가하고 싶지도 않다. 그러나 나는 1980~1990년대 아프리카 대륙에서 세계은행의 역할을 둘러싸고 벌어진, 그리고 지금도 계속되는 논란을 재조명하고자 한다. 그 오해가 현재의 사건들에 여전히 영향을 미치고 있기 때문이다.

이 책은 아프리카 현 문제에 대한 대부분의 책임은 아프리카 자체에 있으며, 외부인들은 아프리카와의 관계에서 보다 직접적이고 까다로워져야만 이 대륙을 도울 수 있음을 수상힐 것이다. 전 세계적으로 봤을 때 스스로 올바른 정책을 찾아내고 국제원조를 어려운 개혁을 위한 뇌물이 아니라 자신들의 노력에 대한 보완책으로 활용한 국가들만이 성공을 거두었다.

아프리카 정치인과 지성인들은 아프리카의 문제들이 노예무역, 식민주의, 냉전, 높은 부채, 국제기구의 조치와 같은 깊은 역사적 또는 외국적 뿌리에서 비롯되었다고 말한다. 이 책의 1부에서는 그러한 요인들을 회의적으로 점검하며, 자생한 독재정치가 자국에 얼마나 해를 끼쳐왔는지를 라이베리아, 시에라리온, 르완다, 소말리아의 비극이 아닌 그보다 덜 알려진 나라의 예를 통해 보여줄 것이다.

이후에는 아프리카의 문화와 가치로 초점을 옮겨, 아프리카 대륙에 대한 탄압을 묵인하기 위해 그것들이 어떻게 왜곡되었는지를 살펴볼 것이다. 그 탄압 중 하나인 소위 '작은 부패petty corruption'는 너무 만연해 있는 탓에 그에 대항할 힘 혹은 동기를 가진 이들이 거의 없을 정도다. 서방국의 공여자들 역시 아프리카 정부와 협상 탁자에 마주앉아 국제 원조의 목표와 관련된 이야기만 할 뿐, 정치적으로나 행정적으로 잘못된 관행에 대해선 언급하지 않는다.

2부에서는 일련의 국가에서 발생한 만성적 문제를 직접적으로 살펴본다. 특히 탄자니아와 코트디부아르는 어둠 속에서도 오랫동안 두드러져 보이는 나라였다. 영어권에 상대적으로 덜 알려져 있는 5개국(차드, 카메룬, 중앙아프리카공화국, 가봉, 적도기니)은 경제 '통합체'의 회원국이지만 서로 공통점이 거의 없다. 그들이 다루는 논쟁은 아프리카 정치인 대부분이 경제를 얼마나 경시해왔는지를 보여준다.

3부는 서방국들이 아프리카를 지원할 때 당면하는 어려움과 아프리카 정부와의 개별적인 정책 추진에 걸림돌이 되었던 요인들을 살펴볼 것이다. 이 부분은 공적원조보다 인도적 지원이나 개인 간의 원조가 아프리카적인 가치와 도덕을 다시 세우는 데 더 효과적이었음을 알게 한다. 또한 차드-카메룬 송유관 이야기는 아프리카의 미래에 투자할 때 좀 더 적극적인 개입이 효과적임을 지적한다. 그러나 문제의 해결책은 차치하고 문제에 대한 인식에 있어 세계와 아프리카 지도자들 간의 간극이 얼마나 큰지를 보여주는 예들도 뒤따른다.

그러면 아프리카의 전망은 절망적인가? 나는 그렇지 않다고 본다. 4부에서는 아프리카를 변화시킬 열 가지 방안, 그리고 아프리카인들이 자신들의 손으로 미래를 만들어나가기 시작했다는 고무적인 징조들을 제시한다.

아프리카를 잘 아는 사람들은 12장부터 읽고 싶을지도 모르겠다. 12장에서 나는 보다 개방적인 정치 체제와 자유언론을 촉진하는 것이 재정적 지원보다 중요하다고 주장한다. 라디오에서 나오는 현금 지원 관련 정보를 믿는 아프리카인은 거의 없으며, 관대한 서방인들이 나쁜 정부를 지지하는 것을 본 많이 본 사람들은 그에 반대할 의욕조차 잃고 있다.

원조와 관련해서 나는 우간다, 탄자니아, 모잠비크, 가나, 말리 등 5개국에 우선 집중하는 완전히 새로운 방식을 제안한다. 이들 정부는 지금보다 훨씬 더 많은 원조를 보다 관대한 부대조건으로 받을 자격이 있어 보인다. 또한 나는 다른 아프리카국들의 경우 정치적·경제적 감독을 받겠다는 의사가 있을 때에만 지원하는 방안도 제안한다.

나는 자유무역과 개방시장을 수호하는 세계은행에서 20여 년간 일했지만 그곳 사람들 대부분과 마찬가지로 자유방임주의를 믿지는 않는다. 자유시장은 아프리카가 성장하도록, 자유언론은 사업과 정부가 계속해서 정직하게끔 도울 것이다. 그러나 어린 소녀들을 학교에 보내거나 깨끗한 식수를 공급하거나 에이즈와 싸우게 하진 못한다. 이런 일들에 중요한 것은 좋은 공공정책이다. 보수적인 입장은 국제원조를 포기하고 모든 것을 민간투자와 시장에 맡겨두는 것이지만, 나는 이미 실행되고 있는 실험들을 조금 확장시키기보다는 간섭interventionist적이고 급진적인 방안을 제안한다.

나는 자유를 증진시키고 부를 확산하려는 세계적 노력을 굳게 믿는다. 『세계화와 그 불만Globalization and its Discontents』(2002)을 쓴 조지프 스티글리츠Joseph Stiglitz를 포함한 많은 경제학자처럼[9] 나는 전 세계 빈곤 감축엔 자유무역이 필요하지만 선진국이 남들에게 강요하는 규칙을 자신들도 지킬 때에야 비로소 자유무역이 세계적 빈곤감축에 기여할 수 있다고 생각한다.

나는 놈 촘스키Noam Chomsky가 『패권인가 생존인가Hegemony or Survival』 (2003)에, 또 조지 몽비오George Monbiot가 『도둑맞은 세계화The Age of Consent』 (2003)에 쓴 것처럼 보다 나은 세상으로 만드는 국제 여론의 힘을 믿는다. 그러나 아프리카에서는 중요한 첫 단계를 거쳐야 한다.

내 이상理想을 공유하는 북미 및 유럽 사람들은 대부분 거버넌스를 강조하며 더 많은 원조가 아프리카를 도울 것이라 믿고 있다. 그러나 나는 그런 환상을 깨뜨리고 싶다. 아프리카인들은 돈보다 숨 쉴 수 있는 공간을 더 필요로 한다. 마셜 플랜이 필요한 게 아니라 빈곤과 싸우는 몇 안 되는 정부에 대한 진정한 지원, 그에 더해 아프리카 대륙의 나머지 지역에서 억압과 폭력에 저항하는 수백만 아프리카인에 대한 정치적 지지가 필요한 것이다. 형식적인 민주주의가 아니라 "정부나 이웃이 뭐라 말할지 두려워하지 않고 사람들이 자신의 삶을 자유롭게 영위할 수 있는 사회"[10] 말이다.

일부 원조 전문가들은 40년에 걸친 국제적 개발 노력에 대한 나의 평가가 단순하고, 변화에 대해 내가 하는 제안이 비현실적이라 지적할 것이다. 나는 전문용어들에 묻혀선 안 될 너무나 중요하고 복잡한 주제들을 단순화시키기 위해 노력했고, 정치적으로 받아들여질 만한 제안인지에 대해서는 따로 고려하지 않았다. 그저 30년의 업무 경험을 바탕으로 내 관점에서 본, 과거에 시도된 것들보다 성공 가능성이 높은 실질적 해결책들을 제안했을 뿐이다.

불행하게도, 민감한 주제들과 관련해 조심스러운 담론만 가능한 분위기 속에서 이런 방대한 주제에 대해 400페이지 미만으로 쓴다는 것은 여전히 용기가 필요한 일이다. 이 책은 전문가보다는 일반 독자를, 또 전 세계적 합의보다는 새로운 해결책과 관련된 토론의 조장을 위한 책이기에 완곡한 표현은 피했다. 그러나 깊은 확신뿐 아니라 존경, 때로는 유머 감각으로 이 주제를 다루었음을 독자들이 알아주었으면 좋겠다.

이 책에 담긴 판단 중 일부는 가혹한 것으로 보일지 모르겠다. 그러나 그 어느 것도 수년간 아프리카 사람들이 내게 이야기해준 불안과 불신을 능가하진 않는다. 소위 지도자라는 이들의 압제나 독재만 없다면 아프리카인이 얼마나 더 나아질 수 있는지를 그들 자신은 그 누구보다 잘 알고 있다.

1부

아프리카는 무엇이 다른가

일러두기
이 책의 각주는 모두 옮긴이 주다.

1장

변명거리 찾기

아프리카 인구의 절반 이상은 18세 이하로 독립 이후에 태어난 이들이다. 그런데도 많은 원로와 교사와 정부가 그들은 독립투쟁의 승리자가 아닌 피해자라고 주장한다. 독립투쟁에서 승리했을 당시 살아 있던 아프리카인조차 여전히 마음속 혼란을 극복하지 못하고 있다.

2005년 4월 전설적인 도시 팀북투를 자랑하는 사하라 지역 국가 말리의 전 문화부 장관은 프랑스 대통령 자크 시라크Jacques Chirac에게 '공개서한'을 보냈다. 아프리카는 이제 스스로 자립하길 원한다는 내용이었다.

"빈곤과의 싸움은 아프리카인으로 하여금 구걸과 복종을 하게 했고 이는 우리를 더욱 가난하게 만드는 개혁으로 이어졌습니다."[1]

"북반구Global North의 선진국과 남반구Global South의 저개발국이 협력하면 할수록 아프리카의 상황은 악화되고 있습니다."[2]

이는 아프리카 국가의 장관이 대륙 내부가 아닌 외부 국가의 지도자에게 한 말이라는 점에서 주목할 만하다. 역사는 때론 천천히 바뀔 수 있고 프랑스어를 사용하는 아프리카 국민들은 특히나 대륙 내부의 현실을 성찰하는 데 매우 소극적인 경향이 있다. 그러나 언어나 부족과 상관없이 많은 아프리카인이 외국 정부나 기업들을 여러 아프리카 문제의 주요 원인이라 여기고 있다. 자신들 주변에서 명백히 볼 수 있는 원인들은 무시하고서 말이다.

일부 아프리카인은 그 문제가 대륙 내부에서 시작되었음을 인정하고, 서구가 아프리카 정부들을 지나치게 관대히 대했다고 불평한다. 워싱턴 D.C.에 홀로코스트 박물관이 개관했던 1994년 4월, 오스카상 후보작이었던 영화 〈호텔 르완다Hotel Rwanda〉의 실제 주인공이자 영웅인 폴 루세사바기나Paul Rusesabagina는 자기 주변에서만 하루에 1만 명의 사람들이 학살되고 있다고 증언했다. 박물관 건립에 바치는 연설에서 "다시는 이런 일이 없도록Never Again"이라는 다짐을 내내 언급했는데도 서구는 르완다에 개입하지 않았고 여전히 '아프리카의 독재 정권들을 지지'하고 있다.[3]

서구의 후함을 나타내는 원조들조차 대다수의 아프리카인에게 감명을 주지 못하고 있다. 여행작가 폴 서루Paul Theroux가 남아프리카 국가인 말라위에서 만난 정치학 교사는 자신의 불만을 솔직히 이야기했다.

"독재자들은 원조를 사랑합니다. 정권은 유지되게끔 도우면서 국가는 저개발 상태로 남게 하니까요."

서루가 만약 모든 원조가 사라진다면 어떻게 될지를 묻자 그는 이렇게 답했다.

"아마 상황이 좀 더 나아지겠죠."[4]

아프리카 내에선 다양한 관점이 존재하고 새로운 목소리도 나오고 있지만 권력이나 영향력을 가진 사람 대부분은 시대보다 뒤떨어진 세계관에 갇혀 있다. 40년 넘는 세월 동안 아프리카는 발전하지 못했다. 설상가상으로 아프리카의 정치인과 지식인들은 여전히 아프리카 대륙의 문제가 불공평한 국제경제 체제, 노예무역, 식민주의, 냉전, 막대한 부채 부담, 심지어 지리적 요인 때문에 발생했다고 탓한다. 그러나 면밀히 살펴보면 이러한 주장 하나하나의 근거가 미약하고, 결국 아프리카의 문제는 아프리카 자체로부터 기인했음을 알 수 있다.

❈ ❈ ❈

아프리카 문제의 '원인'으로 가장 많이 지목되는 것이 '국제경제가 아프리카에 편견을 갖고 있다'는 것이다. 소규모 농업 생산자들이 국제시장에서 불리하고 자국 농민들을 보호하는 서구 국가들의 정책이 아프리카의 잠재적 수출을 제한하거나 (특히 목화의 경우) 국제가격을 떨어뜨린다는 것에는 의심의 여지가 없다. 그러나 아프리카는 부유한 국가들의 경쟁자로 인해 입지를 잃은 것이 아니라 아시아와 라틴 아메리카의 다른 공급자들에게 시장을 내주어왔다. 사실 아프리카 국가 대부분은 자신들의 가장 큰 자산인 농업 분야가 과도한 과세 및 여타 잘못된 정책의 도입 탓에 꾸준히 쇠퇴하는 상황을 방관해왔다. 세계경제에서 후발주자이긴 하지만 아프리카 각 정부들은 경제에 스테로이드를 투여하는 대신 생산자에게 족쇄를 채워버린 것이다. 반면 1960년 가나보다 가난한 나라였던 대한민국은 불리한 조건에 불평하는 대신 세계의 다른 경쟁자들을 따라잡았다.

사실 국제경제는 아프리카에 대한 편견을 갖기는커녕 오히려 아프리카에 우대 조치를 취해왔다. 부국富國들은 수십 년 동안 농산물을 포함한 많은 아프리카 제품에 시장을 개방했다. 유럽은 중앙아메리카의 과일이 더 저렴한데도 과거 영국과 프랑스의 식민지배를 받던 아프리카 및 카리브해의 국가로부터 바나나를 수입한다. 바나나 소비량이 가장 많은 독일은 그 높은 가격을 기꺼이 지불하고 있다.

1998년 미국의 '아프리카 성장기회법AGOA: African Growth and Opportunity Act'은 아프리카산 직물에 자국 시장을 개방함으로써 몇몇 아프리카 국가에 지대한 영향을 끼쳤다. 미국 여론은 이 법안에 반대했으며, 노스캐롤라이나 공화당 상원의원인 페어클로스Faircloth는 아프리카가 미국에 직물을 수출하기 전에 미국산 목화를 먼저 수입해야 한다고 주장했다 (다행히도 이 주장은 받아들여지지 않았다).

또한 전 세계 원조의 절반은 아프리카에 제공되어왔는데, 아프리카가 아닌 인도와 중국에 그 돈이 지원되었더라면 양국 합산 인구가 아프리카의 세 배에 달하고 경제가 더 잘 운영되며 부패 정도도 덜한 만큼, 아프리카가 했던 것보다 빈곤 문제를 더 감소시킬 수 있었을 것이다.

이제 부유한 나라들은 농산물 시장을 더욱 개방해야 한다는 압박을 받고 있다. 유럽인에겐 자국에서 재배된 사탕무보다 수입산 열대 사탕수수가 저렴할 것이다. 게다가 아프리카는 시리얼과 지방종자oilseed도 생산할 수 있다. 하지만 당분간 아프리카는 이 무역에서 이익을 얻기 어려워 보인다. 유럽연합EU이 농민들을 보호하기 위해 연간 3,500억 달러(이 책에서의 모든 통화通貨는 미국 달러를 기준으로 표기)를 지출하기 때문이다. 이는 아프리카 전체의 연간 수입과 비슷하며 아프리카가 받는 원조의 열네 배에 달하는 액수다. 유럽연합EU의 보조금은 생산성이 떨어지는 생산자들만 돕는 것이 아니다. 프랑스를 예로 들면 지방 인구의 감소를 방지하고, 시골 지역을 매력적인 곳으로 유지하며, 최고 중요 산업인 관광업을 보호하는 데도 사용된다. 프랑스의 연간 관광객 수는 7,000만 명에 달하는데 이는 전 세계 어느 나라보다도 많은 수이다.

부유한 나라들이 농산물 시장을 더욱 개방해야 한다는 국제적 압력은 결국 열대 지방 농부들의 새로운 기회로 이어지겠지만, 이 기회를 잡을 수 있는 아프리카 국가는 거의 없을 것이다. 아프리카의 생산 효율성을 높이려면 상당한 개혁과 투자가 먼저 이루어져야 하기 때문이다. 하지만 불행히도 '효율성'은 아프리카의 많은 곳에서 금기어로 여겨져왔다. 세계은행과 IMF로부터 20년 넘게 받은 조언과 강압적인 정책을 상기시키는 탓이다. 이 두 기구는 아프리카인들이 가장 좋아하는 표적이다.

세계은행과 IMF는 거대한 조직이고 신비롭고 강력한 데다 전문용어를 지나치게 좋아하는 탓에 자기 변호를 위한 노력이 종종 좌초되긴 하지만 그렇다고 해서 악당들의 기구는 아니다. 우선 세계은행은 일반적 의미의 '은행'이 아니라 사실상 전 세계 모든 정부가 소유하는 금융협동조합이고 유엔의 전문기구이자 1만여 명의 직원이 근무하는 지구상에서 가장 중요한 해외 원조기구이다. 전체 직원 중 1,400명은 아프리카와 관련한 일을 하고 있는데, 이는 아프리카 대륙의 발전을 촉진하는 가장 큰 단일 전문가 그룹이며 그중 다수는 아프리카인이다. 1963년 유명 작가 제임스 모리스James Morris는 세계은행 직원들을 겸손한 공상적 인도주의자들이라 묘사했다.

"세계은행 직원들은 주위에서 일어나는 역사적 사건들에 흥분하긴 했으나 그것을 좀처럼 겉으로 드러내진 않는다. 그들은 가난한 국가들의 요구에 엄격히 사업적으로 접근하는 자신들의 방식에 자부심을 느끼고, 회계 장부에 감성을 슬쩍 개입시키는 것은 정체성을 잃어버리는 일이라 여긴다."[5]

그 이후로 세계은행의 문화는 변했다. 신경질적인 전직 식민지 행정관들이 언변 좋은 경제학 박사들과 경영대학원 졸업생들로 교체된 것이다. 그러나 세계은행의 자아상과 사명감은 거의 변한 바 없다. 1981년부터 1995년까지 세계은행에 몸담았던 세 명의 백인 총재는 그 기구의 목적을 외부에 알리지 않았다.

그다음 10년간 열정적으로 일했던 제임스 울펀슨James Wolfensohn 총재는 세계은행에 새로운 에너지와 명확성을 불어넣었다. 하지만 아프리카인들처럼 세계화를 비판하는 이들 대부분은 여전히 세계은행을 비난하고 있으며 몇몇은 극단적 용어를 사용했다. 한 작가는 다음과 같이 말했다.

"짐바브웨의 로버트 무가베 대통령은 민주주의를 무너뜨리고, 정적政敵들을 살해했으며, 야당 우세 지역의 사람들을 굶주리게 한 잔인한 독재자다. 그러나 IMF와 세계은행에 비하자면 그가 아프리카에 끼친 피해는 경미하다."[6]

어떤 이들은 세계은행을 '새로운 대왕maharajah',[7] '빈곤의 군주', '재난의 거장'[8]이라 묘사했다. 심지어 세계은행은 실제로는 없는 권한을 갖고 있다는 비난도 받는다. 한 비판자는 세계은행이 경제적 영역을 넘어 "문화적, 이념적, 그리고 완전히 형이상학적 의미는 아니지만 종교

적"인 영향력을 갖고 있다고 말했다.[9]

세계은행 또한 종교단체를 포함한 여타의 큰 조직처럼 잘못이 있다. 하지만 좋은 일도 했다. '민주적'이진 않을 수 있으나 회원국들은 세계은행의 정책 수립과 차관 승인에 깊이 관여한다. 물론 자본과 의결권의 대부분을 서구 국가들이 갖고 있지만, 서구의 지원과 열린 사회를 촉진하는 기구가 세계은행임을 생각해보면 이는 타당한 방식이다.

세계은행 설립 동기에 대한 논란도 있다. 세계은행은 자신들이 세계의 빈곤과 싸우고 있다고 여기지만 반反세계화를 주장하는 이들은 이 기구가 서구의 이익을 위해 일한다고 지적한다. 둘 다 옳다. 세계은행과 그 자매기구인 IMF는 1944년 8월 미국 뉴햄프셔의 브레튼 우즈에서 열린 국제회의에서, 최빈국의 생활 수준 향상은 모두에게 도움이 될 것이라는 서방 열강의 신념으로 설립되었다. 세계은행의 목적은 세계무역의 지속적 확대 촉진이었고, IMF의 목적은 자본의 자유로운 흐름과 세계통화의 질서 있는 발전을 장려하는 것이었다.

제1차 및 제2차 세계대전 기간 동안 두 기구는 무역장벽 확산과 경쟁적 평가절하 등 국제협력이 부족해지면 전 세계 생활 수준 향상이 더딤을 깨닫고 이 교훈을 기구 운영에 적용하고자 했다. 세계은행은 도로, 발전소, 항구와 같은 특정 개발 프로젝트(당시엔 이러한 인프라를 만들 민간자본이 없었다)를, 이후엔 농업, 학교, 상수도, 가족계획 등 광범위한 활동을 지원했다. IMF는 부국을 포함한 각 국가의 경제 성과를 평가하고, 간혹 발생하는 장애물에 대한 극복 방법을 조언하며, 비상시에는 한 나라의 국제수지를 지원함으로써 세계의 긴급 구조대 역할을 했다. 영국 또한 1976년까지만 해도 IMF로부터 막대한 지원을 받았다.

세계은행과 IMF는 개발도상국에서 긴밀히 협력했다. 개발을 위한 차관이 어려움에 빠진 경제를 지탱하는 일에만 사용된다면 그다지 생산적이지 않을 거라는 이유에서였다. 1990년대 후반 아르헨티나에서처럼 IMF와 세계은행은 입장이 달라 긴장이 흐르기도 했고, 공식적으로 명백히 다른 입장을 취하기도 했다. 간혹 IMF의 단기적 목표가 세계은행의 장기적 관점과 상충되기도 했으나 두 기구의 역할은 대체로 상호보완적이었다.

아프리카에서 '위기'가 진행되었던 1980~1990년대 당시(아프리카의 경제는 만성적 문제가 된 만큼 이런 표현은 부적절하지만)에는 세계은행과 IMF 모두가 정부 예산 지원에 관여하게 되면서 분업에 혼란이 발생했다. 1980년대 초 세계 불황 때 도입된 '구조조정' 프로그램SAPs: Structural Adjustment Programs은 양 기구의 주요 정책 도구였지만 아프리카인에게는 주된 분노 대상이 되었다(구조조정에 대한 내용은 8장에서 자세히 다룰 것이다). 일시적 고통 경감이 아닌 항구적 이익을 아프리카 경제에 주기 위해 도입되었으나 아프리카인들은 치료를 질병과 혼동했고, 이를 메스가 아닌 손도끼로 하는 수술처럼 받아들였기 때문이다.

이 기간 동안 있던 주요 조정은 국제기구들과는 아무런 관련이 없다. 1970~1990년에 아프리카는 세계시장 점유율의 절반을 다른 개발도상국들에게 빼앗겼는데, 이는 단지 그 나라들이 동일 상품을 보다 싼 값에 생산 및 운송할 수 있었기 때문이다. 이로 인해 아프리카는 연간 소득에서 약 700억 달러의 손실을 입었고 이는 아프리카, 아시아, 라틴 아메리카에 투입된 모든 해외 원조금의 총합보다 많은 액수였다. 세계은행은 물론 전 세계 어떤 기구도 이 손실을 메울 만한 돈이 없었다. 이에 대응하기 위해 세계은행과 다른 공적 기부자들이 특정 프로 젝트를 지원하던 방식에서 아프리카 정부 예산에 막대한 금액을 제공 하는 방식으로 전환했다. 이는 아프리카의 시장점유율 손실을 막기 위 한 상식적 조치들과 관련되었다.

아프리카 정부들은 왜 정부가 국제기구와 협상하고 있는지를 국민 에게 '절대로' 설명하지 않았다. 물론 그들에겐 선택의 여지가 거의 없 었겠지만 말이다. 아프리카 정부들과 일부 민간기업들은 개혁에 믿음 이 없거나, 대충 동의했거나, 혹은 원조 관계자들이 방심할 경우 개혁 을 깎아내렸다. 그 결과 '위기'는 그들 자신이 아닌 타인 탓에 초래된 것으로 보였다.

전체 개혁 과정이 틀어진 것도 대개는 아프리카 정부들이 국민에게 상황을 공유하지 않았기 때문이다. 아프리카가 세계시장을 잃어가고 있다는 것, 국가예산이 필수 자재와 물자 확보는커녕 공무원들의 급여 지급도 간신히 감당하는 수준임을 아는 아프리카인은 거의 없었다. 아 프리카인들이 목격한 것은 사회기반시설과 공공 서비스의 붕괴뿐이었 다. 그들은 자국 정부에 대한 불신이 깊어졌고, 빈곤을 줄이겠다고 말 하지만 매번 상황을 더 악화시키는 듯한 외부 기구들은 더욱 신뢰하지 않았다. 아프리카의 생산 및 유통 비용이 높고 투자 환경이 열악하다는 근본적 문제는 아프리카를 지원하려는 서구의 서툰 노력에 가려졌다.

어떤 의미에서 아프리카인들은 그 상황을 완벽히 이해하고 있었다. 개혁의 효과를 보지 못한 이유는 개혁이 애초에 도입되지 못했거나 잘 관리되지 않았기 때문이다. 개혁이 잘못 계획되는 경우도 소수 있었지 만, 이럴 때에도 세계은행은 '엄격'하기는커녕 오히려 정부의 후속 조치를 약속받는 대가로 협정의 사항을 줄이거나 조건을 포기했다. 케냐에서 첫 번째 구조조정차관SAL: Structural Adjustment Loan의 목표였던 곡물 시장 개방은 12년이 지난 후에도 이루어지지 않았다.

적절한 발언을 하고 적절한 문서에 서명할 준비가 된 정부들에게도 원조가 주어졌다. 1980년대 세계은행의 한 국가 담당자는 문제 있는 국가의 정부 예산을 후한 인심으로 계속 지원하여 '미스터 자동 차관Mr. Dial-a-SAL'이란 별명을 얻었다. 그는 코트디부아르에 불과 5년 만에 8억 5,000만 달러의 추가 차관을 지원했다. 그러나 1994년 아프리카 26개국을 대상으로 이루어진 연구에 따르면 이 국가 중 세계 구조조정차관 지원 기준에 맞는 나라는 단 하나, 가나뿐이었다.

아프리카는 조정에 실패한 것이 아니라 그것을 해볼 기회조차 갖지 못한 것이다. 아프리카가 출혈로 죽어가고 있었는데도 그곳의 지도자들은 출혈을 걱정하는 것이 아니라 지혈로 인한 통증을 불평했다. 그러니 경제회복에 매우 오랜 시간이 걸리고 아프리카 국가 대부분이 여전히 1960년대의 소득 수준조차 회복하지 못하는 것이다. 그 시기의 상처는 아직 아물지 않은 상태이다.

⊠ ⊠ ⊠

'구조조정'은 충분히 비난받을 만하다. 그러나 대부분의 아프리카인에게 구조조정은 아프리카 국가들이 세계의 강요로 받은 일련의 수모 중 가장 최근의 것일 뿐이다. 그 수모 가운데 가장 악명 높은 것은 노예무역이었다.

역사학자들은 노예제도의 영향에 대해 수십 년 동안 논쟁을 해왔다. 노예제도가 당시의 세대에게 정신적·경제적 피해를 입혔다는 데는 의심의 여지가 없다. 하지만 그 영향은 얼마나 컸고, 또 그 이후의 발전과 어느 정도 관련이 있을까? 이 야만스러운 만행의 물리적 흔적은 아프리카 대륙의 양쪽 해안에서 여전히 볼 수 있다.

아프리카 대륙 서쪽에 자리한 세네갈의 고레섬Gorée Island에는 당시 수천 명의 노예가 서반구로 보내졌던 감옥이 있다. 아프리카 동쪽 내륙에서는 바가모요Bagamoyo(스와힐리어로 '내 마음을 내려놓은 곳'이라는 뜻이다)라는 작은 항구로 가는 길을 따라 아랍 노예들이 탕가니카Tanganyika•에 심은 진녹색 망고 나무를 여전히 볼 수 있다.

노예무역은 해안 지역뿐 아니라 대륙 내륙의 많은 지역에 영향을 미쳤고, 그 희생자들은 심각한 고통을 겪었다. 가족은 뿔뿔이 흩어졌고 노예로 끌려가는 과정에서 살아남은 이들은 낯선 기후와 땅에서 힘든 노동을 강요당했다. 많은 이들이 해안으로 향하거나 저항을 하던 중에 또는 험난한 바다 위의 숨 막히는 배 안에서 사망했다. 노예무역은 아프리카의 권력자들이 부추긴, 다른 인간에 대한 냉소적이고 탐욕스러우며 잔혹한 학대였다. 그러나 노예무역의 목적은 누군가를 몰살하려는 것도, 아프리카인을 상대로 한 유럽인의 범죄도 아니었다. "노예무역은 유럽인, 아랍인, 아프리카인들의 범죄였으며 가장 정확하게는 인류의 범죄였다."[10]

• 아프리카 중동부의 공화국이었으나 1964년 잔지바르와 합병, 현재의 탄자니아가 되었음.

가장 크게 고통 받은 것은 끌려간 사람들이다. 대개의 역사학자들은 1500~1800년에 대서양 노예무역으로 끌려간 이들이 800~1,200만 명이라고 추정한다. 9~20세기에 끌려간 아랍 노예까지 포함하면 그 수는 2,000만 명에 이른다.[11] 죽지 않고 해외에 도착한 노예 한 명당 열 명이 사망했을 것이란 가정하에 어떤 이들은 노예무역으로 희생된 아프리카인이 2억 명에 달한다고 주장한다.[12]

하지만 이 수치를 입증할 방법은 없다. 당시의 운송 기록에 의하면 노예무역으로 끌려간 노예의 수는 이보다 적고, 따라서 그것이 아프리카 인구에 미치는 영향도 규명하기 어렵다. 노예무역의 피해가 심하거나 영구적이라는 데 모든 역사학자가 동의하는 것도 아니다. 어느 저명한 역사학자는 이렇게 말했다.

"아프리카인들은 정치적 독립과 사회 제도를 거의 온전히 유지하며 노예무역에서 살아남았다. 역설적이지만 이 수치스러운 시기는 인간의 회복력을 가장 용감하게 보여준 시기이기도 하다."[13]

더욱 분명한 것은 인종차별과 가난이 계속되고 있는데도 서반구에 사는 노예의 후손들이 대서양 반대편에 살고 있는 먼 친척들보다 더 나은 삶을 영위하고 있다는 것이다.

노예무역이 아프리카인의 사고방식에 지워지지 않는 상처를 남겼다 해도 그 상처가 아프리카 대륙의 물질적 발전을 방해하는 원인인지는 의문이다. 노예제도는 영국에서는 1833년에, 프랑스 영토에서는 1858년에 폐지되었다. 그보다 최근인 제2차 세계대전 때는 600만 명의 유대인이 다른 나라로 보내지는 것이 아니라 조직적으로 말살되는 일이 있었다. 하지만 홀로코스트의 상처가 생존자들을 덜 기업가적이고 자신감도 낮아지게 했다는 견해는 찾아보기 어렵다. 오히려 어떤 이들은 홀로코스트란 이미 어두운 유대인 박해의 역사에 새롭게 추가된 또 다른 박해이며, 생존자들로 하여금 다음 세대의 안전 보장을 더욱 중시하게 만들었다고 주장한다.

민감한 주제이긴 하지만 일부 아프리카인은 노예제도를 사실 그대로 바라보고 있다. 전 중앙아프리카공화국 총리이자 현대 아프리카에 대한 계몽적 도서를 여러 권 저술한 장 폴 응구판데Jean-Paul Ngoupandé는 다음과 같이 말했다.

"그렇다. 노예무역은 실제로 존재했고, 많은 이가 우리의 어려움이 노예무역에서 비롯되었다고 설명한다. 하지만 나는 완전 독립을 실현하면서 양호하게 출범한 코트디부아르 같은 나라에서의 쿠데타, 즉 정치적 혼란이 노예무역 탓이라 여기지 않는다. 이는 현 아프리카 사람들의 책임이다."[14]

⊠ ⊠ ⊠

'어두운' 아프리카 역사의 다음 장은 유럽 정착민들과 함께 찾아왔다. 식민주의에 대한 일부 비판들이 심하게 과장되긴 했으나 그렇다고 해서 굳이 식민주의를 옹호할 필요는 없다. 인도, 파키스탄 같은 민족들은 제국주의 시대의 유산에 집착이 덜하다. 만약 역할이 바뀌어 유럽이 아프리카보다 상대적으로 '비어 있고' 무방비 상태였다면, 그리고 아프리카인들에게 그곳을 침략할 수 있는 기술과 힘, 기회가 있었다면 그들 역시 유럽 식민주의자들과 다르게 행동하진 않았을 것 같다. 게다가 응구판데의 말을 재차 인용하자면 "프랑스가 600년 동안 로마의 식민지였고 스페인이 아랍의 식민지였던 등 이 세상에서 역사적으로 한때 식민지가 아니었던 국가나 문명은 사실상 없다."[15]

노예무역과 마찬가지로 식민주의의 영향 또한 퇴색하기 시작하고 있다. 1957년에는 가나가 아프리카에서 가장 먼저 독립을 쟁취했고, 1965년에는 아프리카 국가 대부분이 자치권을 행사했다. 과거 식민통치국들이 저질렀거나 그렇지 않은 일들과 식민시대 이후의 아프리카 후손들이 해낸 일들 사이에 명확히 어떤 관련이 있는지를 40년이 지난 지금 찾아내기란 어려운 일이다.

규모가 작은 식민통치국들은 잔혹한 통치의 실례實例를 보여주었다. 1905~1907년에 탕가니카에서 일어난 마지-마지 저항운동Maji-Maji rebellion 당시 독일인들은 적들이 살아 있는 상태에서 피부를 벗겨 나무에 매달았다. 벨기에의 레오폴트 2세Leopold II는 콩고를 개인 놀이터처럼 여겼다. 포르투갈인들은 1950년대 후반까지도 앙골라에서 강제노동을 시켰다. 그러나 주요 식민통치국이었던 영국과 프랑스는 대개 균형 잡힌 방식으로 식민지를 다스렸고 다양한 방식으로 식민지의 문화와 권리를 존중했다. 영국은 나이지리아의 광활한 국토를 원활히 관리하기 위해 지역 (마을)지도자들에게 의존하는 '간접통치' 방식을 택했다. 1920년대 영국의 준사회주의자인 도널드 캐머런Donald Cameron 총독은 탕가니카 킬리만자로산의 차가인Chagga에게 커피 재배를 장려했다. 이는 국경 너머 케냐의 백인 농장주들이 '선주민'의 커피 재배를 노골적으로 금지했던 것과 대비된다. 그 결과 차가족은 일찍이 번영을 이루었

고 한 번도 억압된 적 없는 진취성과 자기계발 의식을 갖게 되었다.[16]

케냐의 또 다른 식민지 총독이었던 필립 미첼Philip Mitchell은 영국 페이비언협회Fabian Society*의 진보적 사상에 젖어 있었고, 식민지 사무소만큼이나 런던선교회London Missionary Society**에도 관심을 가진 인물이었다. 그는 아프리카인들의 토지 매각과 대출 연장을 금지했는데, 이는 아프리카인들의 소유지가 사라지거나 부도덕한 사채업자들의 손쉬운 먹잇감이 되는 것을 막기 위해 고안된 것이었다.[17]

1950년대 영국 왕립위원회는 이러한 제도들이 온정주의적이고 자유시장의 발전에 장애가 된다고 비판하며, 자유방임주의적 접근법은 영토 대통합과 보다 효율적인 농업을 가능케 하고 마우마우단Mau-Mau團***의 무장 투쟁도 막을 수 있다고 주장했다. 두 명의 영국 총독이 도입한 제도의 장점이 무엇이든 간에, 그들의 모습은 식민주의 비판자들이 묘사하듯 열대 지방에서 재배한 자신들의 소유물을 잔인하고 이기적으로 관리하는 것과는 거리가 멀었다.

대영제국은 사회구조가 획일적이지 않았다. 식민통치주의자들과 아프리카인들과의 관계뿐 아니라 백인 정착민들과 식민지 관리자들 사이에도 팽팽한 긴장감이 감돌았다. 하지만 상업적 이익은 계몽적 개혁이나 선교적 견해를 종종 앞섰다. 대영제국에는 우월감, 오만함, 심지어 인종차별이 존재했지만 이성에 대한 호소, 더 높은 이상, 그리고

---

* 점진적 개혁을 목표로 1884년 영국에서 설립된 사회주의 사상단체.
** 1795년 영국에서 설립된 초교파적 성격의 해외 선교단체. 1966년에 세계선교협의회(The Council for World Mission)의 일부로 편입됨.
*** 영국의 식민통치에서 벗어나려는 목적으로 독립운동을 전개했던 케냐의 무장단체.

때때로 탐욕을 꺾은 박애의 승리 또한 존재했다. 1930년 한 영국 관리자는 '선주민'의 이익이 가장 중시되어야 한다고 주장했다.

"서양 문명의 중심엔 인간은 그 자체가 목적이라는 믿음이 있다. 어떤 목적을 가지고 행동하든 인간은 그와 별개로 가치를 갖는다. 모든 사람에겐 독특하고 비교 불가능한 무언가가 있고 우리는 그것을 존중해야 한다. 발전은 개인이 본인 내면에 있는 것을 최대한 활용할 수 있도록 기회의 장을 지속적으로 넓히는 것이다."[18]

이후의 아프리카 지도자 중 이러한 정신으로 가득 찬 이는 거의 없었다.

프랑스는 본토를 다스리는 것과 거의 같은 방식으로 식민지를 통치했고, 정치참여권과 시민권을 아프리카인에게까지 확대했다(자국인과 식민지인을 명확히 구별했던 영국인들은 프랑스의 이런 방식이 비논리적이라 여겼다). 프랑스 관료 출신 중 레오폴 상고르Léopold Senghor와 펠릭스 우푸에부아니Félix Houphouët-Boigny은 훗날 아프리카로 돌아가 자국에서 각각 대통령이 되었다.

코트디부아르의 초대 대통령이었던 우푸에부아니는 1950년대 프랑스의 제5대 정권에서 보건부 장관을 지냈다. 그는 자신이 개각에서 살아남은 유일한 장관이라고 자랑하며 내각을 이끌었다. 1993년 12월에 그가 사망한 것은 아프리카뿐 아니라 프랑스에서도 역사적인 사건이었다. 1994년 2월 코트디부아르의 수도인 야무수크로에서 열린 그의 장례식에는 프랑수아 미테랑François Mitterrand 대통령과 더불어 당시까지 생존해 있던 전직 프랑스 총리 열두 명 중 열한 명이 참석했다. 세네갈의 대통령이었던 상고르 또한 1980년에 물러난 뒤 프랑스한림원

Académie Française이 세계에 프랑스 문화를 알리도록 선출한 40명의 '불멸의 인물' 중 한 명이 되었다.

아프리카 국가 중 일부는 학교나 도로조차 거의 없는 상태에서 독립을 맞이했고, 일부는 이웃나라에 지나치게 의존적인 상태에서 독립했다. 일례로 모잠비크의 경우 1974년 기준 국민소득 중 3분의 2는 남아공의 인종차별주의 정권에 철도와 항만 서비스를 제공한 대가로 받은 것이었다.

아프리카 농업은 불균형하게 발전했고 내수의 작물보다는 수출 상품에 중점을 두었다. 또한 국경선이 잘못 그어진 탓에 아프리카 동쪽의 마사이인(케냐·탄자니아)이나 서쪽의 아칸인(가나·코트디부아르)의 경우처럼 한 민족이 두 지역으로 나뉘는 일도 있었다. 로디지아Rhodesia(현재의 짐바브웨)와 같은 몇몇 나라에서는 소수의 백인이 국토의 대부분을 소유했다. 하지만 기록된 정보에 따르면 식민주의 비판자들이 주장하는 것만큼 그 정도가 심하진 않았다.

유럽은 확실하고 이상한 방법으로 아프리카를 착취했다. 제1차 세계대전이 시작되었던 1914년 당시 프랑스는 독일군에 대항하기 위해 서아프리카 병사들을 강제로 동원했다. 한 프랑스 장군은 서아프리카 병사들이 추운 겨울에 살아남을 수 없다고 판단하여 적군의 진지를 빨리 공격하게끔 재촉하기도 했다.[19]

하지만 대부분의 아프리카 국가는 식민지배 기간이 19세기 후반부터 20세기 중반까지로 비교적 짧았다. 사실 후대 사람들은 당시 영국과 프랑스가 식민지를 포기하지 말고 보다 질서 있게 자치정부로 전환되게끔 보장해줬어야 했던 게 아닐까 생각했다.

포르투갈 역시 갑자기 아프리카에서 철수해버렸다. 1974년 포르투갈의 독재자를 전복시킨 대령들은 식민제국에 전혀 관심이 없었기에 앙골라, 모잠비크, 카보베르데, 기니비사우를 그대로 방치했다.

프랑스는 다른 나라들보다 비공식적으로 더 오래 머무르며 몇몇 식민지와는 매우 긴밀한 관계를 형성한 탓에 신식민주의라는 비난을 받았다. 그러나 모든 이가 신新 식민주의를 유감스럽게 여긴 것은 아니다. 1990년대 초 공공 서비스와 질서 수준이 지속적으로 하락하는 데 충격을 받은 서아프리카 부모들은 중년의 자녀들에게 이렇게 물었다. "너의 그 '독립'이란 건 얼마나 오래갈 것 같니?"

아프리카인들은 인정하길 꺼리지만 식민지 경험은 긍정적 효과도 가져왔다. 외국인들이 도입한 신기술, 습관, 아이디어, 교육이 없었다면 아프리카 대륙이 근대화에 접어드는 시점은 훨씬 늦어졌을 것이다. 독립되기 바로 전날 영국의 한 작가는 다음과 같이 말했다.

"유럽의 개입이 없었더라면 모든 것이 잘되었을 거라 상상하는 아프리카인들이 이해가 가지 않는 바는 아니지만 이는 아마 오류일 것이다. 그들은 다른 문화, 보다 발전된 문화가 주는 혁명적 자극이 역사적으로 필요하다는 점을 과소평가한다. (…) 혁명적 자극을 제공한다는 것은 식민지 정복을 유일하게 도덕적·물질적으로 정당화하는 일일 수 있지만, 아프리카에게 그런 자극이 필요했던 것은 사실이다."[20]

제국주의의 또 다른 이점은 이전 식민통치국들이 아프리카에 대해 지속적으로 관심을 갖는다는 것이다. 식민지를 두지 않았던 캐나다 같은 국가들도 영英연방을 통해 아프리카의 발전을 지원하고 있다(영연방 자체가 제국의 잔재이긴 하지만 말이다). 그 결과 아프리카 대륙에 발을 들여본 적 없는 사람들도 아프리카의 지리나 그곳이 직면한 도전에 대해 상당한 지식을 갖게 되었다(캐나다 퀘벡의 한 엘리베이터 운영자는 내 나이지리아 친구에게 나이지리아에서 왔는지 니제르에서 왔는지 물어본 적이 있다). 1918년 식민지를 모두 잃은 독일은 여전히 아프리카에 대한 관심이 크고, 식민 역사가 매우 짧았던 이탈리아 역시 그렇다.

프랑스는 아프리카에 가장 많이 또 지속적으로 관여한 국가다. 그리고 프랑스의 계획 중 몇몇은 논란에 오른 것이 사실이다. 기니가 독립 전날 프랑스와의 지속적인 '협력' 협정 체결을 거부하자 프랑스 공무원들은 기니의 '배은망덕'을 벌하기 위해 병원 장비의 전원까지 뽑으며 기니로부터 빼앗을 수 있는 모든 것을 가져갔다. 공식적 식민지배가 끝난 후에도 프랑스군은 정부를 전복시키고 마음대로 허수아비 정권을 세웠다. 프랑스 회사들은 아프리카 국가 중 프랑스어권인 13개국의 시장을 독점했다. 제약회사들은 복제약generic drug의 수입을 막으며 빈부를 막론하고 모두를 속였고, 에어프랑스Air France는 2002년까지만 해도 전체 수익의 60퍼센트를 아프리카 노선에서 벌어들였다.

그러나 동시에 프랑스는 단일 주체로선 가장 큰 해외 원조를 아프리카에 제공해왔다. 1990년대에 프랑스 정부는 18개월 동안 코트디부아르의 부채를 세계은행에 대신 상환하는 것을 포함, 아프리카와 관련된 프로젝트를 위해 자국의 모든 가구로부터 매년 400달러씩을 거둬들였다(아프리카와의 친밀함은 프랑스 정체성의 일부이기에 이런 원조를 반대하는 프랑스인은 거의 없었겠지만, 그럼에도 원조와 관련한 이러한 사실은 프랑스 내에 공개적으로 알려지지 않았다). 아프리카에 대한 프랑스의 애착 중 일부는 면밀한 사실보단 감정적이고 이젠 구식이 되어버린 오래전 이미지에 기반을 두고 있다. 어느 프랑스 기자 두 명은 "아프리카인 없는 아프리카Africa without Africans"에 대한 사랑이라 부를 정도로 오늘날의 현실과는 너무 동떨어져 있다.[21] 아프리카에 대한 프랑스 원조의 많은 부분은 엘리트들만 이용하는 공항, 병원, 고속도로, 공학 학교 등에 낭비되었고, 이후 이 시설들은 적절한 유지보수가 이루어지지 않아 노후화되었다. 그렇지만 프랑스가 아프리카 대륙에 지속적으로 관심을 가진 덕에 수천 명의 사람이 자신의 지식과 에너지를 아프리카인과 나눌 수 있었고, 이는 오늘날까지도 그들의 필수적인 자산과 동맹으로 남아 있다.

아프리카의 독립 직후 식민주의의 이면을 알고 있던 한 유럽인은 이 문제를 균형적 관점에서 보려고 노력했다.

"식민통지국을 일방적으로 비난하는 대신 식민지 경험의 축적을 통해 많은 걸 배우려 한다면 아프리카인은 훨씬 더 발전할 것이다. 그렇게 하면 그들은 더 이상의 실수를 막고 자신들의 특권을 바탕으로 이득을 얻을 수 있을 것이다."[22]

그의 동료 저자는 다음과 같이 덧붙였다.

"소작농 개개인에게 배급되는 쌀이나 옥수수의 양이 점점 줄어드는데도 국가는 수십 개의 경기장, 기념물, 회의장, 호화로운 호텔, 궁전, 고속도로를 만들었고, 고가 제트기들을 사들였으며, 제철소들의 건축을 계획했고 TV 방송을 시작했다. 이러한 상황은 '신식민지주의' 같은 관념이 아닌, 사람(주로 아프리카 남성)들이 주도한 정책에서 비롯된 산물이다. 따라서 이를 바꿀 수 있는 것도 사람이다."[23]

한계는 있지만 분석에 따르면 아프리카가 가진 문제의 원인 중 하나는 냉전시대다. 강대국들이 아프리카 전역의 독재정권을 지원함으로써 아프리카의 중요 광물과 에너지 공급에 대한 접근뿐 아니라 선박 항로 및 군사기지들을 보호했다는 것이 주된 이유다.

그러나 냉전시대의 긴장으로 직접적 영향을 받은 나라는 그 수가 적다(앙골라, 에티오피아, 모잠비크, 자이르*). 열강들의 몇 안 되는 무력 간섭은 1980년대 앙골라에서 남아공인들이 쿠바인과 전투를 벌였을 때, 그리고 또다시 남아공인이 모잠비크에서 반정부군을 지원했을 때 대리군을 통해 이루어졌다. 소련은 단 한 번 직접 개입한 적이 있다. 에티오피아 내전 당시 에리트레아의 마사와Massawa 항구를 바다에서 폭격했던 때인데, 그로 인한 피해는 끔찍했으나 소련의 계획은 실패했고 에리트레아는 끝내 독립을 쟁취해냈다.

일부 열강의 개입은 사실 독재자의 지속적인 집권보다는 국가 분할을 위한 것이었다. 프랑스는 1960년에는 성공적이진 못했으나 자이르로부터 분리독립한 카탕가Katanga를**, 1967년에는 나이지리아로부터 분리독립을 시도한 비아프라Biafra를 지지했다.

열강뿐 아니라 아프리카 지도자들 역시 당시의 체제와 국경의 온전한 유지에 남 못지않게 관심이 컸다. 네 명을 제외한 아프리카 국가의

---

*   현 콩고민주공화국의 옛 이름.

**   카탕가는 1960년에 독립을 선포했으나 1963년에 소멸되어 현재는 콩고민주공화국의 카탕가 주(洲)가 되었다.

대통령들이 비아프라 지역의 독립을 막는 나이지리아를 지지했고, 아프리카단결기구OAU: Organization of African Unity는 우간다의 무자비하고 어리석은 이디 아민Idi Amin을 의장으로 선출했다.

냉전은 이익을 가져오기도 했다. 옛 식민지 열강에 대한 미국의 압박과 더불어 식민지를 독립시키지 않을 경우엔 소련이 각 국가의 혁명적 요소를 이용할 것이란 우려가 탈식민지화의 속도를 높였다. 중국인들은 미국과 소련에 대한 도덕적 우월성을 입증하기 위해 잠비아와 탄자니아 해안을 연결하는 전략적 철도를 건설했다.

알려진 것과 달리 열강들이 아프리카 국가들보다 아프리카에 더 많은 피해를 입혔다는 증거는 거의 없다. 강대국 자신들의 한계가 있다보니 강대국의 보호우산protective umbrella에도 불구하고 리비아는 미국과 소련 못지않게 다른 나라들의 일에 간섭했다.

1968년 1월까지 아프리카 대륙에서는 총 64건의 군사 쿠데타 또는 쿠데타 시도 및 반란이 있었다.[24] 냉전이 끝난 뒤에도 앙골라에선 최악의 대리전이 계속되었다. 외부 간섭 때문이 아니라 반군 지도자 조나스 사빔비Jonas Savimbi가 권력에 대해 품은 갈망 때문이었다.

냉전의 종식이 새로운 정치시대를 이끈 것도 아니다. 사실 베를린 장벽이 무너진 이후 몇 년간 아프리카는 극소수의 독재자들만을 타도했을 뿐이다.

꙰ ꙰ ꙰

아프리카의 부채 부담은 어떠할까? 부채는 더딘 아프리카 발전의 원인이라기보다는 그 증상이다. 아프리카가 다른 대륙보다 덜 현명한 방법으로 돈을 빌렸는지는 확실하지 않다. 대신 아프리카의 부채를 견딜 수 없게 만든 것은 연간 700억 달러의 수출 소득 손실이다. 게다가 세계 사회는 25년 이상 아프리카의 빚을 탕감해왔다. 부채 탕감이야 새로울 바 없지만 순수 탕감의 규모가 증가하고 있다는 것은 새로운 현상이다.

1998년 서방 국가들은 아프리카가 가진 500억 달러의 부채를 탕감해주기로 합의했다. 이는 세계은행이 지난 50년간 아프리카에 빌려준 금액에 가깝다. 이어 2005년 6월 부국들은 400억 달러의 추가 탕감을 결정했다. 그 이전에도 개별 아프리카 국가들은 엄청난 규모의 지원을 받은 바 있다. 1990년대 중반 세계은행은 인구 1,200만 명에 불과한 코트디부아르의 기존 차입금 15억 달러를 기금으로 차환했다. 세계은행그룹World Bank Group의 일부인 국제개발협회IDA: International Development Association 에서 가져온 이 기금은 최빈국들의 신규 프로젝트에 자금을 조달하기 위한 것이었다. 오래된 부채의 차환은 국제개발협회IDA의 합의된 목적이 아니었으나, 이 조치는 아프리카의 부채를 심각히 다루고자 하는 세계은행의 노력과 일치했다.

모든 부채를 '용서'해야 한다고 믿는 사람들과 '관리 가능한' 수준으로 줄이기를 원하는 사람들 사이에는 당연한 차이가 존재한다. 전자는 따뜻한 도덕성에, 후자는 딱딱한 경제학에서 영감을 받은 듯하다. 그러나 윤리적 근거에 입각, 전면적 부채 탕감의 장점에 의문을 제기할 수도 있다. 인도네시아처럼 부채를 신중히 관리해온 나라들은 왜 아프리카 국가들의 부채만 탕감되어야 하는지 납득하지 못한다. 아프리카만 다양한 문제를 가지고 있는 것은 아니기 때문이다. 아시아와 라틴 아메리카 역시 국고를 낭비하는 정부, 부도덕한 대부업자, 실패한 프로젝트, 국제상품 가격의 급변을 겪었다. 어려운 환경에서 그들은 구조 조정, 일정 조율, 또는 여타의 방법으로 자신들의 부채 부담을 스스로 줄이려 노력해왔다. 아프리카 국가들 외엔 전면적인 부채 탕감을 요구한 국가가 거의 없었다.

전 세계의 후한 인심의 덕을 보는 것은 국민이 아닌 정부다. 부채 탕감에도 비용이 든다. 일부 국제운동가들은 채무면제가 비교적 힘든 일이 아니며 아프리카 정부들이 부채를 상환하려는 의도가 없었던 것과 마찬가지로 서방 정부들 또한 과거의 차관을 회수할 생각이 없었을 것이라 한다. 하지만 이는 틀린 말이다. 부채감소에 충당되는 돈은 신규 프로젝트를 시작하는 데 사용할 수 없을 것이기 때문이다.

부채 탕감률이 높아짐에 따라 아프리카 국가들은 원래 이자 지불에 쓰려던 예산을 새로운 재원으로 확보하게 될 것이다. 그러나 그 재원은 일상적인 정부 운영에 활용되거나, 동일 정부가 떠안을 새로운 부채상환에 사용되거나, 개인의 주머니로 '새어나감'으로써 빠르게 사라질 것이다.

만약 아프리카에 민주적 제도, 제대로 된 감사당국, 자유로운 언론이 존재하며 정부가 더 나은 우선순위를 추구한다면, 새로운 목적에 '오래된' 돈을 투자하여 얻을 이익은 위험을 감수할 만한 가치가 있었을 것이다. 그러나 일부 국가의 경우 부채 탕감은 녹슨 기계에 기름이 아닌 산acid을 뿌리는 것이고, 모두가 숭고하다고 동의하는 원조의 범위를 축소시킨다.

어쨌거나 1985년 이후 아프리카에 대한 신규 지원은 대부분 보조금이거나 그에 가까운 형태였다. 세계은행의 모든 지원은 40년 동안 무이자 차관용 특별기금에서 나왔다. 또 다른 거대 다국적 펀드를 관리하는 유럽연합EU은 아프리카에 차관이 아닌 보조금을 제공했다. 그러나 이런 도움을 받은 나라들은 원조를 받는 형편을 한탄하기보다 기뻐했다.

부채 탕감은 당연한 듯 받아들이거나 쉽게 제공되어선 안 된다. 부채 축소는 아프리카의 문제 해결을 위한 세계적 공동 대응의 중요 부분이지만 이보다 아프리카에 더욱 필요한 것은 잘못된 인식의 개선이다.

❈ ❈ ❈

아프리카의 실패에 다른 이유가 있을까? 아프리카 자연환경은 확실히 혹독하다. 아프리카는 인류의 요람이지만 그곳의 기후, 질병, 토양, 곤충은 태초부터 인간의 진보를 방해했다.

몇몇 추정에 따르면 약 10만 년 전 지구상의 다른 곳에 정착하기 위해 아프리카를 떠난 사람의 수는 50명에 불과했다.[25] 서기가 시작될 무렵엔 그 수가 2억 명으로 증가했다. 같은 기간 동안 아프리카 인구는 약 100만 명에서 고작 2,000만 명으로 늘어났는데, 그중 절반은 북아프리카에 있었다. 한 작가가 지적했듯 "두 집단 모두는 같은 선조로부터 진화한 후손들이었고, 아프리카에서 지난 400만 년 동안 진화가 부여한 재능과 생리학적 특성을 물려받았다. 그렇다면 왜 이주 인구는 그렇게 빨리 증가했을까? 답은 점점 더 많은 사람이 아프리카를 떠났기 때문이다."[26] 최근 몇 년간 아프리카의 전문직들은 아프리카를 떠나고 있다. 그런데 그 이유는 기후가 아니다.

아프리카 대륙의 형태는 좋지 않다. 면적이 1,170만 제곱마일*인 아시아에 이어 두 번째로 큰 대륙이자 유럽의 다섯 배 크기지만 해안선의 길이는 4분의 1에 불과하다. 사하라 남쪽에는 바다에서 배가 들어올 수 있는 천연 항구와 강이 거의 없다.[27] 그 결과 세계 다른 지역에선 경제발전의 핵심이었던 잘 보호된 심해 항구가 아프리카엔 형성될 수 없었다.

아프리카에는 너무 많은 나라가 있다. 48개 국가는 사하라 이남에 있고, 그중 거의 절반(22개국)이 인구가 1,000만 명 미만이다. 이들 국가는 시장이 작고 운송 연계가 약해 대륙 내 무역을 위축시킨다. 그러나 아프리카인들은 수십 년 동안 국경을 넘어 상품을 거래하거나 밀수해왔고 일자리를 찾을 수 있다면 그곳이 어디든 아프리카 통합에 대한 공식적 노력을 조롱하는 듯 빠른 속도로 이주했다.

아프리카에 현대 의학이 도입된 후 인구증가는 또 다른 새로운 문제를 일으키고 있다. 다른 대륙의 경우 거대인구는 혁신과 투자의 원동력이 되었고, 아프리카인들 또한 많은 인구를 저성장의 이유라 여긴

---

* 약 3,030제곱킬로미터.

적이 없다. 실제로 일부 아프리카 경제학자들은 아프리카의 인구밀도가 더 높아지기를 바라고 있다.

⚔ ⚔ ⚔

아프리카인들은 자신들의 어려움을 설명하기 위해 식민지배의 역사를 탓해왔는데 이제는 그런 호소도 오래되다 못해 진부해지고 있다. 1966년 시에라리온의 마을 상점에서 견과류를 샀던 한 유럽인 방문객은 아프리카 대륙 전역에 널리 퍼진 불평을 듣게 되었다.

"그 마을은 견과류 나무들에 둘러싸여 있었지만, 유일하게 판매되는 견과류는 영국에서 수입된 견과류 통조림이었어요. 가게 주인은 그게 다 '제국주의' 때문이라고 하더군요."

다른 지역에선 이런 불만이 들렸다.

"인구 대부분이 굶주리지만 장관과 공무원들은 벤츠와 캐딜락을 몰아요. 국제공항엔 비행기들이 들어오지만 마을 도로는 통행이 불가능한 수준이고요. 새로 지어진 근사한 건물과 사무실에는 에어컨이 있지만 방치된 빈민가에는 모기들이 그득해요."[28]

노예제도, 식민주의, 냉전, 국제기구, 높은 부채, 지리, 많은 수의 국가, 그리고 인구 압박은 모두 아프리카에 영향을 미쳤다. 하지만 그중 어떤 것도 왜 아프리카 대륙이 지난 수십 년 동안 후퇴해왔는지를 설명하지는 못한다. 아프리카 경제는 독립 이후 지속적으로 확대되다가 아주 최근까지 줄어들었고, 매우 느리게 다시 성장하고 있다.

이 모든 지탄을 해결할 수 있는 방법은 아프리카 국가들이 최우선 과제로 여겨왔던 일, 즉 아프리카 통합을 고려해보는 것이다. 아프리카 통합은 그동안 외부인들이 크게 활동하지 않았던 영역이기도 하다.

주말이었던 1977년 2월 4일과 5일, 동아프리카의 탄자니아는 중요한 국가기념일 행사를 준비하고 있었다. 탄자니아 수도인 다르에스살람행 비행기로 환승하기 위해 외국 지도자들은 탄자니아의 이웃국가인 케냐의 수도 나이로비로 모여들던 중이었다. 그런데 갑자기 케냐가 재정난에 빠진 동아프리카항공East African Airways의 운항을 금지하며 몇몇 비행기의 이륙을 믹았다. 줄지에 탄자니아 정부는 승객들을 육로로 수송하기 위해 서둘러야 했다.

이 일에 분노한 탄자니아 대통령 줄리어스 니에레레Julius Nyerere는 이후 몇 년 동안 케냐와의 국경을 폐쇄했다. 그전까진 아프리카 대륙에서 양국만큼 가까운 사이도 없었고, 양국 및 우간다로 이루어진 동아프리카공동체East African Community는 아프리카 대륙에서 가장 성공적인 조직이었다. 하지만 이젠 이 두 나라만큼 사이가 먼 국가들은 없어 보였고, 아프리카에서 가장 완벽했던 경제연합 또한 무너졌다. 한때 동아프리카에서 역내 철도, 항만, 우편, 통신, 은행 서비스를 제공했던 활기찬 공기업들도 몇 년 사이에 역사 속으로 사라졌다. 이후 서아프리카와 중앙아프리카의 프랑화통화권Franc Zone을 제외하면 아프리카의 그 어떤 국가도 진정한 의미의 지역 통합을 이루지 못했다.

지난 40년 동안 아프리카의 분단 극복을 위한 거대한 계획들, 결의,

조직, 그리고 적지 않은 투자를 생각하면 대통합을 이루지 못한 아프리카 국가들의 실패는 더욱 두드러져 보인다. 현재 아프리카엔 23개의 지역기구와 무수히 많은 소규모 기구들이 있다. 가장 큰 기구는 아디스아바바에 본부가 있으며 회원국이 53개인 아프리카연합AU(전 아프리카단결기구)이다. 하위 지역기구로는 서아프리카경제공동체ECOWAS: Economic Community of West African States, 동남아프리카공동시장COMESA: Common Market for Eastern and Southern Africa, 남아프리카개발공동체SADC: Southern African Development Community, 중앙아프리카경제통화공동체CEMAC: Economic and Monetary Community of Central Africa, 대호수국경제공동체CEPGL: Economic Community of the Great Lakes Countries가 있다. 사헬지역 가뭄방지 국가간상임위원회CILSS: Permanent Interstate Committee for Drought Control in the Sahel와 같은 일부 단체는 특정 문제에 초점을 맞추며 세네갈강개발기구Senegal River Development Organization 같은 기구에는 두세 개의 회원국만 가입해 있다. 하지만 이들 모두 공동의 국익을 위한 진정한 진보보다는 거만한 관료들과 과도한 예산, 고리타분한 보고서와 끊임없는 자화자찬으로 알려져 있다.

아프리카의회연합Union of African Parliaments*은 이 문제를 직설적으로 언급해왔다. 1998년 8월에 열린 제21차 정기총회에서 이 가구는 '불필요한 조직', '중복되는 기능', '불균형적인 구조, 무능한 인력, 기여금 미납, 자원 부족'에 대해 항의하며 회원국들에게 보다 큰 정치적 헌신을 보여달라 요청했고, 더불어 아프리카 지역기구들이 서로 더욱 긴밀히 협력해야 한다고 주장했다.[29]

---

* 현재의 The African Parliamentary Union(APU)

그러나 국경 없는 세상을 표방하는 세계연방주의운동World Federalist Movement조차도 아프리카 역내 협력 가능성에 대해선 냉정했다. 아프리카단결기구OAU의 후신인 아프리카연합AU의 창립에 뒷받침이 되어준 2001년 10월의 한 배경 보고서background paper에는 다음과 같이 적혀 있다.

"아프리카단결기구OAU는 실질적 문제를 다루기보다는 아프리카 국가원수들의 이익을 보호한다. 회원국들의 내정에 간섭하지 않는 전통 때문에 이 기구의 역할은 지속적인 분쟁과 정부 부패가 만연한 아프리카 대륙에서 제한적이었음이 입증되었다. 아프리카단결기구OAU는 아프리카 경제를 다루는 데 혹은 아프리카 대륙을 괴롭히는 에이즈 및 여타 질병들과 싸우는 네 크게 기여한 바가 없다."[30]

한 가지 좋은 점은 새로 출범한 아프리카연합AU이 아프리카인권헌장African Charter on Human and Peoples' Rights과 세계인권선언Universal Declaration of Human Rights뿐 아니라 국제연합 헌장UN Charter도 준수하기로 서약했다는 것이다. "그러나 이를 위한 담당 기관 설립에 대해선 언급이 없고, 아프리카인권재판소African Court on Human and Peoples' Rights의 협약을 비준한 국가도 5개국에 불과하다."라고 배경 보고서는 덧붙였다.[31]

더 큰 통합에 대한 아프리카인들의 염원은 현실적일까? 물론이다. 소규모 다수 국가라는 특성은 투자 무역과 성장을 억눌렀고, 사회의 진보 또한 복잡하게 만들었다. 이러한 약점과 더불어 식민통치국으로부터의 갑작스러운 해방에서 비롯된 자부심과 연대의 물결은 왜 대부분의 나라가 독립했던 그 시기에 '범아프리카Pan-African' 운동이 탄생했는지를 설명해준다. 보다 폭넓은 '해방'에 대한 소망은 매우 강했고 아프리카인들이 느끼는 강력한 연대감은 이 소망에 반영되었다. 현대 아프리카의 창시자들은 이것이 앞으로 나아가게 하는 힘임을 알고 있었다.

하지만 유감스럽게도 그들은 많은 것을 이루지 못했다. 가나는 1957년에 독립을 이룬 첫 번째 아프리카 국가이다. 비범했던 콰메 은크루마Kwame Nkrumah 가나 대통령은 즉시 범아프리카 운동을 이끌겠다는 목표를 세웠으나 불행히도 1966년 군대에 의해 전복된 첫 번째 아프리카 지도자가 되고 말았다. 그 후 범아프리카 운동은 당장의 고통으로 신음하는 국민들의 시야를 넓혀주고 싶어 하는 정치인들이 주문처럼 반복되었지만 그 열기가 식어버렸다. 이 이상理想이 진전을 이루지 못한 이유는 아프리카가 총체적으로, 특히 경제적으로 실패한 이유와 밀접하게 연관되어 있는데, 옹졸함과 이기주의로 일부 설명될 수 있다.

코트디부아르의 펠릭스 우푸에부아니 대통령은 33년 동안 권력을 잡았으면서도 바로 옆 나라인 가나를 방문한 적이 한 번도 없었다. 그는 "가나는 정부가 너무 자주 바뀌어서 상황이 진정될 때까지 기다려야 했다."라고 농담을 하곤 했지만 어떤 가나 지도자는 19년 동안 재임하기도 했다. 우푸에부아니 대통령이 가나에 냉담했던 진짜 이유는 은크루마 대통령이 스스로를 범아프리카 운동의 지도자라 칭한 것에 분개했기 때문이다. 그들을 갈라놓은 것은 각자 다른 언어(프랑스어와 영어)와 뚜렷이 구별되는 식민지 경험이기도 했지만, 그보다 더 중요했던 것은 작은 마당에서 울어대는 수탉들이 서로에게 느끼는 불편함이었다.

두 나라는 양 국경에 걸쳐 살아가는 아칸 사람들과 긴밀하게 연관되어 있고 필요 시 서로를 수용할 수 있었다. 1990년대 후반 코트디부아르 동부의 작은 왕국(여타의 전통적 권력처럼 중앙정부로부터 제한적 지방 자치권을 부여받았다)은 국경 너머의 가나에서 왕을 선출했다. 선출된 왕은 프랑스어를 거의 하지 못하는 젊은 군 장교였는데, 그보다 중요한 사실은 그가 아칸어를 구사했고 혈통에도 흠잡을 데가 없었다는 것이다. 양국 정부가 이 작은 왕국처럼 현명하게 행동한다면 두 나라의 상황은 훨씬 더 나아질 것이다.

균형 잡힌 경제연합을 만드는 것은 어려운 일이다. 내재적 이점이 있는 국가들은 그것을 가난한 이웃국가들과 나누기 어려워하고, 경제연합에서 도입할 공공 정책이 신산업이나 투자 입지에 어떤 영향을 미칠지도 불명확하기 때문이다. 하지만 이러한 기술적 어려움을 해결하기 위한 모든 시도는 국민적 이익에 무관심한 대부분의 아프리카 정부들과 비교하면 한 모금의 신선한 공기가 될 수 있을 것이다.

아프리카 대륙의 쇠퇴에 대한 잘못된 이유들은 오늘날까지도 언급되고 있다. 그러나 사실들을 직시하지도 못하면서 어떻게 미래를 바라볼 수 있겠는가?

사실들을 직시하는 아프리카인이 일부 존재하긴 하지만 그 수는 극히 적다. 앞서 노예제도 및 식민주의와 관련해 언급했던 장 폴 응구판데는 소위 아프리카의 '통곡의 벽'에 더이상 기대지 않는다. 그는 1965년 샌프란시스코에 있었을 때 중앙아프리카공화국의 외딴 마을에 사는 아버지께 우편환과 양복을 보냈던 이야기를 들려주었다.

당시 응오판데가 보낸 소포는 열흘 후 수도와 지방도시를 거쳐 외딴 마을의 우체부에게 전달되었고, 다시 그 우체부의 자전거에 실려 15마일*을 이동한 끝에 아버지께 전달되었다. 하지만 수십 년이 지난 지금에도 프랑스에 살고 있는 중앙아프리카공화국인은 편지를 직접 들고 파리 공항으로 가서 모국행 비행기를 타는 여행객들에게 '가는 길에 전달해달라'며 건넨다. 응오판데는 "요즘은 바로 옆 마을 사람한테 돈을 보내는 것조차도 어렵다."라고 말했다.[32]

1965년의 어느 누가 아프리카 대부분의 상황이 유럽 식민주의의 족쇄를 벗어났던 당시보다 21세기 초에 더 나빠질 것이라 예상할 수 있었을까?

• 약 24킬로미터.

2장

다양한
시각에서 본
아프리카

내가 아프리카에 관심을 가진 것은 열다섯 살 이후이다. 1950년대 나 1960년대에 태어난 대부분의 젊은 캐나다인처럼 나는 지리, 역사 수업, 그리고 당시엔 비교적 새롭고 가까웠던 영연방국가들의 관계들을 통해 아프리카 대륙을 막연하게 인식하고 있었다. 북로데지아, 베추아날란드, 어퍼 볼타, 다호메이, 루안다-우룬디,* 로렌코 마르퀴스와 레오폴드빌**과 같이 곧 바뀔 아프리카 국가와 수도의 이름도 배웠다.

1960년대 중반 로욜라 대학교에서 큰 목소리와 호탕한 웃음으로 아프리카 역사를 가르친 도널드 새비지Donald Savage 교수를 통해 나는 비로소 아프리카에 대해 본격적으로 알게 되었다. 새비지 교수는 대학 도서관 내에 동아프리카 연구 섹션을 만들고 케냐, 탄자니아, 우간다로 파견될 캐나다 자원봉사 여름 오리엔테이션 프로그램도 운영했다. 나는 아프리카 대륙에 대한 그의 지적이고 실질적인 헌신에 감명 받았다. 하지만 당시 그가 맡았던 생소한 아프리카 역사 강의를 수강할 정

- 각각 현재의 잠비아, 보츠니아, 부르키타파소, 베넹 및 르완다와 브룬디의 옛 이름.
- 각각 현 모잠비크의 수도인 마푸토와 콩고민주공화국의 수도인 킨샤사의 옛 이름.

도는 아니어서 그 과목 대신 그의 '영국 빅토리아 시대' 강의를 들었다. 그렇다고 아프리카에 대해 무관심했던 것은 아니다. 나의 학기말 과제 중 하나는 영국 식민지 행정의 거인이자 나이지리아에서 '간접통치'를 옹호했던 루가드 경Lord Lugard에 관한 것이었다.

1967년 12월 나는 영국 식민통치 시대의 또 다른 거인인 세실 로즈Cecil Rhodes가 만든 로즈 장학금의 퀘벡주 수혜자가 되었다. 당시 안식년을 맞아 동아프리카 여행 중이었던 새비지 교수는 내게 전화를 걸어 축하해주면서도 '기분 나쁜 제국주의자'의 아량을 받아들였다며 나를 놀렸다.

이듬해 나는 미국과 더불어 인도, 파키스탄, 남아공, 로데지아(세실 로즈의 이름에서 따온 국명이지만 훗날 짐바브웨로 변경되었다)를 포함한 영연방에서 온 67명의 학우들과 옥스퍼드에서 수학했다. 흑인 장학생은 자메이카와 영국령 카리브해 출신의 학우들뿐이었다. 당시 아프리카 신생 독립국들은 로즈 장학금의 수혜국으로 인정받지 못했고 세실 로즈와 가장 밀접하게 연결된 국가였던 남아공과 로데지아는 여전히 소수 백인의 지배를 받고 있었기 때문이다. 우리는 로즈 장학재단의 대표인 빌 윌리엄스Bill Williams에게 이 문제로 만남을 청했다.

당시는 1968년이었고 세계 다른 지역에서 일어나는 일들에 비하면 장학금 수혜국 리스트에 몇 개국을 추가해달라고 제안하는 것은 작은 소동에 불과했다. 1940~1943년 북아프리카전역North African campaign에서 버나드 몽고메리Bernard Montgomery 육군원수의 비서로 근무한 경력이 있던 윌리엄스는 예우를 갖춰 우리를 대했다. 그러나 수혜국을 추가해달라는 우리의 제안에 대해선 세실 로즈의 유언에 따라 1903년부터 지속되어온 전통이라 변경이 어렵고 차라리 여학생을 수혜 대상자에 포함시키는 일이 쉬울 것이라 했다(로즈 장학금의 기이한 심사 기준 중 하나는 '남성적인 야외 스포츠'에 대한 관심이었다). 로즈 장학금의 여학생 관련 제한은 1977년, 아프리카 흑인 관련 제한은 1986년에 폐지되었다.

옥스퍼드 대학교 기숙사에서 내 옆방에 있던 이는 영국령 카리브해 출신의 로즈 장학생인 리처드 제이콥스Richard Jacobs는 훗날 1980년대 그레나다Grenada·의 불운한 급진 정부를 위해 주駐소련 및 주베트남 대사를 지낸 흥미로운 인물이다. 흑인이었던 그는 자기야말로 로즈 장학생 자격을 갖춘 몇 안 되는 사람이라고 농담을 했다. 세실 로즈의 재산은 남아공 광산에서 일한 흑인들의 노동에 힘입어 축적된 것이기 때문이다.

1968년 10월 27일 우리는 베트남 전쟁 반대를 위해 런던에서 열린 사상 최대 규모의 시위에 참여했다. 이 시위에는 10만 명이 모였는데, 리처드가 시위에 참가한 이유에는 다른 것들도 있었다. 모잠비크와 남아공 국경 인근의 카보라 바사·· 수력 발전댐 건설 사업에 바클레이은행Barclays Bank이 참여한 것을 항의하기 위함이었다. 리처드는 그해의 로즈 장학생이었던 빌 클린턴Bill Clinton과 함께 바클레이은행 본점까지 행진했다. 은행에 들어간 시위대가 종이 전표를 한아름씩 갖고 나와 거리에 뿌려댔던 그 시위는 최고의 비폭력 시위였다.

나는 당시까지 아파르트헤이트apartheid···를 격렬히 반대하고 넬슨 만델라Nelson Mandela를 추종했는데도 아프리카 국가들이 내세우는 명분

•   서인도제도 동부의 독립국.

••   모잠비크 북서부의 잠베지강에 있는 남아프리카 최대 댐의 소재지.

••• 남아공이 백인우월주의에 근거하여 취했던 극단적 인종차별 정책.

을 충분히 이해할 수 없었다. 그러나 이후 2년간 아프리카에 뿌리를 두거나 개발도상국에서 온 친구들과 가깝게 사귀면서 많이 바뀌었다. 제이콥스와 나는 자메이카 출신 변호사, 수단 출신 삼림감독관, 검은 피부의 스리랑카 공무원들과 옥스퍼드를 돌아다녔다. 당시 영국에선 이민과 인종 문제가 매우 민감한 이슈였고, 보수 정치가인 이녹 파월 Enoch Powell은 영국이 아프리카인, 아시아인을 계속해서 받아들인다면 유혈 사태가 일어날 거라 경고하기도 했다. 내가 어울려 다니던 그룹은 그 문제에 관심이 많았다. 하루는 우리를 발견한 경찰차가 속도를 줄이고 가까이 다가오다가 나를 발견하고선 빠르게 사라진 적도 있었다.

❉ ❉ ❉

옥스퍼드에서 2년이 지난 후, 나는 영국 남부 해안에 있는 서섹스 대학교에서 아프리카학 석사과정을 시작했다. 담당교수인 크리스토퍼 위글리 Christopher Wrigley는 작은 체구에 그것을 보완할 지성과 위트를 갖춘 인물이었다. 우간다의 역사에 관해 그가 쓴 짧은 책에는 식민지 시대의 통계와 생생한 일화들이 가득했다. 그중엔 서구 교육에 대한 바간다* 들의 관심을 보여주는 이야기도 있었다. 1898년 빅토리아호에서 낚시를 즐기던 한 스코틀랜드 귀족이 근처에 있던 선주민에게 장신구 몇 개를 건네며 미끼와 교환하자고 제안했더니, 그 선주민이 완벽한 영

---

* 　우간다 빅토리아호 북쪽 및 북서쪽에 거주하던 사람들.

어로 자신은 장신구보다 펜과 종이를 원한다고 답했다는 이야기였다.

1971년 여름 동아프리카연합(케냐, 탄자니아, 우간다)의 역사에 대한 논문을 완성한 뒤 나는 킬리만자로산에 있는 5,000피트* 높이에 있는 마을의 여학교에서 아프리카 역사를 가르치는 자원봉사 활동을 고려하고 있었다. 내가 듣기로 그 학교는 "치아를 뽑으면 같은 날 오후에 죄를 용서받을 수 있다."라고 이야기하는 가톨릭 사절단의 일부가 운영하는 학교였다. 그러나 그때 오타와 재무부로부터 취업 제안을 받았다. 나는 그 제안을 받아들였고 마침내 경제학자로서 아프리카에 가겠다는 결심을 굳혔다.

오타와 재무부에서 일하는 동안 나는 경제 정책, 정치 현실, 민주주의에 대해 본격적으로 알게 되었으며, 세계가 얼마나 빨리 상호의존적으로 바뀌어가는지를 목격했다(1970년대 초는 '지구촌global village'이런 표현은 사람들 입에 오르내리고 있었지만 '세계화Globalization'라는 단어는 아직 보편적으로 사용되기 전이었다). 나는 북부개발자문위원회Advisory Committee for Northern Development의 위원으로서 경제발전의 장애물이 무엇인지 배울 수 있었다. 북극 지방과 아프리카는 이따금씩 혹독한 기후 환경에 처한다는 점을 제외하면 공통점이 거의 없다. 하지만 나는 정부가 일자리를 만드는 일이 얼마나 어려운지, 또 정부가 도우려는 이들은 비록 정부의 의도가 아니었음에도 얼마나 쉽게 의존성을 갖게 되는지에 대해 몇 가지 이른 교훈을 얻을 수 있었다.

1975년 5월에는 캐나다의 대외원조를 관리하는 정부기관인 캐나다

---

* 약 1.5킬로미터.

국제개발청에 입사했고, 그해 11월 남아공의 요하네스버그로 가는 길에 나이로비 윌슨 공군비행장에 내리면서 아프리카 땅을 처음 밟았다.

그 출장은 캐나다인으로서는 흔치 않은 것이었다. 당시의 캐나다는 1961년 인종차별 정책으로 영연방에서 축출된 남아공과 모든 경제 관계를 단절한 상태였기 때문이다. 두 나라의 외교 관계는 유지되고 있었지만, 남아공에 대한 제재를 주도했던 인물이 존 디펜베이커John Diefenbaker 캐나다 총리였기에 양국 사이에는 팽팽한 긴장감이 흘렀다. 내 출장의 목적은 남아공을 통해서만 입국할 수 있는 작은 나라 세 곳을 방문하는 것이었는데, 그 세 나라 중 레소토와 스와질랜드는 남아공에 둘러싸인 국가였다.

우리의 최종 목적지는 불분명했다. 한때 베추아날란드라는 이름으로 알려진 보츠와나는 주로 소를 수출하는 나라였지만 곧 구리와 다이아몬드의 주요 생산국이 되었고, 험한 산에 위치한 왕국 레소토(구 바수톨란드)는 어찌나 가난했던지 몇 안 되는 수출품 중 하나가 남아공 병원에 파는 혈액과 모헤어 울mohair wool이었다. 게다가 그리 달갑진 않지만 매년 표토의 1퍼센트가 침식에 의해 남아공의 옥토 지역인 오렌지강 계곡Orange River Valley으로 흘러들고 있었다.

스와질랜드도 산중에 있는 왕국이었으나 레소토와 달리 초목이 무성했고 설탕 원료 생산지와 삼림 플랜테이션들 덕분에 비교적 부유했다. 스와질랜드의 왕 소부자 2세Sobhuza II는 1899년부터 1982년까지 통치하여 역사상 가장 오랫동안 권좌에 앉은 군주가 되었다.

남아공은 당시 변화의 직전에 있었지만 그것을 인식하는 이는 거의 없었다. 남아공의 분열이 임박했음을 알고 있었지만 나 역시 다른 여행자들처럼 표면상으로는 번창하고 질서 있으며 안정된 나라의 모습에 감명 받았다. 흑인들의 분노나 분개의 조짐은 당시 요하네스버그와 프레토리아 거리 어디에서도 느낄 수 없었다.

6주 후인 1976년 1월 가장 큰 흑인 거주지인 소웨토에서 폭동이 일어났다. 이것이 백인지배 종말의 시작임을 눈치챈 이는 아무도 없었다. 소웨토 폭동은 백인이 주도하는 개발의 과실이 그들에게도 흘러들어간다는 주장을 일소시켰다. 폭동은 몇 주간 계속되었고 그해 연말까지 500명이 사망했다.

이후 개혁에 대한 정치적 압박이 거세졌다. 자유를 위한 투쟁 과정에서 많은 사람이 투옥과 고문, 죽임을 당하겠지만 결국 흑인이 승리할 것이란 느낌이 들기 시작했다. 그로부터 15년이 지난 1991년, 아프리카의 위대한 지도자 중 한 명인 넬슨 만델라는 감옥에서 풀려났고 남아공에는 새로운 헌법을 도입하기 위한 협상이 시작되었다.

※ ※ ※

1976년 12월 나는 탄자니아 다르에스살람 주재 캐나다 대사관의 캐나다 고등판무관Canadian High Commission에 개발 부문 1등서기관으로 부임했다. 킬리만자로산 중턱 마을에서의 자원봉사 교사직을 포기한 지 5년 만에 탄자니아 경제개발의 위대한 실험 중 하나를 볼 수 있는 자리에 부임한 것이다.

부임 후 첫 2년 동안 나는 젊은 외교관으로서 많은 것을 배웠다. 하지만 대부분은 고립되어 살았고 매일 업무가 끝나면 음사사니만洲으로 요트를 타고 나가거나 요트클럽에서 진토닉을 마시며 일몰을 즐겼다. 나와 유일하게 가까웠던 아프리카인은 탄자니아 재무부의 젊은 경제전문가였던 찰스 무타쇼비아Charles Mutashobya였다(2년 후 그는 조지아 주립대학교 캠퍼스 안에 주차된 차에 앉아 있던 의문의 남자로부터 총격을 받아 사망했다). 나는 다음에 아프리카에 다시 부임한다면 다르게 살아보겠다고 다짐했다.

1978년 10월에는 파리에 있는 경제개발협력기구OECD에 입사하기 위해 캐나다 공무원을 그만두고 탄자니아를 떠났다. 경제협력개발기구OECD는 지구상에서 가장 부유한 24개국의 경제 정책을 조정하기 위해 노력하는 기구다. 내 업무는 회원국들의 대외원조 절차를 단순화하고 상호조화시킴으로써 개발도상국의 행정 부담을 완화하는 방법을 제안하는 것이었다.

그러나 가장 큰 원조국들인 미국, 일본, 독일은 절차의 단순화에 무관심했다. 이들 국가는 자신들의 관대한 원조에도 지켜야 할 '조건들'이 있다는 점을 국회나 여론에 보여주고 싶어 했고, 저마다 자신의 양식과 규정을 빈틈없이 지키려 했다. 공동원조의 표준과 절차를 정하고 지켰다면 아프리카 및 아시아에서의 서류 업무는 상당히 줄어들었겠지만 이는 불가능한 일이었고, 지금까지도 여전히 달성하기 어려운 목표로 남아 있다. 복잡하고 번거로운 규칙은 원조 예산을 늘리지 않아도 되는 좋은 핑계이기도 했다.

나는 곧 현장에서 마주했던 구체적인 문제들을 놓치기 시작했고, 그래서 경제개발협력기구OECD 입사 후 12개월이 채 지나기 전에 워싱턴

D.C.에 있는 세계은행에 탄자니아 차관 담당자로 합류했다. 일은 만족스러웠지만 처음 4년 동안은 아프리카 친구들이 그리웠다. 그 문제는 1984년 10월 미국의 수도에 있는 아프리카-미국 가톨릭의 본산, 세인트 어거스틴St. Augustine 로마 가톨릭 교구에 들어서면서 해결되었다. 이후 18년을 그곳에 다녔고 성가대에도 들어갔다. 매주 리허설 때 우리는 길거리든 세계 곳곳이든 도움이 필요한 사람들을 위해 손을 잡고 기도를 했다. 선조들이 고향에서 쫓겨난 지 300년이 지났지만 이 아프리카인들은 현재에도 아프리카를 온전히 유지시켜주는 깊은 공동체 의식과 믿음, 그리고 인내심을 보여주었다.

1983년 8월 여전히 워싱턴에 거주하고 있던 나는 인도네시아의 차관 담당자 중 한 명이 되었다. 5~6주 동안의 긴 인도네시아 출장을 떠난 나는 그곳에서 탄자니아에선 하지 않던 시도를 했다. 업무 외 시간에 사람들의 실제 생활이 어떤지 보기 위해 현지 버스를 타고 시골로 가본 것이다.

혹독한 열대우림 기후, 토양, 질병 등 아프리카의 발전을 저해하는 요소라고 주장하는 것들을 동일하게 갖고 있는데도 인도네시아는 경이로운 속도로 발전하고 있었다. '동아시아의 기적'의 선두에 있지 않던 이 나라는 아프리카와 마찬가지로 정부기관이 생긴 지 얼마 되지 않았고, 외국의 기술원조에 의존하고 있었으며, 한국이나 대만, 홍콩과 같은 수준의 인프라나 효율성은 부족했지만 빠른 속도로 그 국가들을 따라잡고 있었다. 인도네시아는 석유와 가스 매장량이 많았고, 근현대사에서 그것들을 현명하게 사용한 몇 안 되는 나라 중 하나였다. 1975~1995년 인도네시아의 전체 인구에서 빈곤층이 차지하는 비중은 60퍼센트에서 20퍼센트로 감소했다.

인도네시아의 발전은 국제개발의 성공 사례를 이야기할 때 언급되지 않는 나라 중 하나이다. 그 발전이 권위주의적인 정권에 의해 성취되었기 때문이고, 인도네시아 경제의 바탕을 이루는 부정부패와 연고주의가 1997년 아시아 외환위기를 통해 드러났기 때문이다. 아시아 외환위기 후엔 빈곤이 다소 증가했지만, 20년간 건전한 경제와 공공 투자 관리로 얻은 유익한 효과는 여전히 온전히 유지되고 있다.

인도네시아의 성공은 우연이 아니다. 정책 입안자들은 정부 적자와 인플레이션을 억제하고, 현명하게 자금을 빌렸다가 제때 상환하며, 새로운 도전에 선제적으로 대처하는 등 '좋은 살림살이'를 했다. 그러나 그들 전략의 핵심은 석유 수입의 대부분을 지역개발 및 소득 향상을 위한 프로그램에 투자했다는 것이다. 여기엔 엄격한 가족계획 정책, 다수확 품종과 개선된 농업 서비스를 특징으로 하는 쌀 증산 프로그램, 지방 관개 프로그램과 성인 대상의 문해력 프로그램 등이 포함되었다. 결과적으로 과거 세계에서 가장 큰 쌀 수입국이었던 인도네시아는 한 세대도 지나지 않아 쌀 자급자족국이 되었다.

❈ ❈ ❈

1991년 5월 나는 코트디부아르의 수도 아비장에 기반을 둔 세계은행 서아프리카 지부의 지부장으로 발령받았다. 코트디부아르는 아프리카에서 몇 안 되는 성공 사례 중 하나였기에 나는 이 발령에 크게 흥분되었다. 아프리카와 8년이나 떨어져 있었으니 이제는 다른 환경에서 쌓은 경험을 서아프리카 개발 업무에 적용하고 싶었다. 그러나 우선은 내 개인적인 문제부터 해결해야 했다.

당시 나는 남자친구와 10년 이상 함께 살고 있었다. 그때까지 세계은행은 동성 커플을 해외로 파견한 적이 없었다. 나는 수년간 세계은행이 그 관례를 깨도록 여러 시도를 했으나 결과는 그리 신통치 않았다. 동성애자인 내 상사는 내게 "물론 당신은 해외 파견을 수락할 수 있지만 장 다니엘은 다른 집에서 살아야 할 거야."라고 말했다. 다른 동료들은 나를 조금 더 지지해줬다. 이전 부서의 상사는 똑똑하고 무뚝뚝한 것으로 유명한 텍사스 출신 여성이었는데 내 파트너처럼 자신에게도 다른 사람에게 보여줄 만한 이가 있다면 모든 외교단 환영 공식행사 때마다 그 사람을 맨 앞에 내세우겠다고 했다.

그러나 막상 그럴 기회가 다가오자 나는 화젯거리가 되지 않겠다고 결심했다. 나는 왜 내 사생활이 직장생활에 걸림돌이 되어야 하는지 이해할 수 없었고, 동성애자라는 이유로 해외 근무를 위한 특별 승인을 받을 생각도 결코 없었다. 하지만 내 파트너는 정면 돌파를 택했다. 그는 세계은행이 갑작스레 그런 이야기를 들으면 과연 환영해줄지 궁금해했고, 음지에 숨어 있는 사람 그 이상이 되길 원했다. 장 다니엘은 "결국 우리는 세계은행이 제공하는 사택에 살게 될 거야."라며 정문으로 당당하게 들어가자고 했다.

그래서 나는 세계은행의 인사 및 행정담당 부사장이었던 내 상사에게 의견을 구했다. 그는 "당신은 사생활을 지킬 권리가 있습니다. 하지만 내가 당신이라면 상사가 될 사람들과 미리 협의하겠어요."라고 말했다. 나는 다소 긴장하며 미래의 내 상사에게 가서 사실을 말했다. 전직 미 해병대원이자 들리는 소문에 따르면 예의범절을 따지는 가톨릭 신자인 그는 나를 더할 나위 없이 이해해주었다. 아내 없이 독일 내 미군기지에 주둔해야 했던 그는 당시의 기억을 떠올리며 분개했다. 그는 내게 아비장에 가서 곧 나의 전임자가 될 그곳의 현 지부장과 의논하고 내 사생활과 관련한 상황이 현지 정부나 지역사회와 어떻게 조화를 이룰 수 있을지 살펴보라고 했다.

현 지부장의 반응은 매우 긍정적이었다. 프랑스 식민지였던 서아프리카 사람들은 프랑스인처럼 공인의 사생활 보호에 신중하고, 다른 이들에게 날카로운 질문을 던지지 않기 위해 성性에 대한 이야기는 피한다. 당시의 지부장은 활기차고 현지에서 꽤 인기 많은 남미 사람이었다. 그는 나의 국적과 성격, 경력이 사람들을 금세 사로잡고 이들을 무장해제시킬 거라 했다.

그가 옳았다. 아비장에 도착해 몇 달이 지나도록 내 사생활을 알아챈 이들은 거의 없었다. 우리 커플이 아닌 다른 이들에겐 어색했던 상황이 아주 초기에 벌어지긴 했다. 우리를 위해 처음 열린 외교단 환영회에서 내가 장 다니엘을 '친구'로 소개하자 각국 대사 부부들이 그를 환영하며 "얼마나 오래 머무실 건가요?"라 물었고, 장 다니엘은 "'우리'는 3년 있을 거예요."라고 대답한 것이다. 잠시 어색한 침묵이 흘렀고, 그들은 헛기침을 한 뒤 말했다.

"오, 좋네요."

몇 주가 지난 후 우리는 부부 동반 모임 등에 초대되었다.

나의 개인적 환경에서 비롯되어 업무에 영향을 미친 요소로는 단 한

가지가 있었으니 에이즈에 대한 내 관심이었다. 당시로부터 불과 10년 전에 발견된 에이즈는 북미와 유럽에선 '동성애자'들의 병으로 알려져 있었고, 아프리카에선 일반인들 사이에 들불처럼 퍼지고 있었다.

내 세대의 동성애자 대부분이 그랬듯이 나는 세계대전과 맞먹는 삶을 살아왔다. 친한 친구들 또는 그들의 친구들이 그 누구도 선택하지 않은 전쟁터에서 무기 없이 죽어가는 삶을 말이다. 이 병을 내가 직접 경험한 것은 마더 테레사 수녀회가 워싱턴에서 운영하는 에이즈 호스피스 센터에서 야간 자원봉사자로 일하던 1986~1989년 무렵이었다. 덕분에 나는 아프리카에서 이 병이 얼마나 치명적인지 알았고, 감염자 수도 쉽게 추정 가능했다. 그러나 아프리카인들은 이 병에 대해 안일했다. 나는 잘못된 인식에서 그들을 꺼내주고 싶었다.

동성애자인 덕에 나는 흥미로운 인연도 맺게 되었다. 미국 의원 중 처음으로 동성애자임을 밝힌 의원이자 반대쪽 당원들로부터 의회에서 가장 똑똑한 사람이라 인정받았던 바니 프랭크Barney Frank가 미 하원의 국제경제소위원회 위원장으로 서아프리카를 방문했을 때였다. 그는 세계은행에 대해 비우호적이었다. 그날 미국 대사관 관저 만찬에선 나를 노려보더니 이렇게까지 말했다.

"오늘 오후 이곳 정부는 당신네들에 대해 불평을 늘어놓더군요."

나는 이렇게 답했다.

"그게 정상입니다. 세계은행은 아프리카 대륙의 어떤 정부에게도 인기가 없지요."

잠시 후 나는 주변 사람들을 물리친 후 혼자 음료를 마시는 그에게 다가가 수년간 관심을 갖고 그의 경력을 따랐다고 이야기했다. 나는 미국인이 아니었고 그에게 아첨할 필요도 없었지만 바니 의원은 의심스러운 눈초리로 나를 바라보았다. 나는 이야기를 이어갔다.

"사실 저는 미국을 이해하고 싶어 하는 외국인들에게 당신의 말을 들려줍니다."

그가 내게 물었다.

"어떤 말이요?"

"진보주의자들이 몸을 숨길 곳을 찾아 뛰어다니고 레이건 혁명Reagan Revolution[*]이 한창이던 1982년 중간선거 때 의원님께선 매사추세츠의 유권자들에게 이렇게 말씀하셨지요. 미국인들은 일반적으로는 보수적이지만 맨 밑바닥, 현실의 문제에 대해선 상당히 진보적이라고 말입니다."

그가 답했다.

"그랬지요. 그리고 저는 그것이 여전히 사실이라고 생각합니다."

둘 사이의 서먹함이 사라지고 담소가 이어지자 현지에 주재하는 미국인들이 우리에게 다가왔다. 이들은 내 여름휴가가 어땠는지, 장 다니엘은 어디에 있는지 물었다. 나는 그가 프랑스에 머무르고 있지만 곧 아비장으로 와서 나와 같이 살 거라고 답했다. 이 질문을 내가 몇 번 받자 바니 의원은 내 쪽으로 몸을 돌리더니 "지부장님께 제 파트너를 소개해드리겠습니다."라며 나를 끌고 방 한가운데를 가로질러 갔다. 당시 바니 의원은 공식 석장에는 처음으로 파트너인 허브 모세Herb Moses와 동행했는데, 그는 이 덕에 몇몇 재미있는 일들을 겪었다고 한다. 한 예로 세네갈에서는 정부 관계자가 허브를 카퍼레이드의 뒤쪽에 있는 차

---

[*] 미국의 로널드 레이건 대통령이 두 번째 임기 당시 추진했던 혁신 프로그램.

에 계속 태우는 바람에 바니 의원이 쫓아가서 그를 데리고 나오며 "이 사람은 저와 함께 있을 겁니다."라고 말해야 했다.

바니 의원과 허브는 세계은행이 동성 커플을 해외에 배치했다는 사실에 감탄했다. 유엔 산하기구 중 직원복지 혜택을 동거인에게까지 적용하는 곳은 오늘날까지도 세계은행이 유일하다. 바니 의원이 내게 "제가 워싱턴에 돌아가 이 사실에 대해 호의적으로 논평해도 될까요?"라고 물었을 때 나는 "꼭 그렇게 하셔야겠습니까?"라고 반문했다. 긍정적이든 부정적이든 내 사생활이 세계은행과 미 의회 사이에서 이슈가 되는 것이 다소 고민스러웠던 것이다. 그러자 바니 의원이 답했다.

"지부장님만 괜찮으시다면 그러고 싶습니다. 저는 사람들이 잘못된 일을 할 때는 혹독하게 비난합니다. 그리고 같은 맥락에서 옳은 길을 가고 있는 이들에겐 긍정적 강화를 주는 것이 중요하다고 생각합니다."

만찬이 끝날 무렵, 그는 내게 이튿날인 토요일 오전에 허브와 자신에게 지역 명소들을 안내해줄 수 있는지 물으며 이렇게 이야기했다.

"사실 저는 그 시간에 시립병원의 에이즈 병동에 방문하는 일정이 잡혀 있습니다. 하지만 지부장님께선 제가 그 주제에 대해 배워야 할 필요가 얼마나 적은지 알고 계실 테니까요."[1]

몇 달 뒤 나는 세계은행 총재가 편지 한 통을 받고선 직원들에게 설명을 부탁했다는 이야기를 들었다.

"국회의원한테서 긍정적 내용의 서한을 받은 건 이번이 처음인데, 도대체 그가 무슨 얘기를 하는지 모르겠군."

바니 의원은 그 편지에서 세계은행의 가나, 세네갈, 코트디부아르 지부들로부터 충분한 협조를 받은 것에 대한 감사를 표했고, 특히 아비장

지부에서 시행 중인 '진보적 인적 자원 정책'을 높이 평가한다고 했다.

이 분야에서 내가 했던 새로운 시도는 비록 의도한 것은 아니었으나 과감한 행동이었음이 증명되었다. 나는 아프리카에서의 이 성공적인 임무 수행이 성소수자에 대한 벽을 낮추고 세계은행이나 다른 기구에서 말하는 동성애자에 대한 편견을 없애는 데 도움이 될 것임을 알고 있었다. 내가 원한 것은 아니지만 선구자가 된 셈이다. 나는 오로지 내 파트너인 장 다니엘이 고집했기 때문에 문제를 제기한 것이었으나 내가 곧 다른 일에서도 대범해질 수 있다는 것을 그때는 잘 알지 못했다.

그때까지 내겐 대중 앞에서 연설할 기회가 많지 않았다. 당시 코트디부아르에는 복수정당제가 막 도입되었고 신생 자유언론이 날개를 펴고 있던 터라 그곳에 도착한 지 며칠 되지 않아 나는 기자들로부터 코트디부아르의 미래를 어떻게 전망하느냐는 질문을 받았다. 이에 나는 어떤 의견이라도 말하려면 최소 6개월 동안은 이 나라에 대해 배워야 한다고 답했을 뿐이다.

그러던 내가 어쩌다 보니 TV 심야 뉴스에 생방송으로 나가게 되었는데, 그날 내가 얼마나 솔직하게 말했는지 나 스스로도 놀랐다. "세계은행은 코트디부아르를 위해 무엇을 해줄 수 있습니까?"라는 첫 번째 질문에 이렇게 대답했던 것이다.

"질문이 잘못되었습니다. 코트디부아르 자신을 위해 무엇을 할 수 있는지 묻고, 그런 뒤 세계는 그런 코트디부아르를 돕기 위해 작더라도 어떤 일을 할 수 있는지 물어야지요."

다행히 누구도 이런 직설적 답변을 모욕으로 느끼지 않아 후에 나는 그 프로그램에 다시 초대되었다.

한번은 가나 근처 해변가에 있는 어느 리조트의 지분을 구매하라는 제안이 들어왔는데 거절했다. 해외 파견자로 탄자니아에서 보냈던 생활이 떠올랐던 것이다. 또다시 매주 야자수 아래에서 칵테일을 홀짝이며 시간을 보내고 싶진 않았다. 해변 리조트에서는 현지인들을 많이 만날 수 없을 거란 점도 알고 있었다.

내 직감이 맞았다. 몇 주 동안 나는 현지인들의 집에 초대되었다. 초대 이유는 나의 직책에도 있었겠지만 사람들은 세계은행 지부장을 알아가는 데도 관심이 많았다. 나 또한 시간적 여유가 있고 호기심이 많았기 때문에 이들의 초대에 기꺼이 응했고, 이 책에서 알 수 있듯 이후의 3년은 아프리카에서의 경험이 가장 많이 축적된 기간이다.

나는 아프리카 각국의 정부와 현지인들을 만날 수 있는 기회를 허비하고 싶지 않았다. 아마 여타 빈곤국(특히 인도네시아)에 대한 나의 지식, 또는 빈곤과 관련하여 아프리카가 내미는 변명들이 점점 바닥나고 있다는 느낌 때문이었을 것이다. 1992년 6월까지 나는 교외 지역을 방문하고, 간담회를 열고, 인터뷰를 갖고, 최근 사건에 대한 의견을 피력하고, 기자들을 피하지 않으며 내 시간의 3분의 2를 사무실 밖에서 보냈다. 자신을 노출하려는 저돌적 취향 때문이 아니라, 국가 경제 및 사회 현안에 대한 열린 토론이 필요하다는 생각 때문이었다.

사람들은 기본적인 정보를 원했고, 자신들에게 무슨 일이 일어나고 있는지 정확히 알지 못해 혼란스러워했다. '경제위기'였는데도 사람들은 그것이 무엇인지, 또 자신들을 위해 어떤 방책들이 준비되어 있는지에 대해 아는 바가 없었다. 사실과 수치(그리고 정직한 의견들)가 드물었기에 그것들을 접하면 그들은 바싹 마른 땅 위에 물이 떨어질 때처럼 금세 흡수해버렸다.

나는 사람들을 위해 시간을 할애했고, 그들은 점차 내게 마음을 열었다. 내가 자리를 비운 동안 기자로부터 부재중 전화가 와 있을 때는 사무실로 돌아온 지 30분 내에 전화를 걸었다. 그들이 인터뷰를 요청하면 바로 그 당일에, 준비가 필요하면 늦어도 이튿날에는 인터뷰에 응했다. 나는 언론사 기자들을 좋아했고 그들의 직업을 존중했으며 그들이 겪는 어려움을 이해했다.

기업인 150명과 처음 만나는 자리에선 에이즈가 코트디부아르의 세 가지 중요 당면 과제 중 하나라고 얘기했다. 또한 정부의 경제팀을 칭찬하면서도 한편으론 야당의 '건설적인 면'을 높이 평가했다. 당시 야당 인사들의 절반은 이른바 폭력시위 주도 혐의로 구속되었기 때문에 나의 이런 평가는 건방져 보였을 것이다. 그러나 분명한 건 나는 내가 말한 것을 믿는다는 것, 그리고 어려운 상황의 긍정적인 면을 알려주고 싶었다는 것이다.

에이즈 퇴치가 갖는 경제적·사회적 중요성에 대한 내 첫 주요 연설은 야당 일간지에 보도되었다. 연설에서 나는 곧바로 핵심을 찔렀다.

"저는 추상적 질병에 대해 얘기하는 것이 아닙니다. 친한 친구 여섯을 에이즈로 잃었으니까요."

이어 워싱턴 소재의 호스피스 병동에서 죽음을 앞둔 50명의 환자들과 지냈던 경험을 설명했다.

"그들은 처음엔 낯선 사람들이었지만 이내 곧 저의 형제자매가 되었습니다. 저는 그들 곁에서 인간의 고통과 용기에 대해 배웠습니다. 그들은 에이즈처럼 삶의 중요한 질문에 대해 제가 느끼는 감정이 조금 더 직접적이고 명확해야 한다는 점을 일깨워 주었습니다."[2]

다른 연설들도 야당 일간지에 전문이 실렸다. 초등교육의 중요성, 가족계획, 여성을 위한 신용대출, 부패와의 전쟁, 기업뿐 아니라 농부와 노동자를 위한 국내시장 개방 등 내가 다룬 주제들은 언론에 일반적으로 등장하는 것들이 아니었다. 나는 인터뷰를 거절한 적이 없었기 때문에 내 의견은 극우 혹은 극좌 성향의 잡지들을 포함하여 전혀 뜻밖의 곳에 실리기도 했다. 하루는 야당지를 읽고 있던 외무장관이 움찔하며 말했다.

"이번 주에 당신은 우리에게 고통스러운 진실을 이야기했군요."

나는 "걱정 마십시오. 다음주 월요일에 장관님께선 「레베이 헵도 Reveil-Hebdo(친정부 성향의 주간지)」에서 저의 1994년 경제전망을 읽게 되실 겁니다."라고 답했다.

⊠ ⊠ ⊠

정치적 성향의 양 극단에 있는 사람들은 극장이나 야외 술집, 외교관과 원조 담당자들이 거의 가지 않는 먼 외곽의 빈민촌 같은 곳 등 내가 사람들과 이야기를 나누는 장소들에 놀라기도 했다. 그러나 그곳들을 선택한 것은 내가 아니라 면담을 주관한 기관들이었고, 나는 그저 그들을 따라갔을 뿐이다.

일례를 들자면, 하루는 아비장 중심가에서 한 젊은이가 내게 다가오더니 악수를 청하며 물었다.

"선생님이 세계은행 지부장이시지요? 지난달 시청에서 하셨던 연설을 들었습니다. 혹시 고등학교 중퇴자 모임에 오셔서도 한말씀 해주실 수 있을까요?"

나는 그의 제안을 즉시 받아들였고 날짜와 주제를 정해야 하니 다음 주에 다시 방문해달라고 했다.

그들은 내가 젊은이들의 소규모 프로젝트를 위한 자금조달에 대해 이야기해주길 바랐다. 500달러 규모의 벤처기업 프로젝트는 세계은행 같은 대형 기구와는 분명 맞지 않는 주제였지만 나는 일단 해보겠다고 했다. 직장을 구할 때 재능보다는 연줄이 중요하다는 현실을 깨닫고 스스로의 길을 찾는 방법을 궁금해하는 아프리카 청년들이 많았기 때문이다.

토요일 아침 약속한 시간에 그 젊은이는 우리 지부 사무실로 찾아와 나를 간담회 장소로 데려갔다. 차량에 탑승하자마자 그는 한 가지 문제가 생겼었다고 말했다. 그 지역의 시장이 본인도 참석하고 싶으나 선약이 있어 어려우니 간담회를 연기해달라고 했다는 것이다.

"그래서 제가 시장님께 말씀드렸습니다. 지부장님은 까다롭지 않은 분이지만 시장님이 참석할 거라 예상하지 못했을 것이고 어쨌거나 이 프로젝트는 시市가 아닌 우리의 것이니 원래 계획대로 진행하고 싶다고요."

나는 그의 주도력과 독립성에 웃음을 터트렸다. 그날의 강연은 청년들을 대상으로 하는 개발, 경제개혁, 경쟁의 필요성에 대한 입문용이

었다. 나는 아프리카만이 세계경제의 변화에 맞출 필요가 있는 건 아
님을 지적했다. 내가 몬트리올 학생이었던 1965년 당시 세계에서 가
장 크고 다변화된 경제주체였던 미국은 국가총생산의 5퍼센트만을 국
제무역에 의존했으나 현재는 국제무역 의존도가 매우 커졌다는 것, 또
미국 내 제조업 일자리의 3분의 2가 수출 덕에 만들어진다는 것도 이
야기했다.

청년들은 내 강연에 만족을 넘어 흠뻑 매료되었다. 강연 후 2시간여
동안에는 많은 질문과 자신들의 곤경을 토론하는 청년들의 가슴 아픈
사연들이 이어졌다. 한 청년은 경제개혁에 관한 한 우리 모두는 '같은
배를 타고 있다'는 내 말이 인상 깊었다고 했다. 프랑스 아르데슈 지역
에서 공부하며 지방 사회복지사로 일했던 그는 몇몇 프랑스 가정이 얼
마나 힘들게 생계를 유지하는지를 목격한 바 있다며 부유한 '북쪽', 가
난한 '남쪽'으로 구분짓는 것은 더이상 의미가 없다며 세계의 모든 사
람이 실업과 불확실한 시장이라는 비슷한 문제와 싸우고 있다는 점을
깨달았다고 했다. 이런 논의들을 나누면서 코트디부아르 정부가 국가
적 사안에 대해 얼마나 비공개적인지, 또 균형 잡힌 대중 담론을 활성
화하는 데 있어 외국인들이 얼마나 중요한지가 분명해졌다.

공정한 경기를 촉진하는 또 다른 방법은 세계은행이 참여하는 공
개 행사에 국영방송뿐 아니라 전체 언론이 참석하게 하는 것이다. 초
청자 명단에 독립언론인들이 제외되었을 때 그 명단의 잘못된 '실수'
를 바로잡기 위해 내가 전화를 거는 것은 그 어떤 항의보다 웅변적(또
는 효과적)이었다.

나는 강연에 직접 참석하는 청중의 수가 중요하지 않다는 것을 알

게 되었다. 어떤 고등학교 교장은 내 강연에 60명의 학생만이 참석한 '실망스러운' 결과를 두고 이렇게 말했다.

"지부장님께서 영어가 아닌 프랑스어로 강연을 하셨다면 수백 명이 모였을 거예요. 하지만 지부장님은 오늘 간접적으로 수백만 명에게 강연하신 것이나 다름없습니다. 오늘 강연을 들은 아이들은 친구들에게, 그 친구들은 또 다른 친구들에게 이야기할 테니까요. 세계은행 지부장이 말하길, 우리의 장점을 알고 그에 따라 행동한다면 우리나라의 미래가 밝다고 말입니다."

때로 내 관점은 내가 의도했던 것보다 더 큰 반향을 일으키기도 했다. 1993년 4월 나는 국립상공회의소에서 코트디부아르의 상품경쟁력 제고 방안을 주제로 연설을 했다. 그 연설은 신문에서 짧게 다루어졌을 뿐인데, 국영 라디오와 TV는 이후에 나를 인터뷰한 뒤 내 메시지를 사나흘간 반복해서 다루었다. 열흘쯤 뒤 세계은행 총재는 워싱턴으로 아홉 명의 아프리카 재무부 장관들을 초청하여 면담을 가졌는데, 기니의 장관이 그의 앞에서 내 연설문의 사본을 흔들며 말했다.

"이야기의 강도가 높긴 했습니다만 저는 이 연설 내용 모두에 동의합니다. 아프리카에 변화가 일어나려면, 그리고 우리가 시민들한테 잘 설명해줄 수 있으려면 세계은행은 각국 정부에 이런 종류의 이야기를 더 많이 해줄 필요가 있습니다."

⊠ ⊠ ⊠

긍정적 메시지를 전파한다는 것은 때로는 다소 우회한다는 의미를 갖기도 한다. 상공회의소에서 연설하고 사흘 뒤 국영 라디오에서 1시간짜리 인터뷰를 가진 적이 있다. 사전 안내에 따르면 인터뷰의 3분의 1이 개인적 질문, 3분의 2가 전문적 질문이어야 했다. 그러나 실제 인터뷰에선 이 비율이 뒤바뀌었고 다음과 같이 특이한 주제도 몇몇 있었다.

"죽음에 대해 어떻게 생각하십니까?"

"부모님을 떠올리면 무엇이 가장 먼저 생각나십니까?"

"동료들은 지부장님을 어떻게 생각하나요?"

"누군가를 해고해보신 적이 있으십니까?"

"가장 좋아하는 아프리카 뮤지션은 누구인가요?"

"지부장님의 가장 큰 단점은 무엇인가요?"

"보수는 충분합니까?"

그럼에도 그 인터뷰를 하는 것이 나는 매우 기뻤다. 시골 마을들이 얼마나 큰 경제적 고통을 겪고 있는지, 그리고 그것을 해결하려면 어떻게 해야 하는지와 관련해 생생한 예들을 준비했기 때문이다.

라디오 인터뷰가 있고 그다음 달, 지리학도 한 명이 강연 요청을 위해 나를 찾아왔다. 왜 강연자로 나를 택했냐고 묻자 그가 말했다.

"지난달 라디오에서 지부장님의 인터뷰를 들었어요. 방송인데도 매우 직설적이고 솔직하셔서 강연을 요청하고 싶다고 생각했어요."

이어 그는 "지부장님은 희생을 하고 계신 것이지요?"라고 물었다.

그 질문의 의미가 무엇인지 내가 잘 파악하지 못하자 학생은 다음과 같이 말했다.

"그날 밤 지부장님은 개인적 질문들을 많이 받으셨지요. 사실 그런 질문에 답할 사람은 아무도 없을 거예요. 하지만 지부장님은 답변들을 성의 있게 해주셨지요. 제가 보기에 지부장님은 중요한 주제라고 생각한 것으로 화제를 돌리기 위해 그렇게 하신 듯했어요."

나는 중장년층과 청년층은 들을 준비가 되어 있는 내용이 서로 다르다는 점을 자주 목격했다. 내 비서는 시에라리온 출신이고 본인이 인정한 바에 따르면 '구식'인 사람인데, 하루는 내게 그날 밤 있을 연설에서 왜 부정부패에 대해 언급하려는 것인지 물었다.

"경제발전에 있어 중요한 장애물인데 왜 언급하면 안 되죠?"

그러자 비서는 이렇게 답했다.

"지부장님은 외교관이시고 이런 것들은 조금 더 요령 있게 간접적으로 다루셔야 하니까요."

하지만 그와 거의 동시에 내 코트디부아르 친구는 "당신은 왜 정부에 대해 그렇게 공손하게 말하나요? 우리나라가 잘하고 있는지 솔직하게 말해줄 유일한 분인데 말입니다."라고 했다. 이 양 극단 사이에는 내가 선택할 수 있는 여지가 많았다. 그리고 나는 북미 출신으로서 다양한 환경에서 과감한 결단을 내리는 장점이 있었다.

현지에선 누구도 여당의 허락 없이 공공행사를 개최할 수 없었다. 내 강연 중 하나의 '주관자'는 집권당의 정보 담당관이었다. 스리피스 정장과 넥타이 차림으로 강연장에 온 그는 양복 재단사의 능력을 시험에 들게 할 만한 거구였다. 그를 제외한 우리는 그저 슬랙스 바지와 칼라 없는 셔츠 차림이었다. 그는 자신처럼 '변변치 않은' 사람에게 행사 주관을 맡겨준 단체에 감사를 표했고, 나의 강연이 끝나자 질의응답을 시작했다.

"칼데리시 씨, 당신의 연설에 우리는 거의 종교처럼 빠져들었습니다. 그러나 저는 세계은행에 소통의 문제가 있다고 생각합니다. 우리도 상황이 변해야 한다는 것을 알고 있는데, 왜 세계은행은 항상 점진적이 아닌 '급진적' 치료를 고집하는 걸까요?"

그런 뒤 그는 우리의 답변을 기다리지 않고 선약이 있다며 양해를 구하고 자리를 떴다.

나는 논란이 될 만한 수백 가지 질문에 답해야 했고, 그중 어떤 질문은 상당히 석대직이었다. 그러나 매우 완고한 질문자조차 내가 정직하고 신중하게 답변하려 애쓰면 대개는 마지막에 미소를 지어 보였다.

오로지 나만이 만족스럽고 즐거움을 느꼈던 대화에 다른 이들이 기꺼이 감사의 뜻을 표하는 경우도 있었다. 한 마을의 허리케인 램프* 불빛 옆에서 질의응답 중이었던 어느 저녁의 일이다. 한 젊은이가 내 뒤로 다가오더니 내 앞 탁자 위에 네 페이지짜리 신문 기사를 펼쳤다. 1년 전 전국 신문에 실렸던 내 기자회견 기사였다. 습기에 젖지 않도록 비닐로 감싸인 그 기사는 자신들과 이야기를 나누려 그곳까지 와준 내게 감사를 전하는 인사처럼 느껴졌다. 나는 그날 아홉 마을을 거쳤던 터라 지쳐있었고 청중 중 누군가와 이야기하는 중이었기에 그저 미소로만 답례했지만 그 일은 결코 잊히지 않았다. 아프리카 대륙의 아주

---

* 바람에도 불꽃이 꺼지지 않게 유리갓을 두른 램프.

외진 곳에도 사실을 알고 싶어 하고 공개적으로 토론하고자 하는 이들이 있음을 알게 하였기 때문이다.

나는 내가 가는 모든 곳에서 같은 주제의 이야기를 고수했다. 코트디부아르는 다른 나라에 비해 경제회복이 보다 원활할 것이라며, 특히 교외 지역들은 사회적 이유에서 경제개혁을 필요로 한다고. 독점을 끝내는 것은 모든 이의 관심사이고 심지어 독점자 자신들도 그러하다고. 경제성장은 인구증가, 기초 보건 및 교육, 그리고 에이즈에 대해 더 많은 관심을 기울일 때에만 발전으로 이어질 것이고 정부는 변화에 대한 공감대를 형성하고 개혁을 공정하게 도입할 필요가 있다고.

이런 메시지들은 이념적·사회적 경계를 넘어 전파되었다. 단 한 주만에 나는 인권운동가, 프랑스인 파인애플 재배업자, 이탈리아인 선교사, 코트디부아르인 기업가, 교황청 대사Papal Nuncio, 캐나다의 자선단체, 정보부 장관으로부터 내 강연에 대한 긍정적인 의견을 받았다. 부정적 반응을 보인 것은 프랑스 기업가들뿐이었는데, 그들은 내가 코트디부아르의 경쟁 및 효율성 부족에 대해선 '가혹'하고, 비공식적 부문에 대해선 너무 '호의적'이라고 했다. 그리고 놀랍게도 여당 중앙위원회의 한 위원으로부터는 내가 현 문제들을 실제보다 극적으로 보이게 하려는 그의 노력을 약화시키고 코트디부아르의 미래를 지나치게 '낙관한다'는 말을 듣기도 했다. 누군가의 마음을 상하지 않게 하며 내 목소리를 내는 것은 어려운 일이었다.

⊠⊠⊠

때로는 그저 경청하는 것에도 힘이 있다. 하루는 행사 주최측이 초청한 기자들과 아비장의 빈민가를 방문한 적이 있었다. 불법 거주자들이 살고 있던 그곳은 알고 있던 것보단 양호해 보였다. 그러나 그들은 그곳에 살지 않는 집주인이 자신들에게 실제 제공하지도 않는 서비스에 대해 요금을 부과하고, 경찰관들은 지역 활동가들을 위협하며, 아기가 죽으면 사망 처리 및 매장에 드는 '수수료'를 감당할 수 없어 시신을 쓰레기통에 보관한다고 말했다. 나는 거의 아무런 말을 하지 않았지만 그들의 이야기에 마음 아파했다는 사실이 '뉴스'가 되었다. "세계은행 지부장은 현장을 직접 방문할 정도로 빈곤에 관심이 많은데 우리 시장은 왜 방문조차 하지 않는 것인가?"라는 일부 보도는 지역당국을 당황하게 하기도 했다. 나는 고결한 척하는 그 기사의 어조에 민망함을 느꼈고 가련한 그곳 시장이 당연히 나를 질책할 것이라 예상했다. 하지만 불만은 전혀 다른 곳에서 나왔다. 1주일 후 있었던 어느 은행가 연회에서 나와 잘 알고 있던 중앙은행 부총재가 나를 맹비난한 것이다.

"그런 동네에서 도대체 무슨 일을 하고 있었던 겁니까?"

나는 다른 세계은행 직원들이 그러하듯 내가 해야 할 일을 하고 했을 뿐이라고 했다. 하지만 그가 보기에 나는 신중함과 고상한 취향 사이의 경계를, 그리고 '개발'에 대한 그의 개념을 넘어선 것이었다.

그날 오전에도 나는 빈민촌을 방문했었다. 그곳에서 만난 이들은 그 은행 부총재보다 나의 관심에 덜 놀랐고, 고통에 둘러싸여 있는데도 나를 유머러스하게 맞아주었다. 나는 하수가 흐르는 습지 위에 널빤지 두 개가 위태롭게 놓인 다리를 건넜는데, 내가 그 다리를 건넌 최초의 '공인'이니 내 이름을 따서 다리 이름이 지어질 거란 말을 들었다. 나중에는 새 이름에 걸맞게 다리가 개선되고 있다는 이야기도 들려왔다.

코트디부아르 곳곳을 여행하는 동안 나는 생생한 이야기들을 접했고, 아비장으로 돌아와서는 그 이야기들을 활용해 현재의 경제 상황과 사회 정책의 불공평함을 실감나게 제시했다. 정부 관료, 언론사, 외교관들은 내 이야기에 주목했다.

그러나 정치적 긴장이 고조되고 경제 분야에서 실책이 계속되던 와중에 내가 개인적으로 가장 충격을 받은 것은 에이즈에 대한 진정한 관심이 부족하다는 점이었다. 내가 아비장 병원에서 목격한 가장 슬픈 사례 중 일부는 그저 남편과 잠자리를 했을 뿐인데 에이즈에 감염된 50~60대 부인들의 경우였다. 많은 사람이 에이즈를 단순히 '백인들의 병'으로 알고 있었다. 냉소주의자들은 아프리카의 인구문제를 에이즈가 '쉽게' 해결해줄 거라고도 했다. 하지만 나는 그것이 교통혼잡 문제를 핵폭탄으로 해결하려는 것이나 마찬가지라고 생각한다.

에이즈를 또 다른 재앙이라고 숙명처럼 느끼는 이들도 여전히 존재했다. 물론 이런 풍조를 바꿔보려는 현지 영웅들 또한 있다. 에이즈 병동의 한 젊은 의사는 거리에서 사람들에게 검진과 초기 치료 서비스를 무료로 제공하기 위해 지역 공동체 병원을 설립하고 '에스포(희망)'라는 이름을 붙였다.

나는 기부금을 모을 수 있도록 그녀의 노력을 외부에 알리며 도왔다. 그러나 에이즈 문제를 심각하게 받아들인 것은 주로 외국정부와 민간 자선단체였고, 마더 테레사 수녀회는 이 문제의 해결을 위해 중앙정부보다 더 많은 활동을 했다. 수녀회는 프랑스의 원조를 받아 도시 빈민촌 내에 대규모 호스피스를 세우고 박애주의적 열정을 바탕으로 다양한 정보와 도움을 주기 위해 노력했다.

프랑스 영사, 그리고 수녀회의 호스피스 건립을 도왔던 영사 부인이 코트디부아르를 떠날 것이 알려지자 송별파티가 열렸다. 그 파티에서 수녀회 원장이 내게 다가와 이렇게 말했다.

"9개월 동안 지부장님을 호스피스에서 뵙지 못했는데 지금까지 어디 계셨어요? 우리는 지부장님이 필요해요. 얼마 전 자신이 HIV 양성인 것을 알게 된 젊은 남자가 충격에서 헤어나지 못하기에 지부장님에게 전화 좀 해달라고 영사 부인께 부탁드렸던 적이 있었어요. 지부장님께서 도와주실 수 있을 거라고 생각해서요."

나는 대답했다.

"네, 그 전화 받았습니다. 그런데 제가 주말 내내 감기로 꼼짝을 못했습니다."

내 파트너인 장 다니엘도 그녀에게 양해를 구했다.

"원장님, 아시겠지만 지부장님은 요즘 시간이 없어요. 워낙 많은 일에 관여하고 있어서……."

원장은 납득하지 못하는 것 같았지만 나는 그녀의 열정을 존경했고 감기로 누워 있던 것에 죄책감을 느꼈다. 그녀는 할 수 있는 최선을 다했던 것이다.

※ ※ ※

　에이즈 다음으로 내가 많은 관심을 둔 것은 국가 독점이 생활 물가에 미치는 영향이었다. 한번은 저명 주간지가 해상에서의 서비스 및 운송 규정에 대한 3부작짜리 연속 기사를 나의 의견과 함께 실을 계획을 세웠다. 그에 따라 1주차에는 주제에 관한 균형 잡힌 개요 기사가, 2주차에는 내 의견이 게재되었다. 그다음 주차엔 선주船主들의 주장을 담은 기사가 실릴 것임을 알고 있었기에 나는 내 의견에 강한 비판을 담았다.

　"19세기 양초 제조업자들이 사람들로 하여금 밤이고 낮이고 촛불을 켜게 하기 위해 모든 집의 창문을 막아버리게끔 왕을 설득했다는 이야기를 기억하십니까? 이는 소수의 '보호'를 위해 다수의 희생을 감수한 일례입니다."[3]

　그다음 주에 선주들은 내 주장의 "무지함과 모순"에 놀랐다는 의견을 밝혔다.

　"관련 규제의 완화를 위해 세계은행 지부장은 15~20년 전에 만들어진 현재의 법이 '구식'이라 주장한다. 우리나라는 세워진 지 얼마 되지 않는데도 말이다. 그렇다면 100년 이상 된 서구의 법들도 구식이란 말인가?"[4]

　그들이 사용한 거친 말들에 대해 사람들은 길에서 나를 만나면 대신 사과하기도 했다. 그러나 나는 중요한 경제 정책과 관련하여 공개 토론이 이루어졌고 모든 사람의 입장을 들을 수 있었다는 점에서 화가 나기는커녕 오히려 기뻤다.

코트디부아르에서의 임기를 마치기 한 달 전, 나는 내각 위원 절반이 모인 자리에 나갈 기회가 있었다. 교통부 장관은 나에 대해 자신이 어떻게 생각하는지를 이야기했다.

"칼데리시 씨는 솔직한 것을 좋아하시니 저도 솔직하게 말씀 드리겠습니다. 당신은 민간기업인들과의 대화에 지나치게 많은 시간을 할애합니다. 다음에 교통 현안에 관한 정보가 필요해지면 정부 관료들부터 찾아가야 할 겁니다."

그는 장관이었고 나는 국제기구에 속한 공무원에 불과했기에 그 말에 따로 응수하지 않았다. 게다가 그 비난은 역으로 생각하면 칭찬이기도 했다. 내가 한 대답은 "정부 관료들만 이해하는 경제개혁이 무슨 소용 있겠습니까?"가 전부였다.

이 비난은 코트디부아르가 불행히도 외부의 조언과 지원금에 크게 의존하게 되었음을 상기시켰다. 그것은 해운 정책에 대한 국민적 불만이 있는데도 경제 정책에 대한 '토론'이 얼마나 어려운지, 또 얼마나 편협하게 이루어지고 있는지를 보여주기도 했다. 열린 정부, 자유언론, 공공정보에 대한 용이한 접근 문제는 협의狹義의 경제 관리만큼이나 아프리카의 미래에 중요할 것이었다. 국제기구가 정부 정책의 현안에 대해 공개적으로 의견을 표현할 권리는 토론을 위해 필요한 요소다. 하지만 대중도 자기 의견을 표현할 수 있는 당연한 권리가 코트디부아르 및 다른 나라들에선 부정당하고 있었다.

나는 언론사 기자들과 많은 시간을 보냈고, 자유언론이 사회는 물론 경제에 대한 이해와 공정성, 정직성 증진에 얼마나 중요한지 알고 있었다. 그래서 그땐 단 한 명의 기자라도 그저 자신의 의견을 표현했다는 이유로 투옥된다면 원조 프로그램들이 하룻밤 사이에 중단될 수 있길 바랐다.

⊠ ⊠ ⊠

1997년 7월, 나는 워싱턴에 본부를 둔 세계은행의 아프리카 담당 대변인이 되었다. 많은 아프리카인이 가장 의심하고, 두려워하고, 심지어 비난하는 이 기구가 실제로는 아프리카 대륙의 문제들에 대해 가장 잘 알고 있으며 믿을 만한 곳이라 생각된다는 점은 국제원조의 많은 역설 중 하나다. 세계은행과 IMF는 때론 인간미 없게 변화를 이끌려는 세력으로 간주되기도 하지만 경제적 잉여와 일당독재를 견제할 수 있는 유이한 기관으로 여겨지기도 한다. 이 때문에 두 기구는 남다른 도덕적·정치적 기반을 갖게 되었다.

아프리카 대변인으로 이후 3년간 아프리카 대륙 이곳저곳을 다니며 나는 국제기구가 갖는 역할 및 역사의 무거운 짐과 관련한 불만을 많이 접했다. 하지만 대외원조가 아프리카인들을 돕고 있는 것이 아니라는 조짐도 새로이 발견했다. 도로 유지보수 프로젝트를 위해 1999년 4월 말라위를 방문했을 당시 그곳 농부들이 나를 보자 밭에서 나오더니 내게 돈을 구걸했다. 그때가 내 직장생활에서 겪은 최악의 순간이었다. 농부들의 자부심이 어느 정도인지 알고 있었기에 그들이 얼마나 절박한지를 느낄 수 있었다.

2000년 7월 나는 카메룬과 중앙아프리카공화국, 차드, 가봉, 적도

기니의 국가 담당자 직책을 맡게 되었다. 2001년 2월에는 카메룬 두알라 교구의 연로하신 가톨릭 성직자 크리스티앙 투미Christian Tumi 추기경을 공식 방문했다. 투미 추기경은 카메룬 정부의 인권유린 실태 및 이전 대선에서의 조작을 가차없이 비난한 인물이다. 그리고 이제는 자신의 교구에 대한 라디오 방송 인허가가 (터무니없는 혐의로) 정부로부터 거부당할 정도로 야당의 주요 인물이라 여겨지고 있다. 하지만 스스로 설명했듯 그는 그저 한 사람의 시민으로서 말하고 있었다.

"나는 카메룬에서 태어났고 신자가, 또 성직자가 되었습니다. 왜 내 나라에서 일어나는 일들에 대한 견해를 말하면 안 된다는 겁니까?"

우리는 에이즈에 대해 이야기를 나누었다. 그는 정부가 발표한 전국 감염률(11퍼센트)이 축소된 수치라고, 특히 자신의 출신지인 북서부 지역에서는 더더욱 그렇다고 말했다. 불과 10년 전만 해도 에이즈 감염 사례가 없던 그의 마을에서 이제는 매주 최소 다섯 번의 장례식이 치러지고 사망자 대부분이 50세 미만이라는 것이다. 주민들이 느끼는 절망의 정도는 극심해서 한 매춘부가 그에게 "저는 굶어죽는 것보다 에이즈로 죽는 게 나아요."라고 말할 정도였다. 그와 헤어지고 돌아오면서 나는 그가 지금의 용기와 현실적 시각을 바탕으로 훗날 교황이 되기를 바랐다. 그렇게 된다면 제아무리 카메룬 대통령이라 해도 그에 대해 할 수 있는 일이 없을 테니 말이다.

그날 밤 사람들이 길에서 지르는 소리와 사이렌 소리, 폭죽 소리에 잠을 설쳤다. 시위가 있거나 쿠데타가 시작된 것일까 싶었지만 창가로 다가가 밖을 확인해보기엔 너무나 피곤했다. 간밤에 호텔에서 결혼식이 있었다는 이야기를 이튿날 아침식사 자리에서 듣고선 결혼식을 참요란하게도 한다고 생각했다.

진실은 사무실에 출근해서야 알게 되었다. 중앙 군수품 임시창고가 새벽 4시에 폭발해 최소 2시간 동안 연기와 화염을 내뿜었던 것이다. 조사를 위해 사고 지역에 통제선이 설치되었고 곧 공식 발표가 나왔다. 이에 따르면 여인들이 해당 지역 근처에서 풀을 태우다가 불씨가 임시창고 지붕으로 날아간 것이 원인이었다. 한밤중에 풀을 태우는 사람이 있었다는 이야기를 믿는 이는 아무도 없었지만, 그 사건은 아프리카인들의 삶을 지배하는 무지와 불확실성, 부정직, 불안의 상징과도 같았다.

3장

권력을 가진
악당들

아프리카의 문제를 한 문장으로 간단히 설명하자면 좋은 정부가 한 번도 수립된 적이 없다는 것이다. 이는 100년 전 탐험가 헨리 스탠리Henry Stanley*가 알아낸 사실이다. 수단에 포위되어 있던 총독**을 구출하기 위해 떠난 원정을 기록한 『암흑의 아프리카에서In Darkest Africa』(1891)에서 스탠리는 오랜 시간이 흘렀어도 여전히 정확한 단어로 그 상황을 설명했다.

"총독에게 자신의 군대를 통제할 영향력이 없었다는 점을 우리는 아쉬워할지도 모르겠다. 통제력이 있었다면 군으로 하여금 그곳 선주민을 동등한 동포로 존중하고, 평화의 수호자 및 번영의 보호자로 일하게 할 수 있었을 것이다. (…) 아프리카 선주민들을 억압하고 인격적으로 대우해주지 않으며, 방종한 군대가 멋대로 약탈하고 노예로 만드는 일들이 허용된다면 그들은 문명이 곧 축복임을 배울 수 없다."[1]

•   영국 출신의 미국 언론인이자 탐험가.

••   독일계 유대계 출신으로 오스만 제국의 의사이자 박물학자였으며, 이집트 적도 지방의 식민총독이었던 에민 파샤(Emin Pasha)를 지칭.

아프리카만큼 장기간의 독재정권을 겪은 대륙은 없다. 최장기 독재자는 1967년부터 통치한 가봉 대통령이고, 그다음은 토고 대통령으로 2005년 2월 사망할 때까지 37년을 통치했다. 앙골라와 적도기니 대통령들은 1979년부터, 짐바브웨와 카메룬 대통령은 각각 1980년과 1982년부터 지금까지 계속 그 자리에 있다.* 자이르의 모부투Mobutu, 코트디부아르의 우푸에부아니, 기니의 세쿠 투레Sékou Touré, 케냐의 모이Moi 등 장기집권한 많은 동시대인이 그랬듯 이들은 자신의 통치기간 동안 부를 축적했고, 정적들을 협박했으며, 최소한의 민주주의도 무시했다. 헌법 통치를 향한 움직임을 적극적으로 막았으며, 국제사회의 비난을 때로는 미묘하게, 때로는 노골적으로 조롱했다.

또한 이들은 왕처럼 통치했고 자신들의 사적 재산과 국가의 재산을 구분하지 않았다. 그러나 일부는 이를 부인하기도 했다. 우선 모부투는 "나는 국가 예산으로밖에 살 수 없다. 내 돈이 어디서 나올 수 있단 말인가?"라고 주장했다.[2] 가봉의 대통령은 그보다 덜 내숭을 떨며 2002년 프랑스 기자에게 "베르사유 궁전은 프랑스의 돈으로 지어진 겁니까, 아니면 루이 14세Louis XIV의 돈으로 지어진 겁니까?"라고 물었다.[3] 하지만 그들 중 누구도 국민이 항의하게 내버려두진 않았다. 심지어 지금도 민주주의 국가라 추정되는 프랑스어권 아프리카 나라들은 국가원수에 대한 '모욕'을 범죄로 취급한다. 그런 법이 정치적 논쟁에 어떤 영향을 미칠지 상상해보라. 반대 의견을 표한다는 이유만으로 구

•   적도기니의 테오도로 음바소고(Teodoro Mbasogo)와 카메룬의 폴 비야(Paul Biya)는 2023년 현재도 대통령이며, 앙골라의 호세 산투스(José Santos)는 2017년 대선에서 주앙 로렌수(João Lourenço)에게 패배 후 퇴임했다. 짐바브웨의 로버트 무가베(Robert Mugabe)는 2017년 군부의 쿠데타 후 사임하였고, 이후 에머슨 음낭가과(Emmerson Mnangagwa)가 대통령으로 취임함

금되거나 살해된 기자만도 수십 명에 이른다.

현대의 아프리카 지도자들이 장기독재의 첫 번째 예는 아니다. 훗날 남아공의 일부가 된 트란스발의 초대 대통령이었던 폴 크루거Paul Kruger의 통치 기간은 18년이었다. 「셜록 홈즈」 시리즈와 『위대한 보어 전쟁The Great Boer War』(1901)을 쓴 아서 코난 도일은 "한 세대의 절반 이상 계속되는 통치는 반드시 사람을 독재자로 만든다."라고 했다. 그의 말에 따르면 "전임 대통령(크루거)은 담백하고 영리하게 이야기했다. 팀을 이끌 좋은 황소를 얻었다면 그 소를 변화시키지 않는 편이 좋으나, 길을 안내해주지 않은 채 그저 내버려둔다면 자신이 끌던 마차를 곤경에 빠뜨릴 수도 있다."[4]

이제는 '파트너' 또는 '후원국'이 된 과거 아프리카 식민통치국들은 아프리카 독립 후 초기 몇 년 동안 확고한 통치를 용인하고 심지어 장려하기까지 했다. 그들은 아프리카가 선거나 다당제 민주주의를 할 준비가 되지 않았다고 느꼈다. 그러나 서구인이 갖는 정치적 권리들을 아프리카 사람은 갖지 말아야 한다는 주장은 당시의 젊은 지도자에게 설득력이 없었다. 하지만 불행히도 그들 중 많은 이가 전성기에 살해당하고 말았다. 가장 뛰어난 지도자 중 하나였던 케냐의 톰 음보야Tom Mboya의 이상주의, 선명성, 약속들은 1969년 그가 암살되면서 함께 사라졌다. 부르키나파소의 토머스 상카라Thomas Sankara와 같은 이들 역시 어려운 현실에 맞서 자신의 이상을 시험해볼 기회를 갖기도 전에 살해되었다. 그 이상주의자들도 살아 있었다면 본래 품었던 뜻과는 달리 일당제 국가를 세웠을 수도 있었겠으나 우리로선 알 길이 없다. 그리고 그들을 죽인 이들은 그렇게 했다.

❈ ❈ ❈

1990년대 중반 정치적 자유화의 물결이 마침내 아프리카 전역에 퍼지는 듯 보였으나 그에 동조하는 관찰자들 사이에서조차 희망은 이내 사라지고 말았다. 그 물결도 결국은 지도자들의 나이대만 젊어지는 것에 불과했기 때문이다. 빌 클린턴이 미국 대통령으로선 20년 만에 아프리카 대륙을 방문했던 1998년 초, 신세대 정치인들은 '아프리카 르네상스'의 선구자로 환영받고 있었다. 우간다의 요웨리 무세베니Yoweri Museveni, 르완다의 폴 카가메Paul Kagame, 에티오피아의 멜레스 제나위Meles Zenawi, 에리트레아의 이사이아스 아페웨르키Isaias Afewerki, 남아공의 타보 음베키가 그들인데, 이는 다소 기이한 그룹이다.

어떤 면에서는 현대적이지만 음베키를 제외한 모든 이가 무력으로 정권을 잡았다. 클린턴의 아프리카 방문 후 1년도 되지 않아 무세베니와 카가메는 콩고 동부를 공격했다. 표면적인 명분은 1994년 80만 명의 르완다 집단학살에 책임이 있는 극단주의 후투Hutu 민병대의 전대원들을 좇는 것이었으나 실은 그와 더불어 금과 약탈 가능한 기타 광물 자원을 확보하기 위한 공격이었다.

에티오피아와 에리트레아는 국경을 따라 펼쳐진 황무지 일부를 서로 차지하기 위해 전쟁을 벌였다. 에리트레아 전선으로 돌진했던 에티오피아 청년 1만 명은 단 한번의 전투로 목숨을 잃었다.

타보 음베키는 다른 종류의 일로 기사거리를 만들었다. 국민의 25퍼센트가 에이즈에 감염되었는데도 그는 그 근원지에 대해 의문을 제기했고, 조사를 게을리했으며, 사람을 살릴 수 있는 잠재적 약물에 대한 접근을 막았다. 그의 우유부단함과 무심함에서 야기된 사망자는 아마도 아프리카의 소규모 전쟁으로 인한 사망자만큼이나 많을 것이다. 그는 남아공에서 강한 비난을 받았다. 그런데도 2004년 2월 하순 남아공 보건부 장관은 에이즈 감염 증상의 완화에 마늘, 올리브 오일, 레몬주스 식단이 좋다고 권했으며, 심지어 매일 한 스푼의 올리브 오일은 면역 체계에 상당한 영향을 미칠 것이라 주장했다.[5]

고압적 자세를 보이는 새로운 지도자들도 있었다. 일례로 나이지리아의 오바산조Obasanjo 대통령은 라고스에서 600명 이상이 사망하는 폭발사고가 발생했을 때 유족들에게 "닥쳐."라고 했고 "내가 현장에 있을 필요는 없다."라는 불필요한 말을 덧붙였다.[6] 후에 수행직원들이 설명한 바에 따르면 오바산조는 군중이 슬퍼하고 있는 것을 몰라서 그랬다는데, 이는 다시 말해 그가 군중에게 예의를 갖추는 것은 특별한 이유가 있을 때뿐임을 암시했다.

아주 작은 진보적 변화까지 알아차리는 데 익숙한 아프리카 전문가들은 1991년 베냉이 국민투표로 정권을 교체한 첫 번째 아프리카 국가라는 점을 지적하는데, 그런 예가 희소하다는 점에서 망연자실해진다. 다른 국가들에선 군사정부, 독재정권, 일당체제가 여전히 지속되고 있다는 뜻이니 말이다. 하지만 베냉의 미미한 진보조차 단명하고 말았다. 차기 국민투표에서 전임 독재자가 다시 정권을 잡은 것이다. 실권해 있던 기간 동안 그는 아마 더 혹독해지고, 새로운 아이디어와 젊은 피 수혈에 대해서는 더 보수적인 인물이 되었을 것이다.

비슷한 시기에 잠비아에서는 비교적 이상주의적인 노동조합 지도자 프레데릭 칠루바Frederick Chiluba가 평화적 방법으로 정권을 잡았다. 그러나 채 8년도 지나지 않아 그는 자신의 세 번째 임기를 보장하기 위해 헌법을 개정하려 했고, 반대파는 어렵게 그 일을 저지했다. 일부는 완고한 민주주의자들, 다른 일부는 자신이 미래의 독재자가 되고자 하는 이들이었다.

지난 수십 년간 대부분의 아프리카에서는 어떠한 정치적 발전도 제대로 이루어지지 않았다. 이 대륙 인구의 절반은 네 개 국가가 차지한다. 1억 2,700만 명의 나이지리아, 6,400만 명의 에티오피아, 5,100만 명의 콩고민주공화국, 4,300만 명의 남아공이다. 앞의 3개국 인구를 합하면 2억 5,000만 명가량인데, 그들은 삶의 대부분 동안 정치적 혹한기 또는 명백한 사회적 혼란기를 겪었다.

독립 이후 정치적 자유와 경제적 번영을 누린 나라는 인구가 각각 200만 명, 100만 명인 보츠와나와 모리셔스 두 소국뿐이다. 이 두 나라와 남아공은 1980년부터 세계경제포럼World Economic Forum의 국가경쟁력지수 리스트에 지속적으로 등장한 아프리카 국가다. 이 지수는 냉철한 투자자들이 어디에 투자해야 하는지와 관련해 가이드 역할을 한다.

❈ ❈ ❈

아프리카 대륙 사람들 대부분은 일종의 감옥 안에서 살고 있다. 혹독한 정도가 덜하거나 의사표현에 조금 더 개방적인 나라들이 있을 뿐 전반적으로 아프리카인의 삶은 권력자들의 약탈과 학대로 인해 점점 더 망가지고 있다. 권력자 중 일부는 범죄를 민주주의로 포장하고, 일부는 과거 아프리카 추장처럼 행동하기도 한다.

아프리카 대부분의 국가는 누구도 안전하지 않다. 심지어 평화의 수호자라 여겨지는 사람들로부터도 말이다. 몇몇 국가의 사람들은 경찰이나 군인이 다가오면 길 건너편으로 피하는데, 죄를 지었기 때문이 아니라 폭행이나 강도를 당할 거란 합리적 두려움 때문이다. 차드 남부의 농부들은 도로로부터 멀리 떨어진 곳에서 카사바cassava·를 재배하고 농작물에는 거의 거름을 주지 않는다. 농작물이 지나치게 높이 자라면 군용차량을 타고 지나가던 군인들의 눈에 띄어 빼앗기기 때문이다. 인권과 경제가 이보다 밀접하게 연결되어 있는 사회는 찾아보기 어렵다.

경제가 얼마나 취약한지, 독재가 얼마나 파괴적인지는 굳이 전문가가 아니어도 알 수 있다. 시인 윌리엄 워즈워스William Wordsworth는 지금으로부터 200년 전인 1809년에 이미 이렇게 말한 바 있다.

"주정뱅이 독재자가 통치하는 나라에는 평화가 번성할 수 없다. (…) 이제 상업, 제조업, 농업, 그리고 모든 평화로운 예술은 미덕이나 지혜의 본질이다. 그것들은 그저 주어지는 것도, 여기저기 가둬둘 수 있는 것도 아니다. 잘 싹터야 하고, 잘 자라나야 하고, 잘 독려되어야 한다. 격려와 기쁨은 그것들을 더욱 잘 성장하게 해준다. 그러나 (…) 그것들은 매우 섬세하고 자랑스러우며 독립적이다. (…) 독재자는 그런 탁월함을 갖는 그 어떤 것에도 기쁨을 느끼지 않는다. 그것들을 보면 독재자는 역겨움을 느끼고 자신의 자질에 대한 모욕이라 여겨 외면한다."[7]

아프리카인들은 지도자들이 자신들을 실망시키고 있음을 일찌감치

• 열대 지방의 주요 식량 공급원인 식물.

깨달았다. 대표적인 예가 가나의 초대 대통령이다.

콰메 은크루마 정부는 가나가 독립한 지 9년 만인 1966년에 군대에 의해 전복되었다. 식민통치 시대의 정부를 이끌었던 1952년부터 은크루마는 가나의 실질적 권력자였다. 그는 원칙적이라기보다는 수사적이고 계산적이며 자신의 권력에 우쭐대는 인물이었다. 1953년 초 그는 한 방문객에게 "가나에서 이데올로기는 그다지 발전하지 않았습니다. 그러나 우리나라를 이끄는 두세 명은 우리가 무엇을 하고 있는지 정확히 알고 있습니다."라고 했고[8] 1958년에는 다른 누군가에게 이렇게 털어놓았다.

"나 자신을 과대평가하고 싶진 않지만, 어떤 면에서 보면 이 나라는 내가 만든 거죠. 내가 죽으면 대혼란이 일어날 겁니다."[9]

같은 해에 그는 기소 없이 자신의 정적을 5년간 감금할 수 있는 '예방적 구금법Preventive Detention Act'을 제정했다. 이러한 조치는 이미 그의 자서전에서 예견된 바 있다.

"사회정의와 민주적 헌법에 기초한 시스템도 독립 직후의 기간 동안에는 전체주의적 비상조치로 지탱되어야 할 필요가 있다. 진정한 민주주의는 규율 없인 살아남지 못한다."[10]

역시 같은 해, 나이지리아에서는 군대가 야밤을 틈타 총리와 주요 3개 주의 주지사를 사살했다. 처음에는 누구도 어떤 일이 벌어지는지 몰랐지만 군대의 장악 소식이 퍼져나가자 거리에는 환호성이 퍼졌다. 당시 나이지리아는 독립한 지 5년밖에 되지 않았으나 대중은 이미 이전 정권에 지쳐 있었던 것이다. 한 정당은 분노와 축하가 혼재된 공식 성명을 발표했다.

"우리 정치인들의 무분별한 사리사욕은 나이지리아의 이름을 더럽혔다. (…) 우리나라에서 생겨난 지배계급은 증오의 씨를 뿌리고, 형제끼리 싸우게 하고, 자신과 뜻이 다른 이들을 숙청하면서 권력을 유지했다. (…) 우리는 검은 제국주의로부터 나라를 해방시키기 위해 신께서 보내신 새로운 정권을 환영한다."[11]

그러나 30년 뒤 아프리카 전체에는 체념과 데자뷔가 만연했다. 나이지리아는 대통령이 합법적으로 선출된 20세기 말 이전까지 정부가 여덟 번이나 바뀌었다

❈ ❈ ❈

1993년 10월 하순 부룬디에서 일어난 쿠데타는 아프리카 정치개혁가들을 철저히 짓눌렀다. 과거 벨기에의 식민지였고 상호 라이벌인 두개 부족이 오랫동안 서로를 학살해온 이 작은 나라에서 폭력은 전혀 새로운 것이 아니었다. 사실 이전 해에는 아프리카 역사상 몇 안 되는 깨끗하고 논란 없는 국민투표가 실시되어 독립 이후 처음으로 다수 부족 출신의 대통령이 선출된 바 있었다. 그러나 소수 부족 지배하의 군대는 체제를 전복시키고 대통령을 사살했다. 당시 군 대표는 새로운 선거를 할 준비가 되어 있다고 발표했는데, 이는 아마 군대가 좋아할 새 대통령을 국민투표로 뽑겠다는 조건부였을 것이다.

양심과 문화적 소양과 신념을 가졌던, 코트디부아르의 한 주요 야당지 편집장은 다음과 같이 기록했다.

"아프리카는 정말로 저주받은 대륙이다. 우리는 아프리카인이 나쁜 인류의 예라는 점을 받아들여야 할지도 모르겠다. 우리는 우리 스스로를 다른 사람들 눈에 우스워 보이게 만든다. (…) 불완전한 인간을 이 푸른 지구에 살게 해준 창조주를 위해 우리는 무엇을 해왔을까? 이제 우리는 진화가 우리를 변화시켜주길 기다리는 수밖에 없다. 그때까지 우리가 할 수 있는 것은 우는 것뿐이다."[12]

이 절절한 호소는 숨을 부여잡으려는 꾸준한 노력의 메아리이지 자기증오는 아니었다. 이 기사를 쓴 라파엘 라크페Raphael Lakpé는 후에 자국 대통령에게 무례했다는 이유로 6개월간 구금되었다. 석방 이튿날 나와 맥주를 하는 자리에서 그는 결국 기자로서의 오랜 경력을 뒤로하고 패배를 인정하며 자녀들의 교육을 위해 다른 방법을 찾는 쪽으로 마음을 기울였다. 그는 자신이 겪은 곤경에 대해 달관한 듯했다.

같은 주에 코트디부아르의 학생연합은 경찰에게 살해된 한 고등학생의 죽음에 항의하기 위해 이틀간의 수업 거부를 주도했다. 살해된 학생은 학교 교장이 부모에게 부과한 수수료 2달러에 대한 항의시위를 하던 중 경찰을 피해 도망치는 소녀를 발견해 돕다가 현장에서 두 발의 총을 맞고 죽었다. 왜 무장경찰이 비무장 상태의 어린이들을 통제하기 위해 파견되었는지 이해할 수 있는 이는 아무도 없었다.

그때가 1993년 10월이었다. 그 이후에도 아프리카에선 매달 부당한 사건이 이어졌다. 일례로 2004년 5월 수단 정부는 수십 년간 싸웠던 반란군과 평화협정을 체결했지만 곧바로 서부 지역에서 다른 분쟁을 일으켰다. 나미비아의 대통령은 한 집회에서 일부 백인들은 나미비아를 다시금 식민통치하려는 의도가 있는 "뱀"이라 말해 논란을 일으켰다. 말라위에서는 불공정한 선거를 통해 70세의 경제학자이자 전임 대통령의 부하가 차기 대통령에 오르는 일이 발생했다. 또한 짐바브웨의 대통령 로버트 무가베는 노벨 평화상 수상자인 데즈먼드 투투 Desmond Tutu 신부가 자신을 비판하자 "사악하고 적의에 가득찬 하찮은 종교인"이라고 비난했다.[13]

⊠ ⊠ ⊠

다행스럽게도 지방 지역의 아프리카인들은 자신들 주변의 독재에 대해 비폭력적으로 때로는 유머러스하게 저항했다. 몇 년 전 세네갈에서 만난 여성 기자들은 그런 저항과 관련해 두 가지 놀랄 만한 이야기를 들려주었다.[14]

1996년 남아공에서도 가장 빈곤한 지역 중 하나인 북부 지방의 한 여성 집단이 부수입을 위해 힘을 모아 채소 농장을 만들었다. 여성들의 자립심이 커질 것이 걱정스러웠던 남편들은 모호한 법을 활용하여 해당 농장에 물 공급을 끊어달라며 지역 치안판사를 설득했다. 그러자 여성들은 궤짝을 만들어 치안판사의 사무실로 가져갔고, 그가 지켜보는 가운데 사무실 밖 땅에 무덤을 파고선 그를 궤짝에 넣어 묻는 시늉을 했다. 치안판사는 겁에 질려 비명을 지르며 집으로 도망쳤지만 그럼에도 수도를 다시 연결해주진 않았다. 며칠 후 여성들은 다시금 행동에 나섰다. 치안판사의 사무실로 향한 그들은 입을 멍하니 벌리고 창밖을 바라보는 그의 앞에서 옷을 벗기 시작했다. 나체 차림의 여성 300명을 도저히 감당할 수 없었던 그는 다시는 나체로 시위하지 않겠다는 약속을 받아낸 뒤 결국 수도관을 복구시켰다.

같은 콘퍼런스에 참가했던 차드의 한 기자는 여성 생식기 절단(여성할례)에 대한 TV 다큐멘터리를 찍고 있었다. 그녀의 목적은 그것을 시청할 어린 소녀들에게 할례에 저항하게끔 충격을 주는 것이었다. 다큐멘터리에는 마당에서 면도날로 소녀들의 생식기 일부를 절단하고, 여성 친척들이 그 주변에서 노래를 불러주는 장면이 포함되었다. 이 다큐멘터리가 방영되자 종교 지도자들은 소녀들의 은밀한 부분을 노출시키는 것은 이슬람 율법에 어긋난다며 신의 이름으로 그 기자를 죽여야 한다고 강하게 암시했다.

다행히 그녀는 곧바로 그 나라를 벗어나 있다가 상황이 잠잠해질 때쯤 귀국했다. 그러나 가족 중 누구도 공항에 마중 나와 있질 않았다. PD에게 전화로 부탁해 차를 타고 집에 돌아온 그녀는 그제야 부모와 사촌들이 집 밖으로 나가는 것을 두려워한다는 것을 알았다. TV 방송사는 대통령에게 이슬람 지도자로 하여금 종교적 단죄를 거두게 해달라고 요청했다. 그러나 당시 선거 기간 중이라는 이유로 대통령은 이 요청에 응하지 않았고 두 달 후에야 그런 설득에 나섰다. 다만 그 단죄가 잘못된 것이기 때문이 아니라 차드에 대한 국제적 평판이 나빠질 우려가 있다는 이유로 설득했다.

독재를 반대하는 사람 중에는 임금이 낮거나 후불로 지급되는 등을 포함한 힘든 조건에서도 자신의 의무를 다하려 한, 아프리카의 고집스러운 공무원도 있었다. 젊은 아프리카 공무원들과 지역개발 프로젝트 현장을 방문했을 때였다. 그들은 마을 주민들에게 그 프로젝트에 대한 의견을 정중하게 구했는데, 현장 방문 일정을 조금 특이하게 구성한 탓에 하루는 점심을 거르고 저녁은 대충 먹는 시늉만 한 뒤 밤 11시 30분까지 일했고, 이튿날 아침에는 6시 30분부터 움직여 외진 마을로 이동해 밤 8시까지 면담을 해야 했다.

일과를 막 마치려 할 때 젊은 공무원들의 인솔자는 프로젝트 코디네이터에게 왜 그날 아침 45분이나 늦었는지를 물었다. 코디네이터는 차량의 기름이 떨어져 주유소에 들렀지만 너무 시간이 일러 그곳에서 기다려야 했다고 설명했다. 그러나 이런 설명은 인솔자를 만족시키지 못했다.

"당신은 기획자여야 하고, 기획자는 발생 가능한 모든 일을 미리 생각해 대비해야 합니다. 왜 어제 지역 주유소가 문을 닫기 전에 차량 연료를 체크하지 않았습니까?"

내가 볼 땐 길에서 종일 고생한 코디네이터에게 다소 가혹한 지적이었다. 그러나 인솔자의 기준은 엄격했고 그 자신도 그에 따라 행동했다. 그의 행동에 놀라는 동료 공무원들 또한 없었다. 몇 달 뒤 그 성실한 인솔자는 강등되었는데, 이는 프로젝트 계약을 신임 장관의 지인들에게 주라는 요청을 거부했기 때문이었다.

⊠ ⊠ ⊠

모든 아프리카 지도자가 비전과 성실성이 부족한 것은 아니었다. 남아공의 넬슨 만델라, 세네갈의 레오폴 상고르, 탄자니아의 줄리어스 니에레는 세계적인 정치인들이었다. 그러나 불행히도 그들의 뒤를 잇는 아프리카 정치인은 거의 없었다.

만델라 대통령의 이야기는 잘 알려져 있다. 대부분의 아프리카 국가가 살아남기 위해 애쓰는 동안 만델라는 남아공의 감옥에서 27년을 보냈다. 그는 절망과 냉담에 무너지지 않고 교도관들의 언어인 아프리칸스Afrikaans어를 배웠다. 그의 남다른 인내심과 능력은 결국 소수 백인 정권으로 하여금 그의 사면을 받아들이게 했다. '새로운' 남아공 대통령으로서 재임한 5년(1994~1999) 동안 만델라는 국민이 기대한 모든 재능과 본능, 가치를 보여주었으며 균형 감각과 겸손을 유지했다.

1998년 초 만델라 정부는 하루에 500채의 집을 지었고, 500만 명 가까이에 이르는 사람들에게 깨끗한 물을 공급했다. 그러나 그것으로는 부족했다. 1998년 3월 요하네스버그에서 열린 한 콘퍼런스에 참석한 그는 자신의 고향을 방문했다가 그곳 사람들의 환경에 충격 받은 경험을 회상했다.

"나는 몇몇 아낙들이 큰 물웅덩이에서 물을 통에 담아 가는 모습을 보았습니다. 그래서 그들에게 물었지요. 혹시 물 위에 조류藻類가 떠 있고 그 밑에는 헤엄쳐 다니는 올챙이가 있다는 걸 아는지, 그 물이 언덕 위에서 여자들이 몸을 씻은 뒤 거리로 흘러내려온 물이라는 걸 아는지 말입니다. 그들은 '알아요. 하지만 우리에겐 다른 선택권이 없어요.'라고 하더군요. 내가 '이 물은 어디에 쓰실 건가요?'라고 묻자 그들은 '마시기도 하고 요리하는 데도 써야지요.'라고 답했습니다. 그래서 '끓여서 쓰시는 편이 좋겠네요.'라고 했더니 이렇게 말했습니다. '뭘로 끓일 수 있겠어요? 주변을 둘러보세요. 전기가 들어오는 것 같나요? 저 지평선 쪽을 바라보세요. 나무란 게 과연 있나요? 말린 소똥을 연료로 쓰지만 그마저도 충분치 않아요. 태워봐야 열기보다 연기만 더 잔뜩 나올 뿐이죠.' 나는 내 무지한 질문들을 용서해달라고 그들 앞에 무릎 꿇고 싶었습니다."[15]

만델라는 평화를 위해서도 위험을 무릅썼다. 1995년 남아공 국가대표팀은 자국에서 개최한 럭비 월드컵에서 우승컵을 거머쥐었다. 경기가 끝난 후 만델라는 성큼성큼 경기장으로 걸어 나가 한때 백인 지배의 상징이었던 대표팀 스웨터를 입었다. 스프링복스Springboks•의 라인업 중 흑인 선수는 여전히 단 한 명뿐이었다. 남아공의 다른 어떤 정치인도 만델라와 같은 행동을 취할 수는 없었을 것이다. 그는 국민을 놀라게 했고 또 감동시켰다. 나는 비행기에서 만난 전직 남아공 경찰관에게 혹시 넬슨 만델라의 그 행동에 감동을 받았는지 물어보았다.

"만델라가 자문을 잘 받았나 보죠."

나는 개인적 느낌을 말해달라고 끈질기게 요청했고, 과거 백인통치 체제의 옹호자였던 그는 결국 이렇게 인정했다.

"글쎄요. 저는 새로 들어선 정권에 대해 냉소적이었는데 조금 달라지긴 했습니다."

• 소수 백인들이 지배하던 시대에 남아프리카 스포츠팀들의 마스코트로 사용된 작은 영양(羚羊). 남아공 대표팀을 일컫는 속칭이기도 함.

세네갈의 초대 대통령인 레오폴 상고르는 무엇보다 시인이자 사상가였다. 상고르의 아이디어 중 일부는 그의 추종자들 사이에서도 논란이 일었다. 그는 네그리튀드Négritude*의 옹호자이자 프랑스에 관련된 모든 것을 깊이 사랑했으며, 영연방과 동등한 프랑코포니La Francophonie**를 설립한 인물이기도 했다. 프랑스한림원 회원으로 선출되었을 때 그는 그 명예를 지켜야 할 의무를 느꼈다. 선출을 거절하는 것은 "무례한" 일이었을 거라는 게 그의 말이었다.

상고르는 자제력, 좋은 매너, 인내심의 가치를 믿으며 자라났고, 그중 '인내심'은 "그 누구도 생각하지 못했겠지만 가장 아프리카다운 미덕"이라고 얘기했다.[16] 가톨릭 신학교에서 그는 학생들을 위한 생활 조건의 개선을 요구하다가 '복종의 정신'을 보이지 않았다는 이유로 사제직을 거부당했다. 이에 대해 그는 "물론 나는 받아들이긴 했습니다만, 내 몸에 있는 모든 눈물을 쏟았습니다."라고 적었다.[17] 그는 파리에서 프랑스 문학을 계속 공부했고, 시인 샤를 보들레르Charles Baudelaire에 관한 논문을 썼으며, 파리와 투르 지방에서 고전을 가르쳤다.

간혹 증거가 불확실하긴 했으나, 상고르는 일생 동안 글쓰기와 예술을 포함한 모든 세계 문화의 근원이 아프리카임을 보여주려고 노력했다. 제2차 세계대전 중 그는 독일의 포로수용소에서 아프리카 시詩의

• 전통적 아프리카인의 가치와 사상을 재발견하고 흑인들의 유산 가운데 위엄성과 자부심을 발전시키기 위한 1930년대의 정치문화운동
•• 프랑스어를 모국어나 행정 언어로 쓰는 국가들로 구성된 국제기구

존재를 확인했다. 그의 감시자 중 한 명은 아프리카 언어에 관심 있는 오스트리아 문헌학자였다.

"하루는 그가 녹음 테이프 하나를 들려줬습니다. 자신이 몇몇 이야기를 녹음한 거라고 하더군요. 그 테이프를 듣자마자 나는 기쁨에 펄쩍 뛰며 그를 끌어안고 '유레카!'라 외쳤습니다. (…) 그가 녹음한 것은 이야기가 아니라 일정한 북 장단을 배경으로 하는 시였습니다."[18]

상고르의 약점 중 하나는 여느 프랑스어권 사람처럼 영어 발음이 불완전하다는 것이었다.

"라틴어, 그리스어, 프랑스어 덕에 부드럽긴 했으나 그의 발음은 거친 독일어와 무질서한 게르만 민족 특유의 문학에서 영향을 받았다."[19]

상고르의 정치사상은 온건한 아프리카 사회주의였다. 세네갈 대통령으로 재임했던 20년(1960~1980) 동안 그는 국가가 경제발전을 주도적으로 이끌게 하면서도, 기니나 베냉과 같은 여타 프랑스령 서아프리카 국가들이 취했던 과도한 전체주의적 접근을 피했다. 그는 일당제를 도입했으나 1976년에는 야당 창당을 허용했고 1980년에 자진사퇴했다. 그는 안락한 삶을 살았지만 공항에서 보통 사람들과 함께 줄을 서서 비행기를 타는 모습이 목격되는 등 어떠한 영구적 특권도 누리지 않았다. 상고르가 유산으로 남긴 것은 안정성과 약간의 정치적·경제적 관성이었으나, 그럼에도 이는 다른 대부분의 아프리카 지도자들이 남긴 유산보다 많은 편이었다.

프랑스어를 구사하는 아프리카인들은 상고르를 매우 존경한다. 그렇기에 한 젊은 기자는 상고르가 공식 인터뷰를 거절했는데도 그에 대해 열광적인 기사를 썼다.

"이미 모든 것을 말한 것이나 다름없는 그에게 무슨 말을 할 수 있겠는가? 그는 우리의 미래가 곧 공동의 미래가 될 것이라고, 그것이 아니라면 우리에겐 아무런 미래가 없다고 이야기했다. 또한 그는 우리 모두가 이 행성에서 형제이고, 따라서 우리의 자원을 공동으로 관리해야 한다고 말했다. 그의 말은 대중에게 가 닿을까? 아니면 혹 다른 선지자들이 그랬듯 당대에선 무시를 당할까?"[20]

✠ ✠ ✠

탄자니아의 줄리어스 니에레레 대통령은 아프리카 외의 지역에서 조금 더 논란이 되었던 인물이다. 그는 스코틀랜드에서 수학하고 셰익스피어Shakespeare의 『줄리어스 시저Julius Caesar』를 스와힐리어로 번역했지만 상고르만큼의 지식인은 아니었다. 대신 그는 무서우리만큼 이상주의자였다. 탄자니아의 '아프리카 사회주의'에 대한 그의 실험은 모든 아프리카인과 자유주의적 서구인들에겐 영감을, 전 세계의 열성적 원조 관계자들에겐 희망을 걸 만한 무언가를 주었다. 미국 국방장관을 역임하고 베트남 전쟁에 개입한 이후 13년(1968~1981) 동안 세계은행 총재를 지낸 로버트 맥나마라Robert McNamara는 가장 열정적인 니에레레 신봉자 중 하나였다. 그러나 마지막으로 탄자니아 북부를 방문했을 때 목격했던 도로의 상태, 그리고 그간 막대한 원조가 있었음에도 여전히 부실한 경제 상황에 놀라 니에레레에 대한 인내심을 잃고 말았다.

다른 아프리카 지도자들처럼 니에레레 또한 권력을 내려놓기가 쉽진 않았다. 1961년부터 1984년까지 대통령을 지낸 그는 당시 아프리카에선 보기 드물게 평화로이 퇴임한 뒤 여당에 많은 영향력을 행사했다. 전직 교사였던 그는 대통령이었을 당시 5,000달러의 급여만 받았고, 자신의 평등주의적 정치 이상을 고수했으며, 거의 매일 아침 미사에 참석했고, 자신뿐 아니라 친인척과 관련된 스캔들이 없었다. 그래서 그는 국민으로부터 지속적인 사랑을 받을 수 있었다. 니에레레는 높은 수준의 행동규범을 장려했고, 국민들을 자극함과 동시에 영감도 주었다. 아시시의 성 프란치스코St. Francis of Assisi는 자신들이 거주할 집을 짓고 있는 수도사들을 보고는 지붕 위로 올라가 타일을 뜯어내며 "겨우 이런 일을 하자고 수도회를 만든 것이 아닙니다."라고 외친 바 있는데, 니에레레에게도 그와 비슷한 면이 있었다.

탄자니아인들은 니에레레의 이상을 믿고 싶어 했지만 결국 사회주의 모델에 대해 의구심을 품게 되었다. 정부 관료들이 대통령의 높은 기준에 부응하지 못했고 부패가 확산되었기 때문이다. 그런데도 탄자니아인들의 '국부國父'에 대한 충성심은 여전했다.

이는 니에레레가 명확한 가치를 내세웠고 다른 아프리카 지도자들과 구별되는 담대한 성명을 발표했기 때문이다. 1978년 탄자니아 독립 17주년 기념일에 니에레레는 아프프리카단결기구OAU가 우간다의 독재자 이디 아민과 야합을 했다며 공개적으로 비난했다.

"흑인은 죽여도 처벌받지 않는 증명서가 되었습니다."

니에레레는 독재자가 죽인 수만 명의 우간다인을 언급하면서, 흑인 민족주의 게릴라와의 장기전에서 아민이 남아프리카의 백인 소수 정부가 했던 것보다 더 많은 사람들을 학살했다고 지적했다.[21]

말년에 니에레레는 '더 이상 대통령 후보로 나서지 않았는데도 마사이 사람들은 매년 대통령 선거에서 그에게 표를 던진 것이 사실이냐'는 질문을 받았다. 그는 웃으며 대답했다.

"네. 그들에게 있어 한 번 택한 리더는 영원한 리더니까요. 그들은 현대적 선거가 왜 그런 일을 방해하는지 이해하지 못합니다. 또한 가젤이나 영양들이 그렇듯 국경이라는 개념을 존중하는 데도 어려움을 겪고요."[22]

그의 명성에는 국경이 따로 없었다. 1999년 10월 니에레레가 세상을 뜨자 또 다른 세계은행 총재인 제임스 울펀슨James Wolfensohn은 그를 열렬히 칭송했다.

"세계 경제학자들이 투자 대비 효익의 중요성에 대해 토론하는 동안 니에레레 대통령은 사람들에게 읽고 쓸 수 있는 권리와 깨끗한 물에 접근할 수 있는 것보다 중요한 건 없다고 말했습니다. (…) 그의 정치적 이상, 깊은 종교적 신념, 또 그만큼 깊은 종교적 관용, 인종 및 출신 지역에 상관없이 모든 사람들이 지식과 물질적 기회에 동등히 접근할 수 있어야 한다는 신념은 탄자니아와 아프리카에 영원한 유산으로 남았습니다."[23]

울펀슨의 말은 탄자니아인들의 마음에 큰 공감을 불러일으켰고, 탄자니아의 현 대통령은 국립경기장에서 했던 니에레레의 장례식 연설에서 이 말을 반복해서 인용했다.

✕✕✕

니에레레만 한 지도자는 사막의 물처럼 드물었고, 대부분의 아프리카인은 현명한 정부를 여전히 갈망하고 있다. 오래된 습관, 기대치, 그리고 롤 모델은 쉽게 사라지지 않는 법이기에 세대나 선수가 교체되어도 아프리카인들은 안심할 수 없다. 1982년 9월 토론토에서 열린 세계은행 연례회의에서 나는 22명의 아프리카 대표단과의 토론에 참석했는데, 자이르 대표단이 들어올 땐 탁자 밑에 숨고 싶었다. 그들의 모습이 B급 조폭 영화에서 막 뛰쳐나와 몇 년간 제대로 잠도 못 잔 사람들 같았던 것이다. 20년 후 「파이낸셜타임스」 기사는 그 나라의 새로운 통치자들을 "조폭과 기회주의자들 일색"이라고 묘사했다.[24]

아프리카에서의 권력이양은 쉬운 적이 거의 없었다. 상당수가 야만적이었고 때로는 우스꽝스러웠다. 일례로 2002년 상반기에는 마다가스카르에 두 명의 대통령이 존재했다. 거의 20년 내내 집권했던 대통령이 선거에서 패배했는데도 사임을 거부했기 때문이다. 그런가 하면 외견상으론 급진적이고 평화로운 이양 같았으나 내실은 실망스러운 경우도 있었다.

2002년 12월 케냐는 대니얼 아랍 모이Daniel Arap Moi의 24년간의 통치가 평화롭게 끝나자 안도의 한숨을 내쉬었다. 새 대통령 므와이 키바키Mwai Kibaki는 이전 정권에서 재무장관과 부통령을 역임했으나 이후 뜻이 맞지 않아 탈당했다. 키바키 정권이 출범한 지 불과 13개월 만인 2004년 1월, 케냐언론인연합회Kenya Union of Journalists(KUJ)와 동아프리카외신기자협회Foreign Correspondents Association of East Africa는 고위 정치인들을 비

판하는 이른바 소규모 '불법' 신문에 대한 정부 단속을 비판하는 성명을 발표했다.[25]

2004년 4월 대통령 권력 및 공공자산 약탈을 막는 헌법 개정안 초안 작성이 대통령과 가까운 파벌에 의해 저지되었다.[26] 2004년 7월 케냐 주재 영국 특사는 새 정부가 사업가들에게 거의 2억 달러에 육박하는 부정거래를 승인해주었다고 말했다.

"그들은 우리가 모를 거라고, 혹은 알더라도 약간의 일탈 정도로 용인해줄 거라고 생각했을 겁니다. 하지만 자신들이 과욕을 부려 우리 신발 위에 구토를 하는데도 우리가 신경 쓰지 않을 거라 기대하진 않겠지요."[27]

대륙 반대편에서는 너무나도 기이해 대부분의 소설가들조차 감히 지어내지 못했을 변화가 잠깐 있었다. 토고는 가나와 베냉 사이에 위치한 인구 200만의 작은 서아프리카 국가다. 1990년대 초 이 나라의 경제는 독재와 높은 환율에도 불구하고 사업가 및 전문직 종사자의 지능과 패기에 힘입어 활성화되었다. 그러나 1990년대 말이 되자 그들 중 많은 이가 토고를 떠났고 일부는 택시 운전사가 되기 위해 파리로 향했다.

1967년부터 토고를 통치해온 에야데마Eyadéma 장군이 2005년 2월 치료를 위해 유럽으로 가던 중 사망하자 예상대로 군부는 그의 39세 아들을 새 국가원수로 취임시켰다. 그러나 그들이 잊고 있던 한 가지가 있었으니 바로 토고의 헌법이이었다. 헌법에 따르면 대통령 사망 시엔 국회의장이 대통령직을 인수하고 60일 이내에 선거를 실시해야 했다. 국제사회가 이를 지적하자 토고의 군대는 국회의장을 해임시킨 뒤에야데마 장군의 아들을 국회의장으로 세웠고 국회에 개헌과 선거 소집 요건의 폐지를 요구했다. 이에 대해 아프리카연합AU, 유럽연합EU, 프랑스, 미국이 기존의 입장을 굽히지 않자 토고 군부는 선거를 잠시 유보하면서 상황을 정리한 후 2005년 4월 조작선거로 승리를 거뒀다. 이에 야당은 반발했고 수도에선 폭력시위가 일어나 800명이 목숨을 잃었으며, 선거에서 패배한 2위 후보 또한 스스로를 대통령이라 선포했다. 그러나 곧 아프리카 대륙 대부분이 그러했듯 기만적인 평온함을 되찾았고, 이에 대해 국제사회가 할 수 있는 일은 거의 없었다.

2004년 말라위에서도 정권이양과 관련해 짜증스러운 일이 발생했다. 퇴임 예정이었던 대통령이 자신이 3선에 출마할 수 있도록 헌법 수정을 시도했으나 실패한 것이다. 대신 그는 자기 후임자를 직접 지명했다. 그러나 정작 2005년 5월 퇴임 당시엔 그 후임자와의 사이가 나빠져 그를 후임자로 내세워 "국가에 부담을 지운 것"에 대해 공개적으로 사과했다.[28]

아프리카 대륙에서 처음부터 자유민주주의로 출발한 국가는 보츠와나와 모리셔스 두 곳뿐이다. 나는 1975년 11월 처음으로 보츠와나를 방문했는데, 당시 보츠와나는 아프리카에서 예외적으로 독보적 두각을 나타내는 중이었다. 개개인에 대해 여전히 높은 행동 기준을 설정하고 좀처럼 타협하지 않는 영국 기술자 출신 고급 관료들이 국정을 운영하는 이 나라는 경제 기반이 소에서 다이아몬드로 전환되기 직전에 있었다.

그 과정에서 보츠와나는 자주권을 지켰다. 정부는 외국 전문가들로 하여금 후임자를 양성하게 했다. 경제기획국장 자리는 곧 후임자로 교체되었고 그 후임자는 훗날 대통령이 되었다. 아프리카 대륙에선 골치아플 정도로 다양한 기술원조 방식이 시도되었지만, 그 어떤 나라도 보츠와나처럼 그것을 관리하는 데 성공하진 못했다.

나는 보츠와나에서 위계나 가식을 거의 발견할 수 없었다. 그 작은 나라의 엘리트들은 결코 자신들의 고향에서 멀리 벗어나지 않았다. 첫 보츠와나 방문 시 나는 토요일 저녁에 재무부 장관의 소박한 집에서 열리는 바비큐 파티에 초대받았다. 티셔츠 차림의 그는 뒷마당에서 직접 숯불에 고기를 굽고 있었다. 현지 별미인 조랑말 고환 고기였는데 나는 그에게 푹 익혀달라고 부탁했다.

세레체 카마Seretse Khama 대통령 또한 재무장관만큼이나 겸손하고 국민의 존경을 받는 인물이었다. '인종'이라는 단어가 긴장과 억압이란 정서를 자극할 수 있는 지역에서 그는 영국 여성과 결혼했고 다양성에 대한 관용과 표현의 자유를 묵묵히 장려했다.

보츠와나는 축복받은 나라일지 모른다. 어느 작가의 이런 표현처럼 말이다.

"전후 20년 동안 '변화의 바람'은 대부분의 아프리카에 독립을 가져왔다. 콩고와 알제리 같은 일부 국가들은 그 바람이 심하게 몰아쳐 막대한 피해를 입었다. 그러나 보츠와나에서의 바람은 부드러웠고 영국 정부는 1966년 호의적 분위기에서 철수했다."[29]

부드러운 바람이 만들어낸 기반들이 오래 지속된다는 것은 사실로 입증되었다. 1970년 이후 한국, 홍콩, 대만, 태국, 즉 동아시아의 '호랑이' 국가들을 포함한 지구상의 개발도상국 중 보츠와나처럼 경제가 빠르게 성장한 나라는 없었다. 그러나 불행히도 이러한 축복에는 저주가 뒤따랐다. 보츠와나는 성인 인구 중 HIV 바이러스를 보유한 이들의 비중이 37퍼센트에 달해 세계에서 두 번째로 높은 감염률을 보였고, 국민의 기대수명 또한 34세로까지 낮아졌다.

아프리카 남동쪽 해안에서 한참 떨어진 섬나라인 모리셔스는 보츠와나보다 훨씬 작지만 경제적으로는 훨씬 나은 성과를 거두었다. 보츠와나가 텍사스주* 정도의 크기라면 모리셔스는 컬럼비아 특별구District of Columbia**의 11배 크기에 해당한다.

그러나 모리셔스는 석유, 다이아몬드, 다른 천연 자원이 없는데도 아프리카에서 1인당 국민소득이 가장 높다. 이러한 차이를 만든 것은 개방적 정치 체제, 안정적인 정부, 민간투자 장려를 포함한 우수한 경제 정책이다. 모리셔스 국민의 70퍼센트 이상은 인도계 또는 중국계인데, 이러한 이민 노동자나 기업가적 재능을 가진 인력의 유입 또한 국가 발전에 기여했다. 아프리카인들은 다양한 인종 구성이 국가 발전의 저해 요소라 지적하지만, 다른 아프리카 국가들도 자국민이 외국으로 이주하는 것을 그저 지켜볼 것이 아니라 다른 대륙으로부터의 기술 및 자본 유입을 장려해야 할 것이다.

❈ ❈ ❈

튀니지는 아프리카 대륙에서 유일하게 정치와 경제를 함께 개방

- 약 69만 6,000제곱킬로미터.
- 워싱턴 D.C.를 지칭. 면적은 약 159제곱킬로미터.

하고 꾸준히 민간투자를 유치한 국가였으나 지금은 퇴보하고 있다. 1950년대 초반에 여성의 평등권을 도입했고 지금도 대학생의 절반 이상이 여성이지만 이슬람주의자들의 선동을 막는다는 명목으로 정기적으로 인터넷 접속을 제한하고 있다. 아이러니하게도 2003년 11월 튀니지 대통령은 세계인터넷기구World Internet Organization의 대표직을 맡게 되었다. 당시 친정부 성향의 신문에는 다음과 같은 기사가 실렸다.

"튀니지가 2005년 정보기술에 관한 세계정상회의의 두 번째 주최국이 된 것은 결코 우연이 아니다. 이는 근면한 우리나라가 대통령의 계몽적 리더십하에 내린 훌륭한 선택을 기념하는 일이다."[30]

사석에서 튀니지 사람들은 정치적 감시와 억압을 격렬하게 불평한다. 좀 과장해서 말하자면 튀니지 인구 1,000만 명 중 절반은 경찰일 것이라 한숨짓는다.

그런데도 튀니지는 여전히 사하라 이남 국가들에게 경제적으로 자극을 주고 있다. 코트디부아르 내전 발발 이후 본부를 튀니지의 수도 튀니스로 옮겨야 했던 아프리카개발은행African Development Bank의 직원들은 그곳에 도착했을 때 놀라움을 금치 못했다. 몇몇 사람들은 고층빌딩, 넓은 거리, 페인트가 곱게 칠해진 건물들을 바라보며 "여기는 아프리카가 아니에요."라고 말하기도 했다.

사하라 이남에서 고군분투하는 전문가들 역시 튀니지를 부러워했다. 2000년대 초 한 카메룬 건축가는 건축 관련 잡지에 다음과 같이 썼다.

"우리나라에선 총 198명의 건축가 중 단 네 명만이 자신의 분야에서 생계를 유지하고 있다. 그중 두 명은 건축가협회Order of Architects의 리더이며 모든 대규모 프로젝트에 참여한다. 나는 지금 건축과 전혀 무관한 잡일을 하고 있다. 하지만 우리의 사고방식이 이 잡지를 통해 바뀌길, 그래서 언젠가는 우리도 튀니지처럼 될 수 있길 간절히 바란다."[31]

다른 나라들의 경우 출발은 좋았으나 이후에 엇나갔다. 우간다와 가나는 독립 직후 기독교 선교사들이 교육 분야에 기울인 노력 덕에 초기에는 행정 및 전문가들의 역량이 고도로 발달할 수 있었다. 우간다의 마케레레 대학Makerere College은 아프리카에서 가장 훌륭한 교육기관 중 하나였다. 에티오피아에는 1977년부터 1991년까지 대통령으로 재임한 멩기스투 하일레 마리암Mengistu Haile Mariam의 유혈정권하에서도 살아남은 강력한 공무원의 전통이 있었다. 1980년대 에티오피아의 공기업들은 실제로 대중에게 서비스를 제공하여 수익을 냈다. 에티오피아 항공Ethiopian Airlines은 비즈니스 여행객과 공무원이 신뢰할 수 있는 대륙 횡단 항공편을 보유한 몇 안 되는 회사 중 하나였다.

그러나 우간다에서는 이디 아민이 1971~1979년에 행정부를 망가뜨렸고, 가나에서는 군사정부가 비슷한 피해를 입혔으며, 에티오피아에서는 내전과 경제적 빈곤이 강력한 행정문화를 갉아먹었다. 1990년대 후반까지 서아프리카와 중앙아프리카 공무원들은 적절한 훈련, 장비, 격려는커녕 봉급조차 제대로 받지 못했다. 그 무렵 아프리카는 탈출하는 이들이 극에 달했고 인재유출 현상도 심각했다. 때때로 인재들은 의외의 국가로 이주하기도 했다. 나는 1989년에 남태평양 솔로몬제도 정부에서 기술을 지원하는 30명의 가나인들을 만난 적이 있다.

다른 나라들은 온전한 민족의식과 변혁에 대한 결의로 폭풍우를 이겨냈다. 일례로 모잠비크는 독립을 위해 열심히 싸웠고 그 과정에서 포르투갈 독재의 종식에도 기여했다. 1974년 무의미한 식민전쟁에서 수많은 동지를 잃으며 혐오감을 느낀 젊은 포르투갈 장교들은 리스본에서 자신들의 정부를 전복했다. 불균형한 경제구조와 턱없이 적은 수의 행정직원들과 함께 시작된 모잠비크는 독립 직후 남아공의 지원을 받는 반군과의 장기내전에 직면했다. 이 내전으로 수천 명의 사상자가 발생했고 평화조약 체결 후에도 오랜 동안 사람들은 지방 곳곳에 파묻힌 지뢰에 목숨을 잃었다.

이러한 고난들은 신생국들의 의지와 자원을 고갈시켰을 것이다. 하지만 모잠비크 사람들은 다시 뭉쳤고, 선출된 정부는 남아 있는 자원을 책임 있게 활용하려 노력했으며, 완고한 이데올로기는 실용주의로 대체되었다. 수도인 마푸투의 거리가 대부분 마오쩌둥毛澤東이나 호찌민Ho Chi Minh과 같은 혁명 영웅의 이름을 따서 명명되는 등 역사적 발자취가 남아 있긴 하지만 모잠비크는 향수에 매몰되지 않고 실리를 추구했다. 2003년 모잠비크 정부가 짐바브웨에서 추방된 백인 농부들을 받아들임으로써 그들의 경험과 기업가적 정신을 확산시킨 것이 한 예다. 당시의 유일한 제약이라면 백인 공동체로 확산될 수 있는 백인 농장들 간의 연합을 제한한 것이었다.

탄자니아 역시 일당제 국가에서 다양한 정치적 견해가 위협 없이 표출될 수 있는 국가로 발전했다. 탄자니아는 아프리카에서 쿠데타를 겪지 않은 소수 국가 중 하나이며, 부족 간 경쟁이 제한되고 정부기관의 연속성에 대한 신뢰와 자부심도 있다. 그러나 이렇게 고무적인 예가 아프리카 대륙에서 일반적이지 않다는 점은 아쉽다. 아프리카 대륙 곳곳에서 민주주의자와 인권 옹호자들이 여전히 활동 중이라는 것은 놀라운 일이지만, 그들 대부분은 지쳤거나 위협받고 있기에 세계의 도움을 필요로 하는 상황이다.

⊠ ⊠ ⊠

남아공이 보여준 것처럼 국제적 압력과 올바른 리더십이 있다면 아프리카 대륙에서도 정치적 돌파가 가능하다. 아프리카 국가 대부분은 자신들 역사의 긍정적 측면을 무시하고 어두운 면만 부각시켰으나 기초적인 환경은 이미 갖춰져 있다.

사실 남아공은 특이한 경우에 해당한다. 이 나라의 경제규모는 19세기 후반에 이미 아프리카 나머지 지역의 총합보다 컸다. 2000년까지만 해도 아프리카 통계에는 남아공 '제외' 또는 '포함'이라는 주석이 붙을 정도였다. 수십 년간 국제적 제재가 있었는데도 남아공은 경제적 성공, 현대적 사회기반시설, 고도로 발전한 정부기관들 덕에 항상 비非아프리카 국가처럼 보였다. 놀라운 것은 아파르트헤이트가 가장 극심했던 시기에도 언론과 사법부가 대체로 자유로웠다는 점이다.

사실 남아공은 지구상에서 가장 복잡한 사회 중 하나이고, 여타 아프리카 국가보다는 인도에 가깝다. 이 나라는 재능, 야망, 긴장, 역사적 원한으로 가득 차 있다. 그러나 남아공에서 1991~1994년에 일어난 정치적 변화는 현대 세계의 불가사의 중 하나로 남아 있다. 「요하네스버그 랜드 데일리 메일Johannesburg Rand Daily Mail」의 전 국제 분야 편집자였던 앨리스터 스파크스Allister Sparks는 남아공의 정치적 성과를 다음과 같이 요약했다.

"남아공이 거둔 성취는 중동으로 말하자면 이스라엘과 요르단강 서안, 가자지구가 하나의 세속국가로 통합되고, 다수인 팔레스타인 정부가 들어서고, 소수인 유대인들이 평화와 안전 속에서 살 수 있게 되는 것에 비유할 수 있다."[32]

그러나 남아공을 장밋빛 시각으로만 바라보는 것은 순진한 일이다. 엄청난 정치적 압력과 긴장이 이면에 축적되고 있기 때문이다. 남아공은 세계에서 브라질 다음으로 최악의 소득불균형 국가다. 대농장 소유주인 백인 농부로부터 농장을 몰수해 흑인들에게 배분하라는 압력은 언젠가 짐바브웨에서 그랬듯 폭발할 수 있다. 또한 여당은 유능한 인재뿐 아니라 관료들의 부패도 용인하고 있으며, 정부기관들은 다른 아프리카 국가와 마찬가지로 대국민 발표 시 전체주의적 어조를 채택하기 시작했다. 2002년 5월 안전부 장관은 당혹스럽다는 이유로 범죄 통계 발표를 중단했는데, 공식적으로는 국민을 실망시키고 싶지 않기 때문이라고 밝혔다.[33]

사실 남아공, 보츠와나 및 모리셔스의 사례는 다른 아프리카 국가들도 나아질 수 있다는 점, 자유로운 언론과 강력한 입법부의 견제 및 균형이 아프리카인뿐 아니라 인간이 자연스럽게 가질 수 있는 과욕을 제어하는 장치일 수 있다는 점, 또 절망이 희망으로 바뀔 수 있다는 점을 상기시킨다.

하지만 불행히도 아프리카의 정치 전망은 여전히 어둡고, 그 분야를 개선하려던 잘 알려진 노력들은 그림자 속으로 사라졌다. 2001년 말 나이지리아, 세네갈, 남아공의 대통령은 주변 국가원수들에게 '아프리카 개발을 위한 새로운 파트너십NEPAD: New Partnership for Africa's Development'

을 지지해달라고 설득했다. 아프리카 국가들로 하여금 통합, 민주주의 및 인권존중을 향한 진전을 서로 감시하게 할 이 파트너십은 2002년 6월 캐나다에서 열린 주요 산업 국가의 G7 회의 개막 축포와 함께 승인되었다.

그러나 이 신선한 약속을 이행할 수 있는 절호의 기회가 있었는데도 아프리카의 지도자들은 시험에 완전히 실패하고 말았다. 특히 그들은 정치적 잔혹성이라는 용어에 전혀 새로운 의미를 부여한 짐바브웨 대통령 로버트 무가베에 대한 견제를 거부했다. 또한 2005년 말까지도 아프리카 개발을 위한 새로운 파트너십NEPAD의 주요 3개국은 '아프리카연합AU의 자체적 반부패 협약African Union's own Anti-Corruption Convention'을 비준하지 못했다.[34]

아프리카의 도를 넘는 행위, 그리고 그에 대한 변명은 이미 충분히 나빠져 있는 상황이다. 그러나 아프리카의 행위들을 설명하려 애쓴 옹호자들의 변명은 오히려 사태를 악화시켰다. 유럽인들은 아프리카의 국가 형성 과정을 자신들의 그것에 비유해왔다. 아프리카의 잦은 전쟁과 철권통치를 15세기 영국의 장미전쟁 및 16세기 프랑스의 가톨릭과 개신교 간의 투쟁과 비교하면서 말이다.

그러나 얼핏 그럴듯해 보이는 이 비교에는 모순이 있다. 사람들은 아프리카가 기술발전에 있어 특정 단계를 거치지 않고 다음 단계로 진입함으로써 경제 또한 비약적으로 발전할 수 있다고 주장해왔다. 만약 그렇다면 아프리카 대륙은 타 대륙 국가들의 경제적 발전뿐 아니라 정치적 실패에서도 반면교사로 삼을 부분을 배워야 하지 않을까?

역사적 상대주의자들에겐 17세기 영국의 독재자 올리버 크롬웰Oliver

Cromwell에 대한 윈스턴 처칠의 평결로 응수해야 한다.

 "크롬웰 통치하에서는 최소한의 생존이나 안전보장에 대한 요구도 할 수 없었다. 크롬웰은 (⋯) 인간 행동의 기준을 떨어뜨렸고 인류 역사를 현저히 암흑기로 만들었다. 크롬웰의 아일랜드 학살은 석기시대 및 그 이후 모든 국가의 역사에 존재하는 수많은 경쟁자에 필적할 정도의 만행이다. 그러므로 명예라는 명분하에 그런 행위를 할 수 있는 사람들한테는 그 권한을 박탈해야 한다."[35]

 물론 아프리카 지도자들의 잔혹함은 스탈린 혹은 히틀러와 같은 20세기 독재자들의 무자비함과 다르다. 확실히 남아공과 탄자니아를 제외하면 아프리카의 그 어떤 정부도 전체주의 국가를 시도하지 않았고 그럴 수도 없었다. 그러나 국제사회는 아프리카의 악명 높은 독재자들에 저항했고 전 세계적으로 인권의 기준을 높이려 노력했다. 30년간 인도네시아가 불법으로 점령해왔던 동티모르가 2002년에 끝내 독립한 예에서 볼 수 있듯, 세계적인 경제제재와 정치적 무력행사만으로도 세계무대에는 몇 가지 바람직한 효과가 도출될 수 있다. 그럼에도 아프리카에서는 수백만 명이 이유 없이 잔인하게 목숨을 잃었고, 그중 상당수는 최근에 그러했다. 아무리 냉철한 전략가라 해도 그 결과로 아프리카의 국가와 경제가 발전했다고 주장하기란 어려울 것이다.

4장

문화,
부패,
정당성

　많은 아프리카인이 자신의 정부를 비난해왔다. 때로는 해외로 망명한 이들도 그러했는데, 1986년 노벨 문학상을 수상한 나이지리아의 월레 소잉카Wole Soyinka도 그중 하나다.

　"평화와 번영에 대한 아프리카의 꿈은 아프리카 강자들의 탐욕스럽고 부패하고 파렴치한 통치에 산산조각 났다. (…) 사람은 그저 쾌적한 환경, 발전의 기회, 의료 서비스, 교육, 빈곤퇴치만으로도 충분히 만족할 수 있다. 그러나 불행히도 이런 소박한 목표들은 우리를 억압해야만 이기적 목표를 달성할 수 있을 거라 여기는 열광적이고 탐욕스러운 지도자들에 의해 좌절되고 말았다."[1]

　충분히 이해할 수 있다. 다만 왜 그렇게 많은 사람이 나쁜 정부를 감내하는지가 궁금해지는데, 나는 그 답이 문화와 부패, 그리고 정치적 정당성의 세 부분으로 되어 있다고 본다.

❈❈❈

아프리카 어디에서든 문화는 섬세하게 접근해야 한다. 아프리카인들은 대개 자신들의 타고난 특질이 아프리카의 지지부진한 정치적·경제적 발전과 연관되어 있다는 점을 인정하기 싫어한다. 아프리카인을 일반화하는 건 북미인(캐나다인, 미국인, 멕시코인)이나 유럽인(영국인, 프랑스인, 독일인)을 일반화하는 것만큼이나 어려운 일이다. 한 작가는 1962년에 이렇게 이야기했다.

"아프리카의 다양성은 인간이 만들어낸 것이다. 광활하고 단조로우며 어렴풋이 혐오감을 불러일으키는 환경에서 아프리카인들을 구분할 수 있는 가장 뚜렷한 요소는 노동과 삶의 방식이다."[2]

내 경험에 따르면 가나인은 무례하지만 유쾌하고, 말라위인은 엄격하며, 코트디부아르인은 격식을 차리고, 남아공인은 강렬하며 복잡하고, 세네갈인은 지나치게 말이 많으며, 말리인은 과묵하고, 차드인은 냉정하고 자부심이 넘친다. 케냐인은 솔직한 반면 이웃인 탄자니아인은 내성적이다. 그러나 일부 아프리카인들의 성격적 특성은 논쟁할 필요 없이 충분히 일반적이다. 아프리카 대륙에서 나이지리아와 정반대편에 있는 모잠비크는 언어, 역사 및 지리학으로 전혀 다른 나라다. 그런데도 나이지리아인들은 칠레인이 브라질인에 대해 느끼는 것보다 훨씬 강한 유대감을 모잠비크인들에게 갖고 있다.

물론 아프리카인의 성격상 특징은 이미 새로운 환경에 적응했다. 한 영국인 관찰자는 1972년에 이미 이렇게 지적한 바 있다.

"아프리카인의 생활은 빠른 속도로 변하고 있다. 젊은 세대는 민첩하게 외국 방식을 채택하고 자신들의 전통 방식은 빠르게 잃어간다."[3]

인구증가, 경제적 어려움, 세계화 및 에이즈는 전통적 가치를 새로 해석하게 했다. 어떤 가치들은 양보할 수 없는 것으로 판명되었고 어떤 가치들은 점차 퇴색되었다. 북미의 2세대 및 3세대 이민자들이 이탈리아, 그리스, 아일랜드의 유산을 재해석하고 회복하는 방식으로, 아프리카의 신세대들은 계승된 관습 속에서 지혜를 발견하고 있다.

신세대 아프리카인들이 아프리카인의 특징과 성격이라는 주제에 대해 불편함을 보이는 반면, 구세대에게 이것은 뜨거운 논쟁거리였다. 구세대 중 한 명인 세네갈의 초대 대통령 레오폴 상고르는 "네그리튀드Négritude"•라는 단어를 처음 사용했다. 오늘날엔 단순해 보이는 이 개념이 1960년대에는 격렬한 반대를 불러일으켰다. 일례로 나이지리아 작가 월레 소잉카는 "호랑이는 굳이 '티그리튀드Tigritude'••을 알릴 필요가 없다."라며 비웃기도 했다.

상고르는 유럽과 아프리카의 세계관이 근본적으로 다르다고 생각했다.

"유럽인은 대상을 자신과 구별하고, 그것과 거리를 두고, 그것을 시간적 또는 공간적으로 분리하고, 수단으로 삼고, 삼켜버림으로써 파괴한다. 내 고향의 한 현자는 이렇게 말했다. '백인들은 식인종이다. 자연의 인간화 혹은 보다 정확하겐 자연을 길들인다고 그들이 일컫는 것은 사실상 삼켜버리는 과정이다. (…) 유럽의 세계관은 생명을 길들일 수

• '흑인성(黑人性)'이란 뜻으로 아프리카 흑인의 존엄성과 문화적 주체성을 되찾기 위해 1930년 대에 레오폴 상고르와 에메 세제르(Aimé Césaire)가 주창했던 문화운동의 기본 이념. 이후 20세기 아프리카의 문학·문화·정치에 큰 영향을 끼쳤음.

•• '흑인성'이란 개념에 대응시키기 위한 '호랑이의 성질'이란 뜻의 조어.

없다고 보는 아프리카인들과 다르다.'"

그에 반해 아프리카인에 대해서는 이렇게 이야기했다.

"백인들과 달리 아프리카인은 검은 피부에 갇혀 있다. 그들은 태고의 밤에 살고 있다. 사물 혹은 나무나 돌, 사람이나 동물 또는 사회적 사건과 자신을 구별하는 데서 시작하지 않고, 그것들과 거리를 두지 않으며, 분석하려 들지도 않는다. 다만 섬세한 손으로 그것을 계속해서 뒤집고, 만지고, 느낀다. 곤충의 더듬이가 그렇듯 아프리카인은 순수한 감각을 통해 상대를 발견하고, 파악하고, 주관적으로 이해한다."[4]

현대 아프리카인 중 이 의견에 동의하는 이는 거의 없다. 상고르의 언어는 당시의 프랑스 철학, 특히 실존주의와 가까웠다. 그리고 그는 모든 면에서 사람들의 눈살을 찌푸리게 했다. 남아공의 백인이자 또다른 노벨 문학상 수상자(1991)인 나딘 고디머Nadine Gordimer는 상고르의 견해가 아프리카 내 다양한 인종 간의 상호이해를 증진하려는 자신의 노력과 배치된다고 판단하여 그에 정면으로 반박했다.

"백인들에 대한 상고르의 인식은 인종차별적이고 경멸적이다. 또한 흑인들에 대한 그의 인식은 흑인이 미성숙하고 후진적임을 '증명'할 목적으로 쉽게 사용되는 '낭만적 원시주의romantic primitivism'에 복종하는 것과도 같다. 물론 그의 논지는 (…) 인간이 모든 피조물과의 귀중한 감각적 연결을 잃어서는 안 된다는 것이다. (…) 그가 주장하는 아프리카인의 실존적 특징은 '보편적 에너지와 조화를 이루며 사는 것'이라는 점에서 세계 저편 인도의 베단타Vedanta,* 즉 위대한 철학이자 삶

---

* 고대 인도의 종교 지식과 제례 규정을 담은 문헌 '베다(Veda)'의 근본적 의미를 연구하는 힌두교 철학 학파.

의 방식과 유사하다."**5**

상고르의 주장은 아프리카인들이 주변 세계에 너무 동화된 나머지 자신들의 삶을 어떻게 개선할 수 있을지 보지 못한다는 점을 시사한다. 이것이 사실이라면 아프리카 독립 이후 40년 동안 개발사업 기획자들은 개발지원 대상국을 잘못 선택했다는 뜻이 된다.

1950년대와 1960년대에 케냐에서 활동한 영국의 한 정신과 의사는 상고르와 같은 전제를 시작점으로 하여 덜 은유적인 언어로 아프리카인의 특징을 표현했다. 그는 아프리카인이 자신을 둘러싼 주변 세계와 완전히 동화되어 있음을 발견했다.

"자신이 속한 사회에 있을 때 아프리카인들은 당황하지 않고, 용감하며, 충성스럽고, 금욕석이며, 사회적으로 자신감 있고, 웅변적이고, 정중하며, 타인들의 감정에 매우 민감하다. 이 모든 것은 분명 미덕이긴 하지만 개개인의 수준에 맞는 통합적 사고를 희생시켜야만 달성할 수 있다. 삶에서의 실질적 부분, 그리고 그러한 통합이 일어날 수 있는 일반적 적용 원칙이 결여된 경우를 제외하면 개개의 아프리카인은 스스로 생각할 수 있을 거라 기대되지 않는다. 지적으로는 관습적이 되고, 과거와 현재, 미래와 관련된 모든 행동에서 자신을 스스로 책임지는 주체적 존재보다는 인간관계의 끈에 의해 끌려다니는 존재로 여기게 된다. (…) 지적 호기심, 독립적 사고, 진취성, 자기 행동에 대한 책임감이 미덕이든 아니든, 이것들은 분명 서구식의 성공적인 삶을 사는 데 요구되는 사항들이다."**6**

나이지리아의 소설가 치누아 아체베는 데카르트의 "나는 생각한다. 고로 나는 존재한다."라는 말에 서구적 윤리가 담겨 있다고 주장한다.

그에 따르면 아프리카인들이 삶에 접근하는 방식은 반투인Bantu의 고사성어인 "당신이 있기에 내가 있다."[7]라는 말에서 찾을 수 있다.

⊠ ⊠ ⊠

지금은 이런 구분들이 구시대적이고 논란의 여지를 갖는 것처럼 보일 수 있으나, 아프리카인들은 확실히 다른 사람들과 구별되는 가치를 주장한다. 그중 하나가 마을 단위에서 자주 볼 수 있는 관대함과 환대다. 시골의 나눔 풍습은 경제적 고통에 사회안전망이 훼손되었던 시절을 살아온 나이 많은 도시인에게 추억일 뿐이다.

상고르의 묘사보다 17세기 북미 선주민인 휴런족Huron과 이로쿼이족Iroquois의 전통에 대한 설명에서 아프리카인들은 자기 부모와 조부모의 모습을 발견할 수 있을 것이다.

"도움이 필요한 사람들에겐 모두가 돕고 나섰다. (…) 젊은 여자가 결혼으로 새 살림이 필요해지자 마을 여자들은 그녀에게 1년 동안 쓸 장작을 한아름씩 주었다. 집이 없는 가족에겐 마을 남자들이 힘을 합쳐 집을 지어주었다. 그런 도움을 받은 이들은 여력이 있을 경우 마을 잔치를 벌여 은혜를 갚았고, 그렇지 못한 이들은 그저 감사를 표하는 것만으로도 충분했다. 이로쿼이족과 휴런족 사이, 그리고 같은 부족들 안에선 계급이 높은 자와 낮은 자, 부자와 빈자 간의 현저한 구별이 당연히 존재했다. 그러나 마을에 식량이 남아 있기만 하다면 아무리 비천하고 가난한 사람이라도 배를 곯는 일은 없었다. 그저 가장 가까운 집에 들어가 화덕 옆에 앉아 있기만 하면 그 집 여자들이 아무것도 묻지 않고 음식들을 앞에 놓아주었기 때문이다."[8]

이런 나눔의 전통은 마음을 훈훈하게 하지만 때로는 극단적일 수 있다. 1960년대에 동아프리카를 방문했던 한 폴란드인은 이러한 관습 때문에 일어난 기이한 상황을 목격했다.

"개인주의는 유럽에서 높이 평가되고, 아마도 미국에선 세계 최고로 그러할 것이다. 그러나 아프리카에서 개인주의는 불행이나 저주와 동의어다. 조화로운 공동체만이 거친 자연환경의 여러 장애물에 맞설 수 있기에 아프리카의 전통은 집단주의다. 작은 것을 공유하는 것은 집단의 생존을 위한 조건 중 하나다. 하루는 한 무리의 아이들이 나를 둘러쌌다. 나는 갖고 있던 사탕 한 조각을 손바닥에 올려 놓았는데, 아이들은 꼼짝도 하지 않은 채 그저 서서 그것을 바라보았다. 한참 후에야 가장 나이 많은 소녀가 사탕을 가져다가 깨물어 부순 후 아이들에게 균등하게 나누어주었다."[9]

아프리카인들의 공동체 의식은 때론 세계적 규모이기도 하다. 1998년 말리의 한 마을은 그해 큰 폭우로 피해를 입은 퀘벡의 작은 마을을 위한 기금을 모았다. 또 2003년 말 모잠비크의 적십자는 포르투갈 산불 피해를 돕기 위해 600달러를 모금했다. 그 규모로 볼 때 기부금의 대부분은 가난한 사람들에게서 나왔다. 오히려 당시 모잠비크에 거주했던 3만 명의 영향력 있는 포르투갈인 커뮤니티는 별 반응을 보이지 않았다.

전근대적 문화에는 놀라운 가치가 있고 그중 일부가 사라지고 있다는 사실을 인정하기 위해 고귀한 야만인의 신화를 믿을 필요는 없다.

그리고 관대함과 같은 일부 전통 가치에는 한계가 있었던 것도 사실이다. 게으름은 악덕으로 여겨졌기에 마을 사람들은 게으름뱅이를 돕지 않고 추방했다. 또한 나눔 문화의 범위는 부족 단위를 벗어나지 않았다. 언어적으로 가까운 종족임에도 이로쿼이족은 휴런족을 적으로 규정한 후 불과 100년 만에 그들 모두를 몰살했다. 아무튼 아프리카인들 사이의 공동체 의식은 놀라울 정도로 강하다.

또 하나의 뚜렷한 아프리카의 가치로 꼽을 수 있는 것이 있다. 아프리카 문화는 가족을 중시한다는 것이다. 아프리카에서의 개인은 부모나 형제자매에 대한 언급 없이 완전해질 수 없다. 모든 혈연관계는 개인의 존재에 중요하게 여겨진다. '확장된' 가족의 범위는 직계 형제자매를 넘어 마을 또는 민족과 같은 더 큰 집단으로 넓어진다. 낯선 사람이 누군가의 '형제'로 소개되면 그는 "같은 아버지, 같은 어머니 밑에서 태어났나요?"라는 질문을 받을지도 모른다. 이는 우리가 익히 아는 성姓과 관련된 질문이 아니라, 가족의 불행(첫 번째 아내의 죽음 또는 첫 번째 남편의 실종)으로 인해 그 사람이 사촌이나 친구 또는 이복형제일 가능성이 매우 높은 문화적 맥락에서 나오는 질문이다. 이혼은 아프리카에서 매우 드문 일이고, 할머니와 시어머니를 중심으로 가족 구성이 유지되는 경우가 많다.

전반적으로 아프리카인들은 눈앞의 상황에 몰두한다. 기획을 담당하는 정부부처는 아프리카 문화에선 현실성 없는 조직이다. 그러다 보니 국가 출범 당시부터 문제에 부딪혔다. 높은 기대 속에 부처가 조직되고 때로는 강력한 장관이 이끌어도 기획 부처는 대개 더 많은 예산과 권력을 가진 타 부처에 눌렸다. 시골 농부들은 수확한 곡식을 쥐나 해충으로부터 보호하기 위해 돌 위에 용기를 놓거나 나무에 매달아 내일을 대비한다. 그러나 다른 거의 모든 면에서 아프리카인들은 미래를 걱정하기보다는 지금의 삶을 즐기는 편이다. 이러한 현실 만족적인 즐거움은 다양한 형태로 나타나며 자칫 가족이나 마을, 지방을 휩쓸어버릴 수 있는 불행에 맞서게 한다.

아프리카식 삶의 기쁨은 항상 방문객들에게 깊은 인상을 남겼다. 1930년대에 한 관광객이 언급했듯 이 가벼운 마음가짐은 여러 목적을 위해 활용된다.

"아프리카인들은 춤을 춘다. 그들은 기쁨을 위해 춤추고 슬픔을 위해 춤을 춘다. 그들은 사랑을 위해 춤추고 증오를 위해 춤춘다. 그들은 번영을 가져오기 위해 춤추고 새앙을 피하기 위해 춤춘다. 그들은 종교를 위해 춤추고 시간을 보내기 위해 춤춘다. 그들은 다른 인종이 보여줄 수 없는 열정과 정확성, 독창성이 담긴 춤을 춘다."[11]

그로부터 오랜 세월이 지났으니 이젠 그런 유쾌함이 사라졌을 거라 생각할 수도 있지만, 사실 의외의 장소에서 그것을 발견할 수 있다. 나이지리아는 지구상에서 가장 무질서하고 폭력적이며 부패가 만연한 국가 중 하나다. 그러나 2003년 9월의 한 국제조사에 따르면 행복한 사람들의 비율이 세계에서 가장 높았고 멕시코, 베네수엘라, 엘살바도르, 푸에르토리코가 그 뒤를 이었으며 미국은 16위, 영국은 24위를 기록했다.[12]

아프리카의 정신은 음악에도 반영되어 있다. 개발도상국들에 대해 정통한 한 연구자는 이렇게 말했다.

"콩고는 대부분의 분야에서 실패했지만 음악만큼은 가장 영광스러운 예외로 인정받아야 한다. (…) 그토록 우울한 상황에서 어떻게 그 토록 전염성 강하고 경쾌하며 순수한 음색을 만들어낼 수 있는지 신 비스럽다."[13]

가족과 즐거움 외에 노인 공경 또한 아프리카인에겐 매우 중요하다. 사실 아프리카인들은 권위 있는 연장자들을 극도로 존경한다. 지혜와 경험이 높이 인정받는 것이다. 그렇지만 그럼에도 그것들은 영향력의 전제조건이 아니다.

아프리카 지도자들의 리더십은 지혜와 경험 대신 무지와 부정직, 완 고함을 특징으로 한다. 결함 있는 상사에 대한 인내심은 도시화와 빈 곤의 압박으로 무너지고 있지만 젊은 사람들은 거의 목소리를 내고 있 지 않다. 대개는 그룹에서 더 나이 많고 사회적 지위가 높은 인물이 먼 저 의견을 말하기를 기다리거나, 자신을 이해시키기 위해 중개자를 활 용하는 3각 대화에 의존한다.

전통적 환경에서 노인들은 식구들의 헌신적인 보살핌을 받으며 모 든 사람에게 서로를 돌보아야 할 필요성과 순수한 연공서열의 중요성 을 일깨운다. 아프리카인들은 세속적 권위를 존중함과 더불어 신앙심 도 깊다. 다른 문화권에서는 매주 한 번 하나님을 공경하고 경전을 읽 고 기도하지만 무슬림뿐 아니라 대부분의 아프리카인은 매일 자신의 신앙을 실천한다. 또한 그들은 미신을 믿기도 한다.

누군가는 지금까지 이야기한 아프리카인의 특징이 1950~1960년대의 이탈리아인이나 스페인인의 특징과 별반 차이가 없다고 말할 수도 있다. 가족관계, 삶에 대한 사랑, 나이와 권위에 대한 존중은 경제발전에 따라 충분히 바뀔 수 있는 가치다.

그러나 아프리카인의 특징 중에는 라틴계 사람들을 압도하는 어두운 면이 있다. 가족우선주의는 아프리카에서 압제적으로 나타날 때가 있다. 자발적으로 가족을 우선시하지 않으면 잔혹한 방식으로 강요하는 것이다. 또 친척 중 누군가 성공할 경우 그리 큰 성공이 아니어도 다른 친척들은 종종 그 성취의 열매를 나누어 받겠다고 고집한다. 이는 1960년대에 이미 사회적 관습이 되어 있었다. 한 관찰자는 다음과 같이 말했다.

"이 규칙을 어기는 자는 누구든 배척당하고, 씨족에서 추방되며, 끔찍할 정도로 버림받는 상태에 처한다."[14]

이후 이러한 관습은 큰 변화 없이 유지되고 있다. 아프리카인들이 저축을 하지 않는 것도 이와 비슷한 이유에서이다. 자본을 축적한 이들은 가족의 미래에 대한 투자자가 아니라 가족에 대한 배신자로 간주될 수 있다. 아프리카 전역의 소규모 기업들은 파트너 중 하나가 당장의 개인적 필요를 위해 회사 자본을 빼내 도망친 탓에 계속해서 실패를 거듭한다.

심지어 연장자에 대한 존경심도 대륙의 쇠퇴에 기여했다. 아프리카인들은 독재와 권위 있는 선출직 공무원을 자신의 운명으로 받아들인다. 정치와 기업의 부패에 맞서 열심히 싸운 한 나이지리아 사업가의 표현에 따르자면 "리더는 대개 개인의 이익을 위해 권력과 권위를 휘두르는 사람으로 여겨진다. 정치인들은 대중에게 봉사하기 위해서라기보다 권력과 특권의 지위를 얻으려 공직을 놓고 경쟁한다."[15]

이러한 지도자들에 대한 존경의 일부에는 오래된 뿌리가 있다. 많은 국가 지도자들이 오래된 마을 지도자들의 전통적 리더십으로부터 불과 한두 세대 밖에 지나지 않은 사람들이기 때문이다.

"족장과 대제사장의 역할이 혼합되어 있고, 족장은 부족 전체에 생명력을 불어넣는 마치 살아 있는 신과 같이 미화되었다."[16]

양방향으로 작동하는 충성심은 오늘날까지 비싼 대가를 치르고 있다. 부하들은 윗사람이 자신들의 부족함을 이해해주는 대가로 그의 고의와 옹졸함을 묵인해준다. 요즘 시대에도 아프리카 관리자들은 권위적이며, 스스로의 노력으로 충성을 얻기보다 그런 문화에 근거한 충성을 요구하고, 대신 실적이 저조한 직원에게도 기회를 준다.

아프리카인은 신중하고, 성性과 관련해선 점잖을 뺀다. 적어도 공개적으론 성 문제에 대해 논의하지 않는다. 이것이 에이즈가 통제 불가능할 정도로 퍼진 이유 중 하나다. 1999년 모잠비크의 전 영부인(이자 넬슨 만델라의 두 번째 부인)인 그라사 마셸Graça Machel이 자신의 오빠가 에이즈로 사망했다는 사실을 공개적으로 언급하자 친척들은 분개했다. 그런 공개 이전에 자신들과 미리 상의했어야 한다는 것이다.

아프리카인들의 미덕 중 또 다른 양날의 칼은 과장된 표현에 대한 애정이다. 이미 구식이 되었고 의례적으로 보이는 유럽식 문구가 아프리카 신문 기사에 마치 문학과도 유사한 과장을 더해준다. 프랑스어권인 서아프리카 문맹자들조차 시라노 드베르주라크_{Cyrano de Bergerac}[•]에 준하는 표현의 러브레터나 탄원서를 위해 시장의 필경사_{筆耕士}에게 돈을 지불한다.

과장된 표현들은 재미를 불러일으킬 수 있지만 분열을 야기하기도 한다. 정치인과 교회 지도자들은 자신에게 동의하지 않는 사람들에게 불과 유황을 쏟아부었다. 2003년 8월 뉴햄프셔의 한 교구에 동성애자임을 밝힌 주교가 선출되었을 때 전 세계 성공회의 일부는 그 결정에 박수를 보냈고 일부는 반대했으나 나이지리아 대주교는 이 사건을 "하나님의 교회에 대한 사탄의 공격"이라 비난했다.[17] 그런 극단적 입장을 철회하기란 힘든 일이다.

❈ ❈ ❈

아프리카인들의 종교적 신념 또한 그들에게 불리하게 작용될 수 있다. 순수한 종교 외에 사악한 종교도 그들을 넘보기 때문이다. 아프리카인들은 대개 숙명론적이다. 교육을 제대로 받지 못한 그들의 세계관에서 보자면 자신들은 사건 통제를 위해 할 수 있는 일이 거의 없다. 그렇기에 그들은 그저 그것을 받아들이고 순종한다. 많은 부모가 아이가 숨을 거둬도 그 원인을 궁금해하지 않는다. 대신 그들은 "하나님이 주셨고 하나님이 거두어가셨다."라는 문구로 자신과 다른 사람을 위로한

[•]　프랑스의 시인이자 소설가.

다. 초자연적 질서에 대한 이러한 포용성은 아프리카인들이 현세에서 가혹한 현실에 도전할 가능성을 낮춘다. 사실상 그들의 믿음이 사회정의 구현의 의지를 꺾는 것이다.

이러한 묵인은 아프리카계 후손들을 포함, 해외에서 온 방문객에게 충격을 줄 수 있다. 프랑스계 캐나다인이 처음으로 프랑스를 방문할 때 느끼는 것과 비슷하게, 아프리카계 미국인 역시 조상의 나라에 무언가 부족한 것이 있음을 발견하게 된다. 그들이 찾을 수 없는 것은 수 세기 동안 억압받았던 분노, 야망, 그리고 순수한 인간의 용기일 것이다. 아프리카계 미국인들은 운명에 순종하지 않고 그것을 바꾸기 위해 다분히 노력해왔다. 그들은 이생에선 기꺼이 고통을 겪고 다음 생을 기다려야 한다고 생각하기보다는 성경을 인용하며 이 세상의 불의에 맞섰다.

하지만 고통을 이런 식으로 받아들이는 것은 아프리카인의 주요한 특징이고, 이 특징은 아프리카의 느린 발전에 대한 일부 전통적 해석을 무색하게 만든다. 예를 들어 아프리카인들은 지적으로 다른 걸까? 이에 대해 프랑스 작가 앙드레 지드André Gide는 간결히 말했다.

"무식한 백인일수록 흑인을 어리석다고 여긴다."[18]

전 세계 자유사회에서 아프리카인들이 이룬 업적은 흑인의 재능을 보여주는 증거가 된다. 타국으로 이주한 의사, 변호사, 과학자, 엔지니어 및 관리자는 경쟁이 치열한 환경에서도 뚜렷한 업적을 이루었고 일부는 자기 분야의 선두주자가 되었다. 하지만 많은 전문직 종사자가 자신의 고국에서도 뛰어난 성과를 거두었으나 주변의 질시나 고용주의 도덕적·물질적 지원 부족으로 좌절을 겪었다.

아프리카인들은 무기력할까? 나무나 물을 등에 지고 하루에 몇 킬로미터씩 걷는 여성이나 등교를 위해 그와 비슷한 거리를 걸어가는 아이들을 보면 결코 그렇지 않다. 아프리카의 부족주의는 발전의 걸림돌이 되고 있을까? 아프리카의 민족적 유대는 경제적으로 어려웠던 시기에 가족주의가 확대된 것이다. 이는 다른 나라의 종교와 마찬가지로 타 부족에 부정적인 지도자들이 분열과 통치를 위해 사용한 것일 수도 있다. 즉 국가주의와 마찬가지로 그러한 연대가 반드시 파괴적인 것만은 아니다. 아프리카 문화적 문제의 핵심은 다른 곳에 있다.

불교 국가의 국민들을 제외한다면, 아프리카인들은 아마 지구상에서 유례가 없을 정도로 인내심이 강하고 오래 참는 이들일 것이다. 사실 아프리카인들의 일상을 아는 사람이라면 아프리카 대륙 인구의 20퍼센트가 여전히 내란에 시달리고 있다는 사실에 놀라야 한다. 그리고 그 내란은 대개 불의한 정부에 대한 대규모 항의시위가 아니라 국가의 자원을 얻기 위해 소그룹들이 벌이는 경쟁의 결과다.

다른 이들의 자유를 위해 자신의 삶을 희생한 아프리카인도 많다. 그러나 대부분의 아프리카인은 수동적이고 삶의 자연스러운 바퀴라 여겨지는 것들에는 간섭하려 들지 않는다. 이 점에서 그들은 우리와 같다. 자유국가에서도 편집자에게 편지를 쓰거나 법을 바꾸기 위해 적극적으로 캠페인을 하는 사람은 거의 없으니 말이다. 그러나 아프리카 독재정치의 범위와 기간은 군사력만으로는 설명되지 않는다. 어려움과 학대를 견디는 아프리카인의 능력은 아프리카 대륙의 역사적으로 낮은 우울증과 자살 발생률에 반영되어 있다.[19]

아프리카인들은 개개인으로 보면 테러리스트나 이념주의자가 될 경향을 띠지 않는다. 그러나 단체를 이루었을 때 서로에게 잔인할 수 있다. 가진 것에 만족하고 부족한 것을 그대로 받아들이는 그들의 특징을 버리게 할 정도로 큰 사회적 문제는 없다. 1990년대 후반 콩고의 한 신부가 짜증스럽게 말했듯 "사람들은 삶에 집착하지만 삶의 질을 위해 싸울 생각은 없는 것 같다. 그들은 생존만 해도 충분하다고 느낀다."[20]

이러한 평정심은 표면적으론 매력적이지만 결국엔 모습을 바꾼 저주가 되어 돌아온다. 기본적 니즈가 충족된다면 걱정할 필요가 없지만, 아프리카는 지난 수십 년간 극심한 고통을 겪었다. 인구는 두 배 이상 늘어났고 소득은 절반으로 줄었다. 질병은 확산 중이며 학교 출석률은 떨어지고 있다. 예방 접종 프로그램은 산발적이고 식량은 불균등하게 배분된다. 그리고 아프리카는 1970년 이후로 꾸준히 빈곤이 심화된 세계 유일의 지역이다. 금욕주의는 미덕일 수 있지만 말 그대로 아프리카의 아들딸들을 죽이고 있다.

⊠ ⊠ ⊠

사람들을 확고하게 통제하는 것이 아프리카 문화라면, 얽히고설킨 국가들을 하나로 묶는 그물은 부패다. 치누아 아체베는 자신의 수필집 『험난한 나이지리아』에서 부정직이 고위 권력자의 특권으로 간주되는 정도가 심하다고 한탄했다. 왜냐하면 같은 이유로, 서민들에게 있어 규율은 자신들의 무력함에 대한 벌로 여겨질 것이기 때문이다.[21]

역설적이게도 부패의 뿌리는 아프리카 사람들의 강력한 가족 유대에 원인이 있다. 가족의 압력이 너무 만연하여 아프리카인들은 그것을 농담거리로 삼기도 하고, 할 수만 있다면 가족으로부터 도망가기도 한다. 피라미드의 꼭대기에는 장관과 고위 공무원들이 있는데, 그들의 문 밖에는 심지어 주말에도 불만을 토로하거나 물질적 지원을 받으려는 사촌, 지인, 유권자가 줄을 서 있다.

그러나 관심을 끌기 위해 부자가 될 필요는 없다. 코트디부아르의 아비장에 있을 당시 내 주간 경비원이었던 남자는 10년 만에 처음으로 어머니와 아들을 방문하기 위해 고향인 부르키나파소로의 여행을 계획했다. 여행을 고대하는 그의 모습에 나까지 즐거워질 정도였다. 그러나 그는 어떤 불길한 일이 일어나 여행이 불가능해질까 두려워했다.

그리고 그의 불안은 실제로 맞아떨어졌다. 현지 회사에서 야간 경비원으로 일하던 사촌이 근무 중 잠이 든 사이에 도둑의 습격을 받은 것이다. 사장은 그를 공범으로 의심해 경찰이 체포하게 했는데, 회사가 입은 약 200달러의 손실을 배상하면 무혐의 처리하겠다고 제안했다. 200달러는 내 경비원이 자신의 여행을 위해 저축해두었던 것과 거의 같은 금액이었고 친척을 구하는 행위는 의심할 여지 없이 당연한 그의 도리였다. 가족 내 규율은 그만큼 신성했기 때문이다. 또한 160달러의 월급을 받는다는 이유만으로 그는 그의 가족에게 있어 이미 충분히 부유한 사람이었다. 결국은 내가 그에게 돈을 빌려줬지만, 여행을 위해 출발하는 마지막 순간까지도 그는 가족관계와 운 때문에 여행이 불가능할 수 있을 거라 불안해했다.

내 경비원은 부패한 이가 아니었지만 기회가 생겼다면 그렇게 될 가능성도 있었을 것이다. 그는 부유한 사람도 그것이 가능할 땐 속임수를 쓴다는 사실을 확실히 알고 있었다. 당장 나 자신만 해도 그랬다.

1978년에 탄자니아에서 외교직을 마칠 때 나는 국영 자동차회사인 스테이트모터코퍼레이션State Motor Corporation을 통해 내 차를 팔았다. 동유럽 공산국가들과 마찬가지로 이 회사는 수입 자동차 처분 독점권을 가지고 있었다. 가격은 고정되어 있었으나 적극적인 구매자는 시스템을 유용流用할 수 있었고 많은 사람이 그렇게 했다. 나 또한 어느 아시아 사업가가 내 차에 대해 제안한 2,000달러의 '보너스'를 수락했다. 그리고 그 돈을 보관해두는 대신 오래전 몬트리올의 백화점에서 어머니한테 빌렸던 빚을 갚는 데 썼다. 나는 내가 한 일에 대해 후회하지 않았다. 보너스로 받은 그 추가 금액은 아마 자유 자동차 시장에서 받을 수 있었던 돈보다는 적었을 것이다. 나는 자동차 판매에 국가가 개입하는 부조리에 의한 혜택을 보았을 뿐이다. 내 행동으로 상처받은 사람이 있는지는 불확실했다.

아프리카에서 부패가 늘어난 것은 명백한 순수함 때문이다. 이는 변명이나 용납을 위한 이야기가 아니라 오히려 그 반대다. 부패는 아프리카의 매우 고질적인 문제이므로 세계는 이제 아프리카인을 돕는 방식을 근본적으로 바꿔야 한다는 게 내 생각이다. 수년 동안 아프리카인들은 대규모 원조를 통해 확실하게 경제발전을 이룰 수 있도록 마셜 플랜을 요구해왔다. 그러자 그동안 자이르의 모부투 대통령과 나이지리아의 아바차Abacha 장군 같은 기괴한 인물들은 막대한 자원을 유출시키거나 가져가버렸다. 이런 원조자금 유용은 너무나 흔한 일이라 2000년에 들어선 나이지리아 신정부는 아바차 장군이 해외로 빼돌린 20~30억 달러를 회수할 경우 그 자녀들에게 합의금으로 1억 달러를 남길 것을 합의했다. 많은 나이지리아인이 이 후한 합의에 경악했고,

다행히 이 합의는 파기되어 해당 비자금의 극히 일부만이 원래 주인에게로 돌아갔다.

다른 나라에서도 어느 정도의 부패는 '사업을 위한 불가피한 비용'으로 용인되어왔다. 하지만 아프리카에서는 그에 따른 긍정적인 면이 전혀 없다. 엄한 교사로서의 경력이 있던 탄자니아의 줄리어스 니에레레조차도 아시아인과 아프리카인의 부패가 갖는 차이와 관련해 다음과 같은 이야기를 즐겨 했다.

한 아프리카 장관이 아시아 장관의 집을 방문했다가 그의 호화로움에 감탄했다.

"장관 월급으로 이 모든 것을 어떻게 마련했습니까?"

그의 질문에 아시아 장관은 거실 창밖을 가리키며 말했다.

"저 멀리 저 큰 다리가 보이십니까?"

아프리카인 장관이 "네."라 답하자 아시아인이 설명했다.

"음, 저 예산의 일부를 제가 썼지요."

이듬해 답방으로 아프리카 장관 집을 방문한 아시아 장관이 같은 질문을 했다. 아프리카 장관이 말했다.

"저 계곡 아래 도로가 보이십니까?"

아시아 장관은 "아니요, 아무것도 안 보입니다."라 답했고 아프리카 장관은 이렇게 말했다.

"맞습니다. 도로 대신 이 집을 지었거든요."

대규모 계약에서의 부정행위보다 훨씬 더 해로운 것은 아프리카인들이 매일 경험하는 일상의 사소한 부패다. 그들은 세상을 뜬 친척을 매장하는 데 필요한 사망증명서 발급을 위해 2주분의 임금을 건네거나 아이를 학교에 입학시키기 위해 한 달치 농가 수입을, 자녀를 교실의 앞줄에 앉히기 위해(수업의 규모가 150명 또는 200명인 환경에선 중요한 요소다) 교사에게 더 많은 '사례금'을 제공한다. 이러한 관행은 골칫거리 그 이상이다. 수십 년 동안 이런 사소한 부정부패가 사람들의 에너지를 고갈시키고 사업을 둔화시켰으며 아프리카의 전망을 어둡게 했다.

부패는 가난한 사람에게 가장 큰 피해를 입힌다. 어느 날 아비장에서 근무하던 한 경비원(사촌을 감옥에서 나오게 해준 바로 그 사람이다)이 출근길에 습격을 받았다. 도둑들은 그의 손목시계를 빼앗고 그의 팔을 부러뜨렸지만 돈은 한 푼도 빼앗지 않았다. 오히려 그는 그다음 며칠 동안 경찰과 의사한테 더 많은 착취를 당했다. 경찰은 강도 신고에 대한 '사례'를 원했고, 의사는 엑스레이와 깁스에 대해선 12달러를 청구했으나 부상으로 일할 수 없다는 진료확인서 발급 비용으로 80달러(이는 경비원 월급의 절반에 해당하는 액수였다)를, 6주 후엔 회복확인서에 대해서는 또다시 80달러를 청구했다. 설상가상으로 범인들은 거의 처벌받지 않았다.

경비원이 사고를 당했던 그 시기, 도시 외곽에 있는 지역 병원의 이탈리아 가톨릭 수녀들은 환자들의 3개월치 식사비를 미리 지불해달라는 요청을 받았다. 정부 예산으로 3,200달러가 책정되어 있었지만 모든 수단을 다 동원했는데도 수녀들은 1,300달러만 지원받을 수 있었고, 그마저도 병원 회계사가 들고 도피하는 바람에 정부와 수녀들은 곤경에 빠졌다. 나중에 그 병원 회계사는 다른 곳에서 비슷한 일을 또 제안받았다.

부패한 사법 제도 역시 아프리카의 목을 조이고 있다. 부정직한 판사는 사실 독재자 못지않게 나쁘다. 법관 교육, 기록 전산화, 서기 역할 강화 등 사법 체계 정리를 위한 노력들은 거의 결실을 거두지 못하고 있다. 독립적인 사법부보다는 왜곡되고 유연한 사법부가 자신들에게 더 편리하다는 점을 정치인들이 깨달았기 때문이다. 그 결과 프랑스, 캐나다, 미국에서 전문 과정을 이수한 이들도 고국에 돌아와 판사석에 앉게 되면 얼마 지나지 않아 사악한 관행을 따랐다. 이 점에서 오직 남아공만은 훌륭한 예외로 남았다.

아프리카 대륙 전역의 변호사 그룹은 이러한 부패에 맞서기 위해 열심히 싸웠다. 하지만 그들의 요구는 거의 통하지 않았다. 일부 활동가들은 법정 모독죄로 투옥되었고 변호사들은 생계 때문에 시위를 밀어붙이지 못했다.

1990년대 중반 아비장에서 열린 비즈니스 모임에서 기업인들은 초청 연사인 법무부 장관에게 자신들의 불만을 직접 토로했다.

"사회를 지탱하는 기둥 중 하나인 법에 대한 신뢰를 지키지 못할 것 같으면 그와 쌍벽을 이루는 정의 시스템을 구현하면 됩니다. 산업화된 국가에서도 신문 헤드라인을 장식하는 부패와 불의한 사건들이 분명 있습니다. 그러나 이러한 경우는 드물며 사법 시스템은 그런 사회적 문제가 되는 사건 이후 빠르게 대중의 신뢰를 회복하곤 하죠. 하지만 신생국가에서는 이런 부패 사건의 영향이 증폭되어 기업인들을 좌절시키고 공포스럽게 합니다. 정의가 '독단적'이고 예측할 수 없다고요. 뭐, 이젠 예측이 가능하긴 하죠. 모든 판결이 반기업적일 거라는 걸 말입니다."[22]

이 말을 들은 법무부 장관은 문제의 본질을 파악하는 대신 모임 회장을 자신의 사무실로 세 번이나 불러 공개적으로 문제를 제기한 것에 대해 사과토록 했다.

부유한 아프리카인처럼 일부 서구인들은 부패를 상황에 맞게 이해하려 노력했다. 가나의 콰메 은크루마가 사리사욕을 위해 600만 달러를 빼돌렸다는 뉴스가 나오자 영국의 저명한 역사가는 은크루마를 부패하긴 했지만 국가를 잘 이끌었던 18세기 유럽 정치가들에 빗댔다. 부패는 발전을 위해 치른 저렴한 대가라는 의미에서였다.

"은크루마의 방식이 아무리 역겹거나 방종했다 해도 그의 목적이나 성공이 무시되어선 안 된다. 폭정에 대해서는 아니더라도, 그는 분명 가치 있는 업적을 이룬 인물임이 증명될 것이다."[23]

부패에 대한 대가를 치르는 아프리카인들이 이 역사가의 판단에 동의할지는 잘 모르겠다. 그럼에도 과거를 후회하는 것은 무의미하다. 이제 중요한 것은 도덕적 판단보다 실천적 판단이다. 같은 상황에서 아프리카인과 다르게 행동하는 서양인은 거의 없을 것이다. 한번 상상해보자. 당신은 재무부 장관이 되었는데도 매달 500달러의 급여로 대여섯 명의 식구를 부양해야 하고 서구의 생활은 겨우 TV나 해외여행을 통해 접하고 있다. 당신보다 덜 유능한 주변 동료들은 자녀를 미국이나 프랑스의 대학으로 유학 보낸 데다 런던이나 니스에 근사한 아파트를 갖고 있는데 말이다. 이러한 유혹에 아주 오랫동안 저항할 수 있는 이들은 극히 소수일 것이다. 하지만 놀랍게도 많은 사람이 여전히 그렇게 저항하고 있다. 그 저항을 존중하는 한 가지 방법은 공적 자금을 유용하는 공무원에 대해 외국 정부와 아프리카 정부들이 적용하는 처벌 규정의 심각한 격차를 줄이는 것이다.

다른 곳과 비슷한 이유로 부패는 아프리카에 만연해 있다. 그러나 부패는 다른 지역보다 아프리카에 더 큰 상처를 주고, 더 뻔뻔스럽게 자행되며, 더 쉽게 용인된다. 많은 사회 지도층이 연루되어 있는 데다 가난한 사람들은 무력하기 때문이다. 위에 있는 사람이 욕심을 부려 다른 사람의 기회를 없애도, 그 아래에 자리한 이들은 자신이 서 있는 사다리를 흔드는 데 거의 관심이 없다. 권력이나 전문직에 있는 사람들은 정치적 격변에서 얻는 것보다 잃는 것이 더 크다. 심지어 야당들도 자신들이 악용할 차례를 기다리기 때문에 그런 시스템을 별로 바꾸고 싶어 하지 않는다. 반부패 캠페인이 성공하지 못한다는 것은 놀라운 일이 아니다. 그것들의 목적은 홍보일 뿐이고 홍보 대상은 대부분 외국인이다.

❈ ❈ ❈

아프리카인의 특성이 그들을 운명론자로 만들고 부패가 그들의 사회지도층을 서로 꽁꽁 엮는다면, 서구사회가 생각하는 올바른 정치는 아프리카의 불행을 더욱 악화시키고 있다.

교정이 필요한 서구의 인식은 여러 형태로 나타난다. 첫 번째이자 그나마 가장 나은 것은 지난 수십 년 동안 점점 더 가난해진 아프리카에 대한 일반적 동정심이다. 자신의 복지가 다른 사람들의 복지와 연결되어 있다고 느끼는 사람들은 실업자들을 실직 상태에 있다고 비난하는 것만큼이나 아프리카에 대한 비판을 꺼린다. 그들은 빈곤감소에 시간이 걸린다는 점을 인정하고 풀뿌리 수준에서 문제를 처리하는 민간 자선단체에 막대한 기부를 한다.

교정이 필요한 두 번째 인식은 프랑스, 독일, 영국 등 과거 식민 국가들이 갖는 역사적 또는 인종적 죄책감이다. 이런 나라의 시민들은 식민지 시대가 아프리카의 일부 '황금기'를 파괴했으며 인위적인 국경을 만들어 독립정부가 지속적인 문제를 겪고 있다는 이야기를 별 이견 없이 받아들인다. 그들은 서구의 이해관계가 아프리카에 가한 피해에 대해 보상해야 할 의무가 있다 여기고, 미국인들 또한 노예무역의 먼 수혜자로서 어느 정도 책임을 느끼고 있다.

세 번째로 교정이 필요한 인식은 아프리카가 실제로 보이는 것보다 훨씬 더 잘살고 있으며 많은 문제를 훌륭히 처리하고 있다는 견해이다. 어떤 사람들은 서구가 아프리카에서 배울 것이 많고, 문제는 오히려 유럽과 북미에 많다고 믿는다. 아프리카인들이 균형 잡힌 시각, 공동체 의식, 회복력을 가졌다고 보는 것이다. 한 유럽인의 말을 빌리자면 "아프리카는 우리에게 연대를 가르칠 수 있다. 우리의 현대 민주주의는 그다지 인간적이지 않다. 노동조합이 해체되고 교회에 다니는 사람의 수는 줄어들며 협회들은 분열되고 있다. 유일하게 건강한 '공동체'는 민간 기업이다. (…) 아프리카에는 실질적 정당이 없을 순 있으나 가족, 민족단체, 저축협회, 교회, 종파, 프리메이슨 집회소Masonic lodge와 같은 다른 형태의 협력이 활발히 이루어지고 있다."[24]

일부 외국인 방문객은 이런 주장을 더 강화했다.

"잠베지강*과 그 강가를 따라 거주하는 통가 사람들을 생각해보자. 그들은 서구인이 상상할 수 없는 고난과 매일 씨름해야 하지만, 그렇다고 고통이나 슬픔 때문에 꼼짝 못하는 것 같진 않다. 그들의 삶은 질서정연하고 평온하며 목적이 충만해 보인다. 그들은 자신, 지역사회, 세상과 평화롭게 지내는 듯하다. 그들은 잘 지내는 것처럼 보이고 어떤 면에선 실제로 그럴 수도 있다."[25] 아프리카 상황에 대해 이보다 조금 균형 잡힌 평가라고는 이런 것이다.

"시골 생활의 고즈넉함은 시간에 별 의미를 갖지 않게 만든다."[26]

네 번째로 정치적 교정이 필요한 인식은 세계화에 의문을 제기하는 사람들에게서 찾아볼 수 있다. 많은 사람이 국제무역이 어떻게 가난하고 무방비 상태에 있는 국가를 도울 수 있는지 궁금해한다. 그들은 '밀물이 들어오면 모든 배가 들어올려질 것'이라는 경제 이론가들의 주장을 의심하고, 번영이 세계에 퍼지고 있다는 증거를 거의 보지 못하며, 여전히 크게 나타나는 국가 간 소득격차를 우려한다. 그들의 우려는 경제학자들 사이에서도 깊고 널리 공유된다. 사람들은 더 나아가 세계 경제를 도덕적 전쟁터로 묘사한다. 그들에 따르면 기업의 이윤은 '피 묻은 돈bloody money'이고 세계무역기구WTO: World Trade Organization는 '전쟁 기계'이며, 부유한 국가는 '가난한 사람들과의 세계 전쟁'을 벌이고 있다.[27]

표현 형태가 세속적이든 극단적이든 서구의 이러한 감수성은 아프리카 지식인들이 자신의 문제에 대한 책임을 다른 이에게 전가하도록 허용한다. 아프리카에 대한 죄책감을 조장하는 내용은 저명한 책에도

---

* 아프리카 대륙에서 인도양으로 흘러드는 아프리카 남부 최대의 강.

등장한다. 위대한 나이지리아 소설가 치누아 아체베는 폴란드계 영국인 작가 조지프 콘래드Joseph Conrad에 대해 이상한 원한을 품고 있다. 콘래드는 그의 유명한 소설 『암흑의 핵심Heart of Darkness』에서 아프리카 문화를 '억압된 분노의 화신'으로 묘사한 바 있다.

아체베는 또한 프랑스 선교사 알베르트 슈바이처Albert Schweitzer가 아프리카인들을 "내 형제지만 나보다는 어린 형제"[28]라 언급한 것에 분개한다. 아체베에 따르면 아프리카인이 근본적으로 다르다는 서구의 믿음은 외국인이 아프리카를 대하는 방식과 아프리카인이 자립하려는 방식에 영향을 미친다. 그는 "나는 징징대는 사람이 아닙니다. 실은 그런 자들을 싫어하지요. 또한 나는 아프리카의 잘못 또한 인지하고 있습니다. 그러나 누가 모부투를 만들고 그를 CIA와 분리하여 권력을 유지하게 했습니까? 또 그 대가는 지금 누가 치르고 있습니까?"라고 말했다.[29]

✖ ✖ ✖

때때로 아체베는 자신 또한 아프리카인이 매우 다르다고 주장하는 이들 중 하나였음을 잊어버린다. 콘래드와 슈바이처는 아마도 그들이 시대에 영향을 미친 정도보다 더 많이 당대의 인식을 반영했을 것이다. 그들은 오만했을지는 모르지만 인종차별주의라고 보긴 어렵다. 그럼에도 아프리카에 대한 인간적 애정이 있고, 아프리카 정부에 대한 실망감을 표현한 아체베 같은 위대한 인물들에겐 서구를 비판할 자격이 있다. 불행히도 짐바브웨 대통령 로버트 무가베처럼 존경받지 못하는 사람들 또한 종종 '인종차별'을 비난하긴 하지만 말이다.

2002년 짐바브웨는 54개 회원국으로 구성된 영연방으로부터 회원국 자격을 정지당했다. 선거 결과 조작, 야당 정치인 탄압, 투옥 및 암살, 독립신문사 사무실의 폐쇄 및 소각, 토지몰수에 저항하던 백인 농부들의 살해가 그 이유였다. 그리고 2003년 12월 짐바브웨는 무가베 대통령과 그의 지지층이 '백인 인종차별주의자'들이라 비난했던 영국, 캐나다, 호주, 뉴질랜드에 의해 내쫓기는 상황을 피하기 위해 영연방에서 완전히 탈퇴했다. 남아공의 음베키 대통령은 '건설적인 참여'를 주장하며 짐바브웨에 영연방 재가입을 즉시 요청했고, 나이지리아의 오바산조 대통령은 짐바브웨로 사절을 보내 무가베가 영연방에 재가입하도록 설득했다. 역설적으로 음베키와 오바산조는 아프리카 국가 대통령들이 아프리카의 정치적 문제에 대해 동료로서의 정의를 적용하겠다고 약속한 아프리카 개발을 위한 새로운 파트너십NEPAD의 설계자였다.

무가베의 시각에서 봤을 때, 무가베 정부의 토지몰수 정책에 저항하다 목숨을 잃은 백인 농부 60명의 인권을 운운하는 서방 국가들은 충분히 '인종차별자'였다. 짐바브웨의 광신도들은 그들 자신의 인종차별은 알아채지 못하면서 몇 명 되지도 않는 완고한 사람들의 목숨 때문에 국제여론이 들끓는 것을 매우 불쾌하게 여겼다. 아프리카의 현실은 백인 농장주들의 죽음에 대한 비난과 그에 대한 합리화의 공방 속에서 잊혀져갔다.

독립 이후 아프리카에선 수백만 명이 독재자, 내전, 질병, 기근으로 목숨을 잃었다. 우간다의 아시아인과 같은 일부 소수 민족은 경제적 시기심에 의해 쫓겨났다. 그러나 국가 전체의 경제에 확실하게 기여하고, 다수결 원칙의 도입에 의해 법의 보호를 약속받은 소수의 사람들을 그토록 잔인하게 제거한 사례는 거의 없었다. 공교롭게도 강제몰수한 땅을 인수한 소작농들조차도 이 절망적인 정부의 무자비함 덕에 잠시 얻은 이득을 오랫동안 누리진 못했다. 2004년 말 수도 외곽에 새로이 땅을 일구던 흑인 농부들은 집권당의 충성 지지자들한테 땅을 뺏기고 강제로 쫓겨났는데, 그제야 비로소 자신들이 아시아인들을 대상으로 어떤 일을 저질렀는지 깨달았다.

아프리카에 우호적인 사람들은 관대해지려고 노력하지만, 그곳이 갖는 문제의 근원과 외부 지원의 한계치에 대해 계속 혼란스러워한다. 그들 역시 아프리카 정부와 마찬가지로 에둘러 표현하면서 사실을 회피한다. 그러나 이제 현실을 무시하기엔 너무나 명백해졌다.

일례로 인종차별은 아프리카 '내에서' 지속되어왔고 지금도 남아 있다. 1980년대 중반 구성원 대부분이 아랍인과 베르베르인인 모리타니아 정부는 검은 피부의 세네갈 노동자와 상인 수천 명을 추방하여 고국으로 돌려보냈다. 15년 후 같은 정부는 그저 흑인이라는 이유로 세계은행 지부장의 현지 거주를 허용하지 않았다. 역시 흑인이었던 세계은행의 아프리카 담당 부총재는 모욕감을 억누르며 이를 수용했다. 수단을 비롯한 아프리카의 다른 국가에도 노예제와 강제노동은 오늘날까지 존재하고 있다.

노예무역 이후로 피부가 희거나 노랗거나 갈색인 사람들 중 아프리카인 자신만큼 아프리카인에게 잔혹한 이들은 없었다. 1994년 후투인이 100일에 걸쳐 투치인Tutsi 80만 명을 학살한 사건은 국제사회의 잘 못으로 일어난 일이 아니었다. 비록 비판자들은 유엔이나 미국이 개 입했다면 막을 수 있었을 거라고 주장하지만 말이다. 그 사건은 수십 년간의 상상과 실질적인 모욕의 산물이었다. 한 세기에 걸친 선교 활 동과 서구의 영향력은 부족 간의 증오 앞에 무력했다. 르완다 인구의 약 85퍼센트는 로마 가톨릭 신자였으나 심지어 신부들도 신자들에게 유혈 사태에 동참하도록 촉구하거나 스스로 그렇게 했다. 폭력은 기 독교 정신보다 컸으며 (아체베에겐 미안하지만) 콘래드의 '억압된 분노' 를 연상시켰다.

최근 몇 년 동안 많은 사람이 아프리카와 관련한 정중한 논평에서 벗어나려 노력했다. 아프리카게 미국인들은 아프리카에 대한 우상을 처음으로 파괴한 주체 중 하나다. 코미디언인 우피 골드버그Woopi Goldberg 는 "저는 아프리카에 가본 적이 있습니다만, 간단하게 말씀드리죠. 전 미국인입니다."라고 간략히 언급했다.

1990년대 초반 나이로비의 「워싱턴포스트」 특파원이었던 키스 리 치버그Keith Richburg는 소말리아, 에티오피아, 라이베리아, 르완다에서 취 재한 사건들에 깊은 상처를 받았다. 그의 회고록 『아메리카를 벗어나 Out of America』는 분노로 가득 차 있다.

"내 말이 지나치게 냉소적이거나 싫증나게 들린다면 미안하다. 나 는 흠씬 두들겨 맞은 느낌이고 그걸 인정한다. 나를 이렇게 만든 것은 아프리카다. 나는 아프리카의 고통에 동정심을 느끼고 공감한다. 멀리 떠나 있는 지금도 나는 타 부족에 대한 학살, 난민 위기에 대한 TV 사 진을 볼 때마다 공포에 떨곤 한다. 하지만 무엇보다 내 조상을 아프리

카에서 벗어나게 해준 신께 감사드린다. 그 덕에 지금의 나는 그들 중 하나가 아니게 되었다."[30] •

2003년 프랑스 언론인 스티븐 스미스Stephen Smith는 20년간 진행했던 아프리카 관련 보도를 자신의 책 『네그롤로지Négrologie』(부고를 뜻하는 프랑스어 단어 '네크롤로지nécrologie'에 대한 희곡이다)로 정리했다. 그의 의견에 비하면 내 의견은 온건한 편이다. 책에서 그는 이렇게 직설적으로 말했다.

"아프리카에서 일어나고 있는 일들은 미화해서도 과장해서도 안 됩니다. 그곳에서 일어나는 모든 일에 공통점이 있다면 바로 고통과 괴로움입니다."[31]

"독립 이후 아프리카인들은 (그것이 비록 무의식적이었을지라도) 꾸준히 재식민지화re-colonization의 사례들을 쌓아왔습니다. 정말 재식민지화가 목표였다면 성공한 것일 테지요. 그러나 그럼에도 이 대륙은 실패하고 있습니다. 더 이상 아무도 아프리카에 관심이 없으니까요."[32]

확실히 서구 사회는 이제 점점 더 무관심해지고 있다. 르완다 대학살 직후 나는 친구인 프랑스 신부에게 북대서양조약기구NATO가 발칸반도의 '인종청소'••에는 개입한 반면, 아프리카 빅토리아 호수Great Lakes 주변에서 일어난 더 큰 학살에 대해서는 왜 냉담했는지를 물었다. 친구는 사실대로 답했다.

"보스니아와 코소보가 유럽에 있기 때문이지."

• 키스 리치버그는 흑인 저널리스트임.

•• 세르비아공화국의 대통령이었던 슬로보단 밀로셰비치(Slobodan Milosevic)가 세르비아 민족주의를 주장하며 1990년대에 보스니아와 코소보, 크로아티아 등 발칸 반도에서 저지른 인종학살을 지칭.

유럽에는 확실히 먼저 해결해야 할 주변국들의 문제가 있다. 그러나 서구가 아프리카에 보이는 무심함 중 일부는 그 대륙의 문제가 너무 광범위하다는 것, 또 아프리카 정부 자신들조차 이를 해결하기 위한 행동을 거의 취하지 않는 데에서 비롯된다.

🜚 🜚 🜚

아프리카인들은 서구의 이중잣대를 비판하지만 아프리카의 위선 또한 만만치 않다. 평화유지군은 르완다에서 일부 생명을 구했을 수 있지만 기본적인 상황을 비꾸진 못했을 것이다. 이는 단순한 내 의견이 아니라 후속 사건에 의해 입증되는 이야기다. 1995년 르완다-자이르 국경은 폭발 직전 우르릉 소리를 내는 화산을 피해 피난민들이 몰려들어 아비규환 상태가 되었는데, 이때 프랑스군이 상황을 안정시키기 위해 잠시 개입했다. 그럼에도 르완다에 잔존했던 민족적 적개심은 중앙아프리카에 새로운 전쟁을 발발하게 했고 이후 거의 400만 명이 전쟁으로 인한 전투나 기근으로 사망했다.

1970년대 후반과 1980년대 초반 남아공의 두 이웃인 잠비아와 짐바브웨는 서방 국가들이 남아공 백인정권에 대한 국제적 제재를 무시하고 있다고 불평했다. 그러나 당시 남아공에서 통조림과 기타 생활용품을 가장 많이 밀수하고 있던 곳이 그 두 나라였기 때문에 양국의 비난엔 설득력이 없었고, 그들은 이런 기만을 실용적이라 여겼다. 오히려 탄자니아처럼 멀리 떨어진 나라들은 아프리카 최대 경제국인 남아공과의 무역을 거부하는 경제적 희생을 감수하면서도 서방과의 연대를 공고히 하려 했다. 잠비아와 짐바브웨의 기만을 감안해보면 아프리카국들은 정말로 누구에게나 도덕을 가르칠 수 있는 위치에 있다고 믿는 듯하다.

비슷한 시기에 '아프리카의 뿔Horn of Africa'이라고 알려진 아프리카 북동쪽 지역에서도 아프리카의 이중잣대에 대한 또 다른 예를 발견할 수 있다. 1977년 11월의 어느날 밤 자정, 나는 소말리아 독재자인 모하메드 시아드 바레Mohamed Siad Barre를 수도 모가디슈에 있는 그의 막사에서 만났다. 그는 에티오피아를 마지막 식민 지배자라 여기며 맹렬히 비난했다. 1884~1885년 아프리카를 분열시킨 베를린 회의에 에티오피아가 참석했다는 이유에서였다.

그러나 바레가 에티오피아의 제국주의에 대해 불평한다는 것은 어불성설이다. 그는 에티오피아의 오가덴 지역에서 중앙정부와 싸우는 소수민족 소말리Somali 반군을 지원 중이었는데, 소말리아 지도에는 이미 그 지역이 대소말리아Greater Somalia에 편입된 곳으로 나와 있었기 때문이다. 바레는 이 외에도 소말리아의 또 다른 제국주의적 식민 사례를 알고 있었을 것이다.

소말리아 국기에 그려진 별에는 본래 다섯 개의 점이 있었는데* 두 개는 1960년 독립 당시 통합되길 거부한 전 영국과 이탈리아령 소말릴란드를, 다른 세 개는 오가덴과 북부 케냐 및 작은 이웃 국가인 지부티를 뜻했고, 이 모든 곳엔 소말리인들이 있었다.

● 현재의 소말리아 국기에는 점이 없음.

1990년 바레는 체제가 전복될 때 다른 나라로 도피했고, 그 후 이웃 국가에서 소말리인들을 '구출'하는 대신 피비린내 나는 군벌의 통치하에서 자신의 국가가 붕괴되는 것을 지켜봐야 했다. 이후 15년 동안 소말리아는 어떤 종류의 정부도 존재하지 않는 세계 유일의 나라가 되었다. 해외에 살고 있던 소말리인들은 무국적자가 되었고, 그들의 나라 또한 마찬가지였다. 어떤 사람들은 1970년대와 1980년대의 사건이 이미 지나간 과거라고 주장하지만 아프리카인들은 여전히 그들만의 역사를 만들고 있다.

19세기 후반 중앙아프리카의 이투리 숲에서 피그미인Pygmy 남자와 그의 아내를 본 영국 탐험가 헨리 스탠리는 당대의 편견과 달리 그들을 자신의 조상으로 여겼다.

"남자에겐 아담의 위엄 같아 보이는 것이, 여자에겐 축소판 이브의 여성스러움이 있었다."[33]

1961년 이들에게 매혹된 스코틀랜드 인류학자 콜린 턴불Colin Turnbull 은 이투리 숲에 관한 베스트셀러 『숲 사람들The Forest People』을 집필했다. 아프리카인들도 피그미족에겐 다소의 존경심을 보였다.

"피그미족은 오랫동안 콩고민주공화국에서 '최초 시민premiers citoyens'이라고 불려왔습니다. 이 칭호는 숲에 원시적 존재가 있음을 가정할 뿐 아니라 그들에게 세금을 내지 않아도 되는 특권 또한 부여합니다."[34]

2002년 한 유엔 조사에서는 콩고해방운동Congo Liberation Movement에 속한 반군이 민간인을 살해, 강간, 약탈하고 자동화기로 가축들을 마구 죽였으며, 만들어진 지 얼마 안 된 무덤도 보물을 찾기 위해 도굴했고, 인육을 먹었다는 사실이 밝혀졌다. 그들의 주요 희생자는 경쟁파벌의 삼림

정찰병으로 의심되는 이투리 피그미인이었다. 한 구호 활동가는 프랑스 일간지 「르몽드」에 이렇게 말했다.

"피그미족은 국가의 '최초 시민'임에도 다른 종족들로부터 멸시를 받아왔습니다. 그들의 인육을 먹었다는 사실은 그들을 인간으로 간주하지 않았음을 말해줍니다."[35]

일부 목격자들은 후에 정부 관계자의 압박에 못 이겨 반란군에 대해 거짓으로 말했다고 주장하며 자신들이 했던 이야기를 철회했다.[36] 그러나 그런 이야기를 믿는 사람들이 존재한다는 사실만으로도 중앙아프리카가 겪고 있는 진정한 공포가 무엇인지 잘 보여준다. 인간뿐 아니라 진실도 정치적 암투 탓에 벌어지는 거짓말과 협박에 희생되었다. 누구의 기억 속에서나 콩고는 오랫동안 문제가 많은 지역이었다.

2004년 초엔 아프리카인들도 모르고 있던 지역이 갑자기 서구에 알려졌다. 수단 서부에 있는 다르푸르에서 낙타와 말을 탄 아랍 민병대가 몇 달 동안 약 5만 명을 살해한 것이다. 희생자 대부분은 흑인이었고, 150만 명가량의 사람들이 집을 잃었으며, 약 20만 명의 난민이 국경을 넘어 차드로 피난했다. 이 민병대는 이전 해에 있었던 반군 활동에 대한 복수를 하는 중이었고 수단 정부로부터 무장지원과 격려를 받고 있었다.

2004년 말경 국제적 항의에 따라 유엔안전보장이사회는 수단 정부가 폭력을 종식시키지 않는다면 석유 수출에 제재를 가하겠다고 결의했다. 그러나 엄격한 처벌을 위해 해당 살인이 '집단 학살'인지의 여부를 외교관들이 논의하는 몇 주 동안에도 더 많은 사람들이 폭력으로 사망했다.

이보다 작은 사건들은 평화로운 국가에서도 벌어졌다. 2004년 상반기 나이지리아 북부의 종교 및 정치 지도자들은 소아마비 백신 접종을 반대하고 나섰다. 그 결과 이 질병은 다른 10개국으로 퍼졌는데, 그중 일부는 이전에 소아마비를 근절시킨 바 있던 국가였다. 극단주의자들은 백신이 소녀들을 불임으로 만들어 이슬람 인구를 줄이려는 서방국가들의 수단이라고 주장했다. 세계보건기구WHO: World Health Organization는 어쩔 수 없이 5세 미만의 나이지리아인에게 예방접종을 하기 전에 남아공과 인도에서 해당 백신을 먼저 시험해야 했다.[37] 유니세프Unicef의 한 고위 관계사는 기자들에게 "이건 전혀 불필요한 공중보건 비극입니다."라고 토로했고, 또 다른 유엔 관계자는 "질병이 근절되어야 하는 시기에 수천 명이 마비되는 것을 보게 될 겁니다."라고 한탄했다.[38] 나이지리아인들은 결국 다른 이슬람 국가인 인도네시아에서 수입한 백신의 사용에 동의했다.[39]

같은 해 짐바브웨 정부는 유엔세계식량계획WFP: World Food Program의 구호물자 전달을 막았다. 한 목격자는 이렇게 말했다.

"작년에 1,200만 인구의 절반 가량이 이 지원을 받았습니다. 하지만 그 이후로는 없었지요. 무가베 대통령은 나라가 풍년을 맞아 더 이상 구호가 필요하지 않다고 하지만 이것이 사실인진 잘 모르겠습니다. 무가베는 국가의 주요 독립 언론인 「데일리 뉴스The Daily News」를 폐간시켰습니다. 유엔세계식량계획WFP은 농작물 평가에 대한 허가를 거부당했고요. 독자적 정보를 보도하는 다른 소식통들 모두에도 재갈이 물렸습니다."[40]

동시에 교회 지도자들은 주변의 많은 이가 굶주림과 질병으로 죽어가고 있다고 보고했다. 이전 해에 무가베는 미국산 옥수수가 유전자 변형 작물이란 이유로 지원을 거부했고, 유엔이 지원한 식량은 자신의 지지자들에게만 배분했다. 결과적으로 나머지 짐바브웨인들은 국가가 국제적 지원을 받든 받지 않든 기아에 직면했다.

이러한 행위가 아프리카에서 여전히 용인되는 이유는 사람들이 사실을 모르거나 그 중요성을 인정하지 않기 때문이다. 아마도 가장 놀라운 사실은 아프리카가 계속해서 서구의 '압제'에 시달리는 한, 자신들의 지도자는 잘못을 할 수도 있다고 많은 이가 믿는다는 점이다.

아프리카 국가들의 가장 큰 예외였던 남아공에서도 자기연민과 민족주의가 실제 억압의 희생자들에 대한 동정을 압도했다. 음베키가 남아공 두 번째 대통령 임기를 시작한 2004년 4월, 그의 취임식에 참석한 짐바브웨 대통령 무가베는 외국 고위인사 중 유일하게 군중으로부터 기립박수를 받았다. 그 사이에 무가베 정부의 새 재무장관은 고국에서 부패 혐의로 기소됐다.[41] 이어 2005년 10월 무가베는 다시 한 번 군중의 박수를 받았다. 로마에서 열린 유엔식량농업기구FAO: Food and Agriculture Organization 창립 60주년 기념식에서 조지 W. 부시 미국 대통령과 토니 블레어 영국 총리를 히틀러와 무솔리니에 비유하는 연설을 한 뒤였다.

남아공의 바른 정치는 서구의 '연민'만큼이나 다른 아프리카인에게 피해를 주고 있다. 넬슨 만델라는 무가베를 비판했지만 그의 모범은 확산되지 못했다.

아프리카인들은 세 가지 이유로 나쁜 정부를 계속해서 받아들이고 있다. 그들의 문화는 어른들을 존경하고 자신들의 운명을 수용하도록 유도한다. 후원과 부패는 국민 생활을 복잡하게 얽어매고 있다. 그리고 서구인들은 아프리카의 문제에 대해 정중하게 말하는 편을 선호하고, 의사결정권자를 소외시키고 싶어 하지 않거나 말로는 거칠게 비난해도 실제 조치는 취하지 않는다. 그 결과로 고통받는 것은 바로 아프리카인이다.

2부

최전방 이야기

5장

탄자니아:
아프리카식 사회주의

정치적으로 깨어 있는 서구인조차 때로는 아프리카 대륙의 성취보다 어려움을 더 강조하거나 그곳의 자부심보다는 수치심을 언급하며 아프리카의 신경을 건드렸다. 대부분의 젊은 국가들처럼 아프리카도 1960년대에 큰 꿈을 키웠다. 그중 가장 위대한 꿈은 아프리카 통합이었고 그 못지않게 중요한 꿈은 수십 년간 지속된 타국들의 간섭에서 벗어나 아프리카가 자립하는 것이었다.

현대 아프리카의 초창기 영국의 탕가니카 보호령과 이슬람 섬 국가인 잔지바르가 합쳐져 1964년에 탄생한 탄자니아는 무엇보다 자립을 최우선 목표로 삼았다. 이 실험과 이를 주도한 인물은 아프리카를 이해하는 데 있어 중요한 요소다. 젊은 독자들에겐 오래된 일로 보일지 모르지만 이 과정은 독립 이후 두 세대에 걸쳐 아프리카인과 원조기구들에게 강한 유산을 남겼고, 아프리카에 대한 세계적 지원에 빛과 그림자 모두를 드리웠다.

탄자니아에는 해발 1만 9,340피트*로 아프리카에서 가장 높은 산인 킬리만자로가 있다. 마사이 평야를 가로질러 접근하면 이 산은 땅 위에 거의 떠 있는 것처럼 보일 때까지 천천히 솟아오른다. 탄자니아를 널리 알린 응고롱고로 분화구는 그 자체로도 아름답지만 야생동물로도 유명하다.

서쪽으로는 올두바이 협곡이 있는데, 그곳에서 루이스 리키Louis Leakey와 메리 리키Mary Leakey는 인류 최초 조상의 흔적을 찾기 위해 28년간 여름철 햇볕이 내리쬐는 불모의 언덕에서 일했다. 그 장소에 있는 간결한 명판은 인류 역사상 가장 위대한 과학의 끈기를 시사한다(그 이상의 가치를 지닌 것은 아니다). 외국의 괴짜 학자들도 이 길을 지나갔다. 킬리만자로 근처 모시Moshi 공동묘지에는 이 신의 남쪽 정상인 길먼스 포인트Gillman's Point에 자신의 이름을 붙인 지질학자가 다음과 같은 비문 아래 묻혀 있다.

"1882년 11월 26일~1946년 10월 5일. 자신의 선택과 무관하게 태어난 사회에서 여성 관계들과 동료 과학자들, 영적 및 세속적 지도자들에게 미혹되기를 완강히 거부했기에 상식적인, 그래서 행복한 삶을 보낸 클레멘트 길먼Clemnet Gillman을 기억하며."

그러나 무엇보다 1970년대의 세계는 탄자니아를 아프리카식 사회주의의 실험실로 바라보고 있었다. 서아프리카의 기니와 베냉 같은 국가들은 강압적인 경찰국가와 대통령 주도의 '프롤레타리아 독재'를 믿으며 맹목적으로 소련을 모방했다. 하지만 탄자니아는 달랐다. 대부분

---

* 약 5,895미터.

의 아프리카 국가와 마찬가지로 일당제 국가였지만 최소한 처음에는 지배 엘리트들이 규율을 갖고 있었고 진지했다. 그들은 각 지역을 파악하기 위해 전국에 열 가구당 하나씩 '셀cells'이라는 것을 두어 이 정교한 네트워크에 의존했다(후에 이 '셀'의 지도자들은 반정부 여론을 감시하고 억압한다는 비난을 받았다).[*]

⊠ ⊠ ⊠

줄리어스 니에레레 대통령에겐 높은 이상, 강한 공직자 의식, 자신을 표현하는 재능, 목표 달성에 대한 완고함이 있었다. 그는 난해한 말로 거만을 떨거나 위압적이지 않았다. 니에레레의 연설과 글은 맑은 물처럼 명료했으며 그가 재임 초기에 선언했던 원칙들을 고수했다.

이런 특징들이 가장 잘 표출된 것이 1967년의 아루샤 선언Arusha Declaration이다. 킬리만자로산 아래 마을의 이름을 따 명명한 이 선언에서 니에레레는 조국을 위한 야심찬 목표를 세웠다. 아루샤 선언은 인권과 사회주의 원칙에 관한 간단한 선언으로 시작해서 다양한 아이디어를 담아냈는데, 그중 다수는 지금도 여전히 아프리카 전체에 적용 가능하다.

이 선언에 따르면 해외원조는 탄자니아 문제의 해답이 될 수 없다.

"세상에는 어려운 나라가 많습니다. 모든 부국이 빈국들을 기꺼이

---

[*] 탄자니아는 정부의 여러 부문에서 상식을 갖춤은 물론 자기비판도 한다는 장점을 가졌다. 지역 및 지방선 정치적으로 과열되는 부분이 있기는 했지만, 이 시스템 내에는 견제와 균형이 존재했다. 그리고 이러한 지배 구조의 최상부에는 모든 국민이 자랑스러워하는 대통령의 강력한 방향성이 있었다.

돕겠다 나서도 지원은 계속해서 모자랄 것입니다."[1]

니에레레가 보기엔 차관 지원도 마찬가지였다.

"학교, 병원, 주택, 공장 등을 짓는 데 쓰더라도 우리는 우리가 쓴 돈을 반드시 갚아야만 합니다. 그럼 어디서 그 돈을 구해야 할까요? 마을과 농민에게서일 것입니다. (…) 조심하지 않으면 도시민들이 소작농들을 착취하는 구조가 될 수도 있습니다."[2]

니에레레는 산업이 아닌 농업이 발전의 기초가 되어야 한다고 주장했다. 개인의 노력 또한 중요했다.

"사람들은 각자의 노력, 약간의 도움, 그리고 지도력으로 마을의 많은 개발 프로젝트를 완료했습니다. (…) 그저 돈만 기다렸다면 그런 것들을 사용하지 않았겠지요?"[3]

이는 시민들이 모든 것을 스스로 해결해야 한다는 뜻이 아닌, 좋은 정책과 지도자의 리더십이 필수적이란 의미였다.

"지도자는 삶과 모든 활동에서 다른 사람에게 좋은 본보기를 보여야 합니다."[4]

아프리카의 그 어떤 정치인도 그토록 단호하고 간결하게 목표를 제시하진 못했다. 유감스럽게도 아루샤 선언에는 약간의 우월감이 묻어 있었다.

"수다, 춤, 술에 쓰는 에너지는 우리가 부국에서 얻을 수 있는 그 어떤 것보다 우리나라의 발전에 더 많이 기여할 수 있는 보물입니다."[5]

이 선언은 아프리카 전역에서 새로이 부상하고 있던 공적 사고방식에 의거, 민간투자 및 민간산업에 대한 의구심도 표출했다. 그러나 아루샤 선언은 장점이 결점을 훨씬 능가했고, 원조기구들에게 최소한 탄자니아만큼은 스스로 중장기 개발을 계획하고 있으며 국제 현실에 맞게 속도나 목표를 조정하고 있다는 확신을 주었다.

'우자마아Ujamaa' 또는 '가족주의familyhood'라 불리는 니에레레식 사회주의는 마르크스주의보다는 아프리카의 연대와 기독교의 전통에서 영감을 받았다. 니에레레는 독단주의자가 아니었다. 우자마 마을에서 시험했던 여러 집단 생산 모델이 실패하자 그는 여당에게 이 아이디어를 포기하라고 했다. 그러나 그의 추종자들은 때때로 그의 이상을 홍보하기 위해 거친 방법을 사용하기도 했다. 정부가 공공 서비스의 접근성 향상을 위해 농촌 인구를 더 큰 마을로 유인하려던 것에 실패하자 여당은 말 그대로 불을 놓아버렸다. 동정심 많은 한 서양인에 따르면 "첫 번째 마을에서 집이 불타자마자 그 소식이 반경 60마일●에 퍼졌고, 드문 경우를 제외하곤 결국 지역 주민들은 자발적이진 않았으나 물리적 폭력 없이 이주했다."[6]

니에레레는 동료들에게도 엄격했다. 고위 관리들은 엄격한 '리더십 코드' 탓에 부업으로 수입을 올릴 수 없었고, 니에레레의 아내는 번창일로에 있던 가금류 사업을 포기해야 했다. 일부 관리들은 자기 사업을 전업으로 하기 위해 당을 떠났고, 남은 관리들은 혹독한 규율에 분개했다. 한 관찰자는 이렇게 말했다.

"나는 대통령이 진정한 금욕주의자라고, 그래서 사람들이 깊은 확신으로 그를 신뢰한다고 생각한다. 그가 정치에서 얻는 이익이 없다는 것은 누구나 알고 있다. 그는 그런 이익에 무관심하다."[7]

● 약 96.5킬로미터.

역설적이게도 탄자니아는 자립을 고집한 덕에 매우 많은 지원을 받았다. 초등학교 입학생 수가 급증했고 성인을 위한 문해력 프로그램이 전국적으로 생겼다. 정부가 '고급' 투자보다 농촌 프로젝트들을 챙기는 바람에 수도 다르에스살람은 하나의 큰 빈민가로 전락할 정도였다.

그러나 니에레레의 예상대로 외부 지원은 항상 부족했다. 1977년 기록적으로 높은 커피(탄자니아의 주요 수출품 중 하나다) 가격과 최초의 국제수지 흑자에도 불구하고 수도 사람들은 고기를 구하는 데 어려움을 겪었고, 콜레라는 전국에 빠르게 퍼졌으며, 산업 분야에선 예비 부품들이 부족해졌다.

이에 더해 열성적인 원조기구들마저도 어딘가 의심스러운 결정을 내렸다. 1976년 12월~1978년 10월 탄자니아 주재 캐나다 대사관의 고등판무관에서 개발 부문 1등서기관으로 있던 나는 아낌없는 원조의 말로를 목격했다. 하루는 이탈리아로의 제품 수출을 위해 탄자니아 동부 도시 모로고로에 신발 공장을 건설하자는 세계은행의 사업제안서를 읽었다. 나는 탄자니아 정부와 정부가 가진 목표에 깊이 공감하고 있었는데도 그 제안서에 어안이 벙벙해졌다.

제안서는 탄자니아의 사회 정책은 높이 평가했으나 새롭게 드러나는 경제 문제들에 대해서는 언급을 피했다. 농부들에게 지급되는 낮은 농산물 가격, 비효율적으로 가동되는 가공 공장, 그리고 불과 3년 만에 농촌 인구의 70퍼센트를 이주시킨 '농촌 마을화villagization'• 프로그램이 가져온 문제들은 주요 수출작물(캐슈넛, 목화, 사이잘삼, 커피, 차)의 생산

•   흩어져 있던 농촌 인구들이 정부에 의해 지정된 마을로 이주, 재정착하는 것.

량을 급격히 감소시켰다. 나는 탄자니아가 이탈리아 시장에서 그 나라 제화업체들보다 낮은 가격으로 신발을 판매할 수 있을지는 차치하고, 경공업으로 세계시장에 진출할 준비를 정말 갖췄는지 확신할 수 없었다. 그러나 당시 다른 외부인들처럼 나는 세계은행이 우리보다 더 많은 정보를 갖고 있을 거라 막연히 생각했다.

안타깝게도 신발 공장은 문을 연 지 1년도 안 되어 생산 능력의 고작 4퍼센트만 가동되었고, 아무것도 수출하지 못했으며, 그나마 만든 신발 몇 켤레를 배송하는 데도 어려움을 겪었다. 몇 년 뒤 세계은행은 자신들이 '엄청난' 가정假定을 세웠다는 점을 인정했다. 니에레레가 예측했듯 그 신발 공장을 짓는 데 사용된 차관은 결국 수입이 감소하고 있는 탄자니아 농부들이 갚게 될 것이었다.

터무니없는 원조사업을 진행한 기구는 세계은행만이 아니었다. 캐나다 제조업의 침체기에 나는 탄자니아의 노후화된 철도 시스템을 새로운 철도, 기관차, 철도차량으로 교체하는 6,000만 달러 규모의 개발 사업을 계획한 바 있다. 우리는 동부 아프리카의 주요 교통 라인을 개선하면서 캐나다의 일자리를 창출하는 이 계획이 일석이조의 해결책이라 여겼고, 우리가 그저 이익창출을 위해 이 상황을 이용하는 것이 아님을 분명히 하기 위해 적절한 공학적·경제적 분석을 수행했다. 또한 캐나다는 필요한 장비 그 이상을 확실하게 제공했다.

하지만 놀라운 결과물은 없었다. 이 사업을 위한 원조는 모로고로의 신발 공장, 또 세계은행이 계획 중이었던 대규모 펄프 및 제지 공장보다 더 흩어진 탓에 눈에 띄지도 않았다. 탄자니아 철도청은 사람들이 붐비는 철도 조차장操車場에서 열차를 조립하는 데 어려움을 겪었고, 장비는 교체되었으나 관리 개선은 그에 비해 훨씬 뒤떨어졌다.

⊠ ⊠ ⊠

아루샤 선언 후 10년이 지난 1977년, 니에레레는 원조사업 진행에 대한 솔직한 평가를 내놓았다. 평소처럼 전문가뿐 아니라 학생들도 이해할 수 있는 용어를 사용해 농업이 아닌 산업을 의미심장하게 먼저 언급했다. 1967년엔 탄자니아 목화솜 대부분이 천으로 만들어지지 못했으나 1975년까지 여덟 개의 방직 공장이 생겨났고, 초등학교 입학률은 거의 두 배로 뛰었으며, 인구의 약 3분의 1인 500만 명 이상이 성인 문해력 교육을 받는 중이고, 농촌 보건소의 수는 세 배 이상 증가했으며, 300만 명의 시골 사람들이 깨끗한 물을 이용하게 되었고, 개인 소득의 격차가 줄어들었으며, 마을화 프로그램이 거의 완성되었다는 내용이었다.

그러나 아루샤 선언의 핵심인 농업 부문은 가장 낮은 수익을 기록했다. 니에레레는 우리 전통 작물의 대부분은 여전히 우리 조상들이 사용했던 것과 같은 방식으로 재배되고 있다고 했다.[8] 식량생산 증가 속도가 인구 증가 속도와 보조를 맞추지 못했고 정부가 정한 농작물 가격은 너무 낮았다. 니에레레가 말했다.

"우리는 농민들에게 더 많이 생산하라고 촉구했지만, 그들을 돕거나 상호존중 속에서 그들과 함께 일하는 면은 적었습니다."[9]

니에레레는 자신도 알아채지 못하는 사이에 아프리카의 일반적 문제로 빠져들었던 것이다.

"지난 10년 동안 우리는 농촌 지역에 기본적인 사회 서비스를 보급해왔고 상당한 성과를 거두었습니다. 아직 해야 할 일이 남아 있긴 하지만 그 또한 이루어낼 수 있습니다. 그러나 이는 더 많은 부를 창출할 때만 가능한 일입니다. 그런 면에서 우리는 그리 좋은 성과를 내지 못했습니다."

글로벌 경제 상황도 도움이 되지 않았다. 수입 가격은 높고 수출 가격은 너무 낮았기 때문이다. 그러나 이런 상황, 또는 가뭄을 우리 실패의 핑계로 삼아서는 안 된다고 니에레레는 주장했다.[10]

탄자니아는 비효율적이었다. 국영기업은 부의 창출은커녕 흡수를 하고 있었고 생산성은 하락 중이었다. 니에레레 말에 따르면 그들은 사무실에 앉아 고객이 찾아오길 기다리는 '영업 관리자'를 고용한 셈이었다.[11] 그는 노동자에게도 나쁜 습성이 생겼다는 사실을 인정했다.

"우리는 공포로 직원을 관리하는 규율을 사실상 없앴습니다. 그래서 관리자나 고용주가 근로자를 해고하거나 직무유기로 정직시키거나 벌금을 부과하는 일은 매우 어려워졌죠. 그러자 이제 탄자니아에서는 노동자들이 관리자를 감금하는 일이 종종 일어납니다."[12]

니에레레는 경제가 성장하는 속도보다 빠른 정부 조직의 확대는 1980~1990년대 탄자니아 및 아프리카 전역을 예산 부족의 고통에 빠뜨릴 것임을 깨달았다. 개발 예산의 60퍼센트는 해외원조로 이루어졌는데 니에레레가 보기에 이 수치는 지나치게 높은 것이었다.

"이렇게 높은 해외원조 의존도는 우리의 생활 수준 향상을 위해서가 아닌, 생산량 증가를 위한 긴급조치라고 봐야 합니다. 똑똑한 농부는 곡물 종자, 특히 빌린 종자는 먹지 않습니다! 우방국들이 기꺼이 우리를 돕는 것은 자립하려는, 그리고 인간 평등과 존엄에 기반한 사회를 건설하려는 우리의 의지를 존중하기 때문입니다."[13]

다른 사람들처럼 나 또한 니에레레의 이상과 명석함에 매료되었다. 당시 집으로 보내는 내 편지들은 도덕적 모험심으로 가득 차 있었다. 그러나 다소의 불안감이 부지불식간에 드러나기도 했다. 1977년 5월 나는 킬리만자로의 커피 농부들이 자신이 자본가임을 자랑스럽게 여기면서 투명하게 비용을 정산하기 시작했다고 편지에 썼다. 나는 "외부인들, 특히 그저 돈이나 기계나 전문 지식을 던져주기만 하면 현지 문제가 해결된다고 생각하는 사람들에겐 이곳에서의 가장 중요한 발전 중 일부가 보이지 않는다"는 것을 깨달았다.

당시 나는 내가 아는 것을 주변에 적극적으로 알렸다. 1977년 6월 미국 대사관의 한 동료는 캐나다의 원조자금을 탄자니아 남부 고지대의 쌀 증산 계획이 아닌 비상 곡물창고 건립에 사용하기로 한 결정이 현명한 것인지 의문을 제기했다. 4년의 작황 주기에 따르면 탄자니아가 1년 반 뒤 흉작을 겪게 될 것임을 알고 있는지 묻자 그가 답했다.

"네."

"그럼 탄자니아가 기근을 막기에 충분할 정도로 실험용 쌀을 재배해 수확할 거라 기대하십니까?"

내가 다시금 물었다. 그는 "아니요."라 인정했다. 나는 집요하게 계속해서 질문을 던졌다.

"그렇다면 그저 최대 생산을 장려하기 위해 기아의 위협이 계속되어야 한다고 생각하시는 겁니까?"

그 미국인은 주저하지 않고 답했다.

"표현은 다르겠지만 본질적으론 그렇습니다."

당시 나는 그가 무자비하다고 생각했지만, 이제는 그의 요점이 뭔지 알고 있다.

모두가 탄자니아 정부를 응원하는 것은 아니었다. 마오쩌둥주의Mao-ism 성향의 캐나다 자원봉사자들은 탄자니아 정부당국이 "농민들을 억압하고, 세계 상품시장에 대한 신식민지 의존을 강화하고 있으며, 세계은행과 너무 많이 엮여 있다."고 내게 말했다. 마르크스주의 정치학자들은 탄자니아가 현대 산업화된 경제 체제를 위해 농민을 "끌어들일" 정도의 일은 충분히 하지 않았다고 했다. 다음과 같이 쓴 사람도 있었다.

"아프리카 정부가 너무 강압적이고 권위주의적이라서 시민의 자유는 거의 또는 전혀 허용하지 않는다고 비판하는 게 유행이다. (…) 만약 정부가 참여적이고 풀뿌리적인 접근 방식에만 의존한다면 현대화도 발전도 없을 것이다."[14]

정치적 스펙트럼의 반대편 끝에 있는 「월스트리트저널」은 '벌거벗은 임금님' 같은 견해를 내놓았다.

"국제사회는 니에레레의 주장이나 그에 동조하는 모든 열기와 공허한 소리에 가려진 진실을 꿰뚫어 보아야 한다. (…) 탄자니아는 국민의 희망을 저버린 초라한 곳이며 지금은 외국의 원조에 매여 있다. (…) 세상 돌아가는 방식을 이해하려 하지 않고 지나치게 장밋빛 시각으로만 바라보는 선행자善行者들에 의해, 이 나라는 그저 계속해서 이 방법으로 도움을 받고 있다."[15]

탄자니아의 부정부패는 처음에 억제되는 듯 보였으나 점차 퍼지기 시작했다. 1981년 한 가톨릭 선교인은 이렇게 전했다.

"이웃나라들처럼 정부 체제 자체가 부정부패로 가득한 것은 아니지만 부정부패가 확산되고 있다는 데는 의심의 여지가 없다. 이 나라에서의 부정부패는 은밀히 이루어져야 한다. 주변국처럼 정부 그 자체가 부정부패로 이루어지진 않았기 때문이다."[16]

그는 '가족의 결속family solidarity'이 경제를 망치고 있음을 인정했다.

"교사는 자기 가족에게 필요한 식용유를 사러 가기 위해 주저 없이 교실을 벗어난다. 회사 대표는 친척, 이웃, 친구를 고용하기 위해 급여를 부풀린다. (…) 어떤 공무원의 아버지가 오지 마을에 살다가 병에 걸리면 아들은 아버지를 도시에서 치료받게 하기 위해 택시를 빌려야 하는데, 그에 드는 비용은 아들이 받는 월급의 몇 배인 수천 실링이다. 그가 취할 수 있는 방법은 그만큼의 돈을 빌리는 것(그러나 이는 문제를 뒤로 미루는 것에 불과하다), 또는 불법적 수단으로 얻는 것이다."[17]

스웨덴의 한 정치학자는 이를 '애정의 경제the economy of affection'라고 묘사했다.[18]

그럼에도 탄자니아는 계속해서 많은 지원을 받았고 얼마 지나지 않아 탄자니아는 부채상환에 어려움을 겪었다. 그러자 몇몇 원조기구들은 그 부채 중 일부를 탕감해줘야 한다는 책임의식을 느꼈다. 1978년 4월 캐나다는 8,000만 달러의 빚을 탕감하겠다고 발표했다. 그런데 처음에 이 소식은 탄자니아 언론에 별 반향을 일으키지 못했다. 몇 달이 지난 뒤 나는 한 젊은 기자에게 부채 탕감에 대해 언급했고, 그제야 스와힐리어 신문인「우후루Uhuru」1면에 실렸다.

캐나다의 부채 탕감 소식은 국제적으로 빠르게 퍼져나갔고, 곧 캐나다인들은 이를 질타하는 서한들을 내게 보내 왔다. 밴쿠버 출신의 어떤 남자는 자이르, 어퍼 볼타, 가봉을 대상으로 하는 부채 탕감 및 새로운 차관 지원 소식에 대한 스크랩을 첨부하여 이렇게 적었다.

"산타클로스 놀이를 하는 캐나다인들은 원조자금으로 며칠 만에 2억 5,000만 달러 이상을 기부했습니다. 당신 같은 멍청이들은 빨리 써버리지도 못할 정도의 큰돈이지요. (…) 납세자로서 나는 당신들이 우리 돈을 낭비하는 것에 지쳐가고 있습니다."

나는 약간 움찔했다. 그의 말은 정곡을 찌르는 것이었다.

개별 지원국의 부채 탕감만으로는 탄자니아를 살릴 수 없었다. 고유가, 낮은 수출·입, 악천후 및 늘어나는 부채상환은 1981년까지 이 나라의 목을 졸랐다(또한 탄자니아는 우간다를 침공하여 이디 아민 정부를 전복시켰다. 세계에는 선물과도 같았지만 탄자니아 입장에선 1년치 수출 금액을 들인 승리였다). 탄자니아 정부는 매주 말 그대로 돈을 세계은행 프로젝트에 쓸지, 아니면 배 한 척 분량의 긴급구호 식량을 더 구매할지를 선택해야 했다. 정부는 아주 자연스럽게 부채 대신 긴급 구호 식량을 택했고 세계은행은 대부분의 프로젝트를 중단해야 했다.

6개월 후 탄자니아는 국제기구 역사상 최초의 공식적 채무불이행 국가가 되기 직전에 이르렀다. 당시 세계은행 탄자니아 차관 담당자였던 나는 탄자니아 재무부 장관에게 바람직하지 않은 역사적 사례를 만들지 말라고 촉구했다. "우리보다 부채가 많은 아르헨티나와 브라질은 왜 그냥 두는 겁니까?"라는 장관의 질문에 나는 이렇게 답했다.

"그 나라들은 민간은행들에 대한 채무상환 약속을 어기긴 했으나 공적 채무는 여전히 상환하고 있으니까요."

내 대답에 장관은 놀랐다. 얼마 후 세계은행 동부 아프리카 담당 부총재는 국제적 연대의식에 호소하는 총재의 편지를 들고 니에레레를 방문했다. 니에레레는 그 당시 깊은 모욕감을 느꼈다고 한다.

"어떻게 우리의 의도를 의심할 수 있습니까? 돈이 있다면 우린 분명히 갚을 겁니다."

탄자니아는 이후 상황이 조금 나아져 연체금을 갚았고, 세계은행의 첫 번째 채무불이행국이라는 영광은 이듬해 니카라과가 가져갔다. 하지만 니에레레의 상심은 컸다. 새로운 국제경제 질서를 위한 투쟁을 주도하고 단순명료한 이상으로 냉소주의에 맞섰던 그는 채무수금 대행업자들과 대면하는 처참한 상황을 겪어야 했고, 그로부터 3년이 채 못되어 슬픔과 좌절감 속에서 정권을 이양해야 했다.

그가 몹시 화가 난 데는 이유가 있었다. 탄자니아 친구들은 늘 그에게 상충적인 조언을 해주었던 것이다. 우선 초등교육을 강조했던 그를 칭찬하고는 나중에는 고등교육을 소홀히 했다며 항의를 표했다. 1970년대 중반의 재앙적인 가뭄 이후 식량 가격 인상을 장려해 3년이 채 지나지 않아 옥수수를 이용한 자급자족을 달성했으나 커피와 차 같은 수출작물 농업을 붕괴시켰다며 되레 비난을 받았다. 1977년 외부인들은 산업계가 절실히 필요로 하는 원자재 및 예비 부품을 구매할 수 있도록 수입통제를 완화해달라고 촉구했으나 얼마 후 원조기구들은 탄자니아 정부가 전 세계의 커피 붐이 끝나갈 무렵에야 커피 산업과 관련한 조치를 취했다고 이야기했다. 이 모든 조언은 최고의 분석과 의도에서 나온 것이지만 우선순위와 인식의 변화 속도는 너무나도 빨랐고 탄자니아는 경제적 자립이란 목표와 여전히 멀리 떨어져 있었다.

니에레레를 추켜세우고 탄자니아 개발계획에 많은 자금을 지원했던 세계은행은 '선의를 가진 강력한 정부 개입자'였던 기존 입장과 거리를 두기 시작했고, 미국의 레이건주의Reaganism와 영국의 대처주의Thatcherism는 전 세계 원조기구의 전략을 바꾸었다. 하지만 탄자니아 자체는 거의 변한 것이 없어서 개발의 선택지가 없다시피 한 매우 가난한 나라로 남았다. 한 나라에 쏟아진 기대는 지나치게 많았고, 서구적 사고방식이나 이념의 변화를 이유로 탄자니아를 벌하는 것은 부당한 일이다. 그러나 탄자니아 경제에 대한 실험적 시도에 이미 많은 시간이 소모되었고, 세계적 경기침체와 낮은 국제 원자재 가격은 아프리카의 선택지를 더욱 줄어들게 했다.

이런 상황에서 중요한 것은 농민들의 노력을 공정한 대가로 보상하고, 민간투자를 촉진시키며, 공적 자금을 보다 효율적으로 사용하는 것이었다. 니에레레 자신도 이 상황을 이해하곤 있었으나 실질적인 경제적 인센티브를 이용하기보다 국가적 자부심에 호소하여 농부들을 변화시키는 방법을 택했다. 그러나 다른 아프리카 정부들은 문제의 본질을 깨닫지도 못했다. 아프리카의 경제가 퇴보하는 동안 아프리카 국가들은 복지 서비스에 의존하거나 그런 복지 체제를 무한정 운영하는 것이 불가능한 상태에 이르렀다.

❈ ❈ ❈

    아루샤 선언이 있은 지 30년 뒤인, 그리고 니에레레의 성과 평가가 있은 지 20년 뒤인 1997년 세계은행은 일반적으로 파리에서 열었던 연례원조회의를 다르에스살람에서 개최했다. 탄자니아의 요구는 전반적으로 더 많은 원조를 해줄 것, 원조기구는 개별 프로젝트 비용을 더 많이 분담할 것(그러나 이미 80~95퍼센트가 원조기금으로 운영 중이었다), 그리고 해외원조 채무상환을 위한 특별기금 조성을 포함하여 더 많은 부채를 탕감해줄 것 등이었다.

    당시 회의에 참석한 일부 국가는 세계은행 회원국이기도 했다. 다시 말해 그 국가들은 동일한 목적의 달성을 위해 비용을 두 번 지불해 달라는 요청을 받은 셈이다. 탄자니아의 벤저민 음카파_{Benjamin Mkapa} 대통령은 의도치 않게 절제된 표현으로 "원조기구의 의존에서 벗어나는 일은 눈 깜짝할 사이에 이루어지진 않을 것"이라 했다. 그는 50개 마을을 대상으로 진행한 설문조사도 인용했다. 경제원조 결과로 예전보다 더 나아졌다고 느끼는 것은 다섯 가구 중 한 가구 꼴에 불과했고, 더 안 좋아진 것으로 느낀다는 응답자는 전체의 40퍼센트였다는 내용이다.

    그러나 달라지고 있는 것들도 있었다. 남아공 사람들은 양조장과 담배회사를 인수했고, 인도인들은 자전거 공장을 매입했으며,* 탄자니아의 인구는 22년 만에 1,700만 명에서 3,300만 명으로 두 배 가까이 증가했다.

•   사회주의에서 벗어나 민간투자가 일어남.

1998년 5월 줄리어스 니에레레는 세계은행을 방문했다. 차에 탄 그를 정문에서 맞이한 나는 고대 스와힐리어로 "시카모오(당신의 발에 입을 맞춥니다)."라 인사했고, 그는 "마라하바(영광입니다)."라 답하며 부드러운 미소를 지었다.

점심을 먹으며 세계은행 부총재는 니에레레 덕분에 아프리카와 개발에 관심을 갖게 됐다고 말했다. 니에레레는 웃으며 대답했다.

"아, 당시 저는 많은 젊은이를 오도했지요."

그러자 사뭇 진지해진 한 아프리카 직원이 물었다.

"최근 저는 1960년대부터의 대통령님 연설문을 다시 읽어보고 있습니다. 여전히 감동적이더군요. 감히 말씀드리자면 대통령님의 비전에는 아무 잘못이 없었습니다. 우리는 어디서부터 잘못된 걸까요?"

니에레레는 번지르르한 말로 그 질문을 피해가려 하지 않았다.

"저는 그 질문에 완전한 답을 드릴 수 없습니다. 어떤 부분은 잘되기도 했죠. 분열된 국가를 하나로 묶었고, 국가에 자부심을 심어주었으며, 많은 아이와 어른을 교육시켰으니까요. 그러나 몇몇 아이디어는 적절한 때가 되길 기다려야 했습니다. 당시 사람들은 미처 준비되지 않았던 것입니다. 그러나 이제 당신과 같은 아프리카 청년들에겐 그런 아이디어들에 새로운 생명을 불어넣을 기회가 있습니다."

그는 아프리카와 국제기구가 서로 다른 방식으로 협력해야 한다고 제안했다.

"우리 잘못도 있지만 여러분(세계은행과 IMF)은 지난 10~15년간 실질적으로 아프리카를 운영해오고 있습니다. 그런데 그동안 국가예산은 축소되었고, 아프리카의 부채는 늘어났으며, 정치적으로 취할 수 있는 선택지는 줄었습니다. 어떤 실수가 있었든 그건 우리 모두의 실수입니다. 이제 우리는 함께 손잡고 겸손하게 바꿔나가야 합니다."

이후 니에레레는 그를 사랑하는 200명가량의 세계은행 직원들에게 연설을 했다. 현대 아프리카의 아버지인 그는 여전히 명료하고 겸손하며 이상주의적이었다. 공기업을 민간투자자에게 매각하는 데 대한 견해를 묻자 그는 "이젠 민영화의 근거를 이해하게 되었지만, 여전히 그 아이디어의 일부는 그저 단순한 도둑질이라 여깁니다."라고 답했다. 대부분이 아프리카인이었던 청중 중 3분의 2가 박수를 치며 자리에서 일어났다. 그곳 사람들에게 니에레레는 여전히 대륙 전체를 대변하는 존재임이 분명했다.

니에레레는 실수를 저질렀고 그중 많은 부분을 인정했다. 그러나 그의 결점 중 일부는 다른 아프리카 지도자들의 업적에 비하면 숭고한 것이었다. 그리고 탄자니아가 높은 목표 설정을 통해 얻은 교훈은 여전히 다른 아프리카 국가와 세계에 가치 있는 것으로 입증되었다.

6장

코트디부아르:
기적의 종말

적도에 가깝다는 것을 제외하면 탄자니아와 코트디부아르는 공통점이 거의 없다. 3,000마일* 정도 떨어져 하나는 동아프리카 해안에, 다른 하나는 서쪽에 위치하는 양국이지만 문화적·언어적·이념적 거리는 그보다 훨씬 더 멀다. 탄자니아는 빈곤에도 불구하고 세계인들에게 아프리카 사회주의의 모델로 여겨졌고, 코트디부아르는 경제적 성공 덕에 자본주의의 전형으로 간주되었다. 탄자니아의 니에레레는 꾸밈없고 겸손한 이상주의자였지만 코트디부아르 초대 대통령 펠릭스 우푸에부아니는 격식을 중시했고 부유했으며 실용적이었다. 탄자니아가 거북이처럼 느리고 꾸준한 발전을 이룬 데 반해 코트디부아르는 토끼처럼 힘찬 출발을 하다가 허덕였다.

이러한 대조는 코트디부아르가 남아공과 마찬가지로 대륙에서 보기 드문 예외였기에 더욱 두드러졌다. 1960~1990년에 번영했고 안정적이었으며 개인투자자가 몰렸던 이 나라는 인근 국가에서 온 구직자

---

* 약 3,828킬로미터.

들의 안식처였다. 1991년 수도 소재의 주요 병원에서 실시한 조사에 따르면 24개 국적의 사람들이 이곳에서 치료를 받았다. 개화된 이민 정책, 비교적 개방적인 경제는 코트디부아르 국민 대부분에게 좋은 생활 환경을 유지할 수 있게 해주었다. 비록 1990년대 초반에는 주요 수출품인 코코아의 가격하락 및 고평가된 통화로 어려움이 있기는 했지만 말이다. 코트디부아르의 성공은 사람들의 노력, 좋은 토양, 편리한 위치에 힘입은 바가 크므로 소위 '기적'이 아닐 수 있다. 하지만 아프리카의 기준으로 보자면 코트디부아르는 전반적으로 훌륭히 운영된 나라였다고 할 수 있다.

기적은 1999년 12월 24일 군부의 정부 전복과 함께 끝났다. 쿠데타는 아프리카 여타 지역들에선 흔한 일이었지만, 코트디부아르로서는 1960년 독립 이후 처음 발생한 것이라 큰 충격이었다. 사실 BBC에서 '쿠데타'를 보도했을 때 나는 오보일 거라 여겼다. 1991년 11월~1994년 12월 수도 아비장에서 세계은행 서아프리카 지부를 이끈 나는 이 나라를 잘 알고 있었기 때문이다. 그러나 쿠데타 소식이 확인되자 당혹감보다는 안도감을 느꼈다.

코트디부아르 내의 다양한 커뮤니티, 내국인과 외국인 간의 관계는 내가 아비장에 살았을 때부터 그 나라에 독이 되었다. 과거 이민자 보호소는 '이부아리테Ivoirité'라 불리는 개념에 집착했다. 이부아리테는 코트디부아르 국경 밖에서 태어난 사람들을 수상한 존재라 암시하는 국수주의 개념이었다. 한때 종교적 관용을 자랑했던 코트디부아르에 새롭게 등장한 이 개념은 이 나라의 최대 단일집단인 이슬람교도들이 기독교인들보다 열등하고 시민권도 차별화되어야 한다고 주장했다.

2000년 4월 아비장 공항의 VIP 라운지에서 나는 상황이 얼마나 긴장 국면에 있는지를 실감했다. 나는 평소 외교관 전용통로의 의전과 여유를 즐기기보다는 메인 터미널을 곧장 통과하는 편을 선호하는데, 그날은 내 의전 담당 직원이 VIP 라운지를 예약해둔 바람에 그곳에 잠시 들르기로 했다.

라운지 내에 앉자마자 중국 대사와 함께 실내로 들어서는 외교부 관계자가 보였다. 나를 알아본 그 관계자는 달려와 반갑게 인사했다. 그러고는 근처에 앉아 있던 전 코트디부아르 문화부 장관과 그의 아내를 가리키며 아직 그들과 인사를 안 나누었냐고 물었다. 내가 그렇다고 하자 관계자는 나를 끌고 가서 한때 정치인이자 시인이었던 그 사람과 인사를 시켰다. 전 장관은 내게 "최근의 쿠데타에 대해 어떻게 생각하십니까?"라고 물었다. 권력을 잡은 장군이 욕심 부리지 않고 빠른 시일 내에 대통령 선거를 허용하길 바란다는 답으로 애매모호하게 질문을 피하자 그는 희미하게 웃었다.

그가 떠난 후 나는 외교부 관계자에게 우푸에부아니의 사진이 아직 제자리에 있는 데 감동받았다고 말했다(우푸에부아니 후임자의 사진은 없어졌다). 그러자 그는 "우푸에부아니는 이민자를 좋아할 수밖에 없지요."라며 시큰둥하게 얘기했다. "자신의 커피 농장과 코코아 농장에서 일할 사람들이 필요했으니까요. 우리에겐 이민자들이 필요없습니다!"

나는 무안했다. 정부 관리가 VIP 라운지에서 초대 대통령을 비난할 정도라면 일반 시민들은 더할 것이었다. 그 주 후반에 인권 커뮤니티에서 만난 친구들도 '이부아리테'라는 단어를 입에 올리는 것을 보고 나는 매우 놀랐다.

이렇게 격앙된 환경에서 대통령이 된 로베르 구에이Robert Guëi 장군은 모든 올바른 조치를 취했다. 첫 대국민 방송에서 크리스마스와 이슬람 축제를 방해한 것을 사과했고, 몇 달 전 자국민 수백 명을 강제송환한 것에 대해 이웃나라인 말리와 부르키나파소에 유감을 표했다. 그는 통합을 약속했고, 형제애 및 이해와 관련해 우푸에부아니가 가장 좋아하는 격언들을 인용했다. 몇 년간 끊임없이 반복되어 진부해지긴 했지만, 상식과 예절에 관한 이러한 호소는 이제 거의 마법처럼 들렸다. 또한 로베르 구에이의 연설은 아프리카에서 정치인들의 성향이 서서히 변해간다는 것, 그리고 이런 변화는 대개 투표보다 쿠데타나 암살을 통해 이루어진다는 것을 상기시켜주었다. 3년도 채 되지 않아 구에이는 집 밖 거리에서 몸에 열아홉 개의 총알구멍이 난 상태로 발견되었다.

사망하기 10년 전 그는 또 다른 사회적 사건의 핵심인물이었다. 내가 아비장에 살기 시작한 직후인 1992년 1월, 코트디부아르는 처음으로 아프리카 축구선수권대회에서 우승했다. 네 경기 동안 한 골만을 기록했고 연장전에서의 득점으로 승리하는 등 대표팀의 경기력은 좋지 않았지만, 우승 소식에 나라 전체가 흥분의 도가니였다. 당시의 대통령은 이틀간의 공휴일을 선포하고 대표팀 선수 모두에게 주택과 2만 달러를 지급했다. 그리고 공휴일이 끝난 후에는 대학에서 학생들을 구타하고 강간한 혐의로 정부조사위원회가 기소했던 육군장교를 처벌하지 않을 것이라 발표했다. 사망자가 발생하지 않았고 다른 아프리카 국가에서는 그보다 더 심한 폭력 사건들이 벌어진다는 이유에서였다. 해당

범죄행위에 대한 최종 책임이 있다고 판단된 이는 바로 육군참모총장이었던 로베르 구에이 장군이었다.

1992년 2월 중순 우승의 기쁨은 분노로 바뀌었다. 학생들의 시위로 종합대학은 물론 전국의 단과대학과 고등학교가 마비되었고, 정부는 학생 지도자들을 체포하는 등 강경대응에 나섰다. 이러한 혼란의 와중에 대통령은 유네스코 본부에서 열리는 시상식에 참석하기 위해 파리로 떠났다. 그가 개인적으로 후원한 우푸에부아니 평화상Félix Houphouët-Boigny Peace Prize은 퇴임하는 남아공 대통령인 프레데리크 빌렘 데클레르크Frederick de Klerk와 그가 지명한 후임자 넬슨 만델라에게 수여되었고, 코트디부아르 정부는 이를 기념하기 위해 전국 평화주간을 선포했다.

같은 주 중반이었던 2월 18일, 제1야당이 주도한 시위에서 시위대 일부가 군중을 벗어나 아비장 한복판에서 차량을 불태우고 유리창을 부수는 등 폭력 사태를 일으킴에 따라 평화주간은 틀어지고 말았다. 정부는 300명 이상을 체포, 공공재산을 고의로 파손시킨 혐의로 그들을 기소했다. 군인들의 강간죄를 사면해준 것과 시위대를 가혹하게 처벌하는 것 사이의 큰 간극은 가장 무심한 관찰자조차도 그 씁쓸함에 어쩔 줄 모르게 만들었다. 그럼에도 다른 아프리카 국가에서 일어난 사건들에 비하면 이 일은 약과였다.

그 주에 자이르에선 가톨릭 사제들이 이끄는 평화행진 도중 열일곱 명이 경찰의 총에 맞아 사망하는 일이 벌어졌다. 하지만 어쨌거나 다른 국가들과 '다르다'고, 또 질서정연하다고 자부하던 코트디부아르에 충격과 불안이 엄습했다. 수감된 이들 중에는 온건파 사회주의자인 야당 지도자 로랑 그바그보Laurent Gbagbo와 코트디부아르인권연맹Ivorian Human Rights League 회장이자 곧 나와 가까운 친구가 될 르네 데니세기René Dégni-Ségui도 있었다. 감옥에 있던 6개월 동안 그들은 공공기물 파괴는 여당이 돈을 주고 사주한 폭력배들의 소행이라고 주장하며 피해에 대한 사과를 거부했다. 정부 역시 그들에게 사과하지 않았다.

1990년에 다당제 선거가 도입되었는데도 코트디부아르는 여전히 일당제 국가나 마찬가지였으며 공개토론 자리는 거의 없었다. 반정부 성향의 야당 언론이 존재하긴 했으나 라디오와 TV 방송은 여당 전용이었고, 정치적 시위는 1992년 2월 이후 금지됐다. 인권운동가들은 종종 국제회의 참석을 위해 가는 길에 공항에서 발각되어 집으로 돌려보내지곤 했다. 1993년 5월 정부는 법률연구센터가 주최한 '법치주의' 회의를 '너무 위험하다'는 이유로 취소했다. 정치적 표현들에 대한 압박, 그리고 '좋은 행동'으로 점수를 따려는 야당의 노력에 대한 압박은 여론을 들을 수 있는 길을 막았다. 이제 대중의 열망과 좌절은 다른 방식으로 표현되어야만 했다.

1993년 11월 1일 만성절All Saints' Day 휴일날, 아비장 시내에서 축구로 인한 폭력 사태가 발생했다. 이웃나라 가나에서 열린 코트디부아르와 가나의 경기에서 코트디부아르가 승리하자 가나인들이 그에 대한 보복으로 자국 내 코트디부아르인을 공격했다는 소문이 돈 것이다. 그러자 코트디부아르 폭도들 역시 자국에 거주하는 20만 명가량의 가나인을 찾아 도시를 헤집었다. 우리 사무실의 가나인 안내원은 스무 명의 식구와 함께 경찰서로 피신해 도움을 요청했다. 한 무리의 군중이 경찰서를 습격하려 했고, 우리가 할 수 있는 일이라곤 지원인력을 보내

달라고 경찰서장에게 전화를 거는 것뿐이었다. 우리 경비원은 불을 지르는 여자와 또 막대기에 깨진 병을 매달아 한 여성과 그녀의 두 자녀를 공격하는 남자들을 보았다고 했다. 내 친구 하나는 아비장의 또 다른 곳에서 폭도들이 가나인을 찾기 위해 버스를 세우고 사람들을 끌어내리는 장면을 목격했다고 했다. 이런 학살로 사망한 이들이 500여 명에 이르렀다.

코트디부아르인도 피해를 입었다. 폭력 사태 이튿날엔 한 젊은 친구가 내게 전화해 간밤에 새벽 1시까지 깨어 있었다고 했다. 그는 자신의 아파트에서 열세 명의 가나인을 보호했는데, 그 이유로 몸에 걸친 옷을 제외한 모든 것을 강탈당했다고 했다. 임신 중인 그의 아내는 마침 지방의 친척집에 가 있어 화를 피할 수 있었다.

수십 년 동안 코트디부아르인들은 비교적 평화롭게 살았다. 하지만 이젠 이주노동자들에 대한 불만뿐 아니라 타인의 '희생'을 담보로 높은 생활 수준을 누리려 드는 엘리트 계층에 대한 불만도 커졌다. 이 무렵 아비장에서 유일하게 존경받는 신문사 편집자는 이 나라를 "시한폭탄 위에 놓인 화약통"으로 묘사했다. 정부는 그가 불필요한 불안을 조장한다며 비난했지만 어떤 의미에선 둘 다 옳았다. 편집자는 국민들의 인내심을 과소평가했고, 그럼에도 6년 후 그의 예언은 결국 현실이 되었기 때문이다.

국가가 불안정해진 주요 원인은 건국의 아버지인 우푸에부아니의 건강과 정치적 영향력 약화에 있었다. 유고슬라비아 대통령이었던 요시프 브로즈 티토Josip Broz Tito처럼 우푸에부아니 또한 30년 이상 모든 반대 세력을 통제했다. 그는 1970년 서부 지역의 여러 마을에 군대를 보내 6,000명을 학살하는 등 무력으로 분리주의 운동을 진압했고, 자신의 카리스마와 재산으로 반대 세력들을 굴복시켰다.

생이 끝날 무렵 집권 초기에 보였던 우푸에부아니의 무자비함은 대부분 잊혔고 공식적인 역사에서도 지워졌다. 그는 사업뿐 아니라 정치에서도 상당한 수완을 가진, 친근한 친척 아저씨 같은 이미지의 다재다능한 인물로 알려졌다. 최소 20억 달러에 달하는 막대한 재산으로 그는 파리의 호화 저택을 구입했고, 자신의 고향인 야무수크로에는 사재私財 4억 달러를 들여 로마의 성 베드로 대성당을 본따 냉방 시스템까지 갖춘 성당을 지었다. 그의 궁전은 금박 패널과 루이 16세 시대의 가구로 완성된 베르사유 궁전과 흡사했다. 또한 그는 수행원들과 함께 콩코드 전세기를 타고 프랑스로 자주 향했고, 한 번 가면 6개월씩 머무르곤 했다. 그는 광대한 코코아 농장과 커피 농장을 소유하고 있었으나 그가 정직한 방식으로 축재했다고 믿는 이는 거의 없었다. 그런데도 그를 반대하는 사람은 없다시피 했다. 집권 초기에 보였던 정치적 무자비함이 그랬듯 그의 축재 방식 역시 사람들의 기억에서 잊혔다.

우푸에부아니는 역사에서 자신이 갖는 위치를 자랑스러워했다. 1992년 그는 내게 마거릿 대처Margaret Thatcher 영국 총리와 1983년에 나누었던 대화를 이야기해주었다. 다우닝가 10번지*에서 저녁식사를 한 후 대처 여사는 그에게 거들먹거리듯 물었다.

"왜 다른 아프리카 영연방 국가의 대통령들은 귀하처럼 성숙하고 선견지명을 갖지 못한 걸까요?"

우푸에부아니는 대답했다.

"총리님, 그건 영국이 식민지를 운영하면서 실수를 했기 때문입니다. 프랑스는 1950년대에 피식민지 국민을 프랑스 국회에 앉혔고, 제겐 다섯 번 연속으로 내각에서 일하게끔 해주었죠. 그러나 대영제국 피식민지의 국민들은 독립 이전에는 거래라는 것을 배울 기회가 없었습니다."

그는 철의 여인의 반짝이는 보석을 바라보며 이렇게 덧붙였다.

"그래서 목걸이가 자신들을 질식시키기 시작하자 그걸 잡아 뜯어버린 것이지요."[1]

우푸에부아니의 자국 내 입지는 대단했다. 그는 이웃국가들에게 중요 아군으로 여겨졌고 과거 유럽 왕정이 그랬듯 자기 가문 사람 여럿을 지역 권력자들과 혼인시켰다. 프랑스에서는 정계 유력인사들과 친분을 맺었으며 프랑스 주요 정당들의 중요한 후원자가 되기도 했다. 그러나 코트디부아르 이외의 국가에서는 평판이 높지 않았고, 역사의 잘못된 편에 서 있는 인물로 여겨졌다. 일례로 남아공의 인종차별 정권과 소통을 유지해야 한다는 그의 주장은 다른 아프리카 국가들의 반발을 샀다. 과거 식민통치국 세력과의 친분, 그리고 자국 정부의 요직

---

* 영국 수상관저를 지칭.

에 프랑스 국민을 앉히길 선호한 것도 그를 의심스러운 눈으로 바라보게 만든 요인이다.

하지만 국가 지도자들 사이에서 우푸에부아니는 아프리카의 국부 중 하나로 높이 평가되었다. 1975년 알제리 수도에서 열릴 국가원수회의에서 쿠바의 피델 카스트로Fidel Castro가 그를 "제국주의의 앞잡이"로 비난할 것임이 알려지자 주최국 회장인 우아리 부메디엔Houari Boumédiène은 우푸에부아니를 보호하기 위해 많은 노력을 기울였다. 카스트로는 회의 4일차에 연설하기로 되어 있었는데, 이미 1일차와 2일차에 주최 측은 문제가 될 듯한 순간이다 싶으면 전기를 끊어버리곤 했다. 연사들 또한 이러한 방해에 익숙해져 마이크가 다시 켜지길 참을성 있게 기다렸다. 자신의 차례가 되어 연단에 오른 카스트로 또한 그러했으나 결국 전원이 다시 들어오지 않아 연설을 취소해야 했다. 건방진 라틴인들을 희생양 삼아 아프리카의 선배 국부에게 바치는 재미있지만 진심 어린 헌사와도 같은 노력이었다.[2]

1993년 12월 우푸에부아니 개인 수행단은 그의 연명장치에 공급되던 전원을 끊었다. 2년 동안 투병했던 그는 들것에 실려 제네바 병원에서 귀국했다. 직계가족을 제외하고 그를 본 이는 거의 없으며, 많은 이가 여전히 그가 연명치료 중이라고 생각했다. 코트디부아르 33주년 독립기념일에 그는 역사의 뒤안길로 사라졌다. 측근들은 인공호흡기 플러그를 뽑았고 국민으로 하여금 그가 자연사했다고 믿게 했다.

우푸에부아니 사망 몇 주 후, 코트디부아르가 자랑스러워하던 국정 안정성이 가장자리에서부터 조금씩 무너지기 시작했다. 국제사회는 긴장했다. 유엔은 특별 암호화된 무전코드를 산하기관 대표들에게 부여하여 필요 시 비밀리에 통화가 가능한 비상소통 체계를 구축했다. 각 기관장들에게 부여된 코드는 세계무역기구wTo의 경우 게자리, 유엔식량농업기구FAO는 물고기자리, 유엔인구기금UNFPA은 쌍둥이자리, 세계은행은 천칭자리 등이었다(코드 결정 미팅에 불참한 IMF에게는 전갈자리가 주어졌다). 1993년 11월 말 아프리카개발은행AfDB 회장은 1,200명의 직원 및 그들의 가족도 유엔의 보호 시스템을 적용받을 수 있을지 문의했다. 코트디부아르 주재의 타 국제기구들과 마찬가지로 아프리카개발은행은 그전까지 코트디부아르의 정치 상황에 대한 확신이 있었기에 비상계획을 한 번도 마련한 적이 없었다.

긴장은 더욱 고조되었다. 모두가 대통령이 죽어가고 있다는 것은 알고 있었지만, 그 끝이 언제일지에 대해선 그저 추측만 할 수 있을 뿐이었다. 야당 성향의 주요 신문은 대통령의 서거를 발표했다가 기사를 철회한 뒤 그를 미리 사회적으로 매장하기 시작했다.

"우푸에부아니는 돌아오지 않는다. 만들어나가야 할 국가가 있는 우리에겐 하늘을 바라보며 대통령을 실은 콩코드 여객기가 돌아오는 소리에 귀를 기울일 여유가 없다. 한 개인에게 명운을 맡긴 나라는 투자자들에게 신뢰를 주지 못한다."

❈ ❈ ❈

권력승계 과정은 수년에 걸쳐 이미 치밀하게 계획되어 있었다. 사실 코트디부아르의 헌법은 추후 벌어질 상황을 설명할 수 있게끔 수차

례 개정되었다. '왕좌'를 물려받기로 내정된 후계자는 우푸에부아니의 사생아라는 소문이 도는 앙리 코낭 베디에Henri Konan-Bédié 국회의장이었다. 제1야당은 헌법 적용 대신 거대중립내각을 요청했다. 베디에와 사이가 좋지 않았고 권력이양을 당연히 주저했던 총리는 이 요청을 마음에 들어 했다.

1993년 11월 마지막 주, 코트디부아르의 운명은 일촉즉발의 상태로 치달았다. 베디에는 수도 야무수크로에서 대통령이 되기를 기다리고 있었다. 총리의 측근들은 그의 주도하에 국무원이 구성되어 헌법 개정 및 새 선거를 1년간 준비할 수 있게 되길 희망했다. 긴장과 유머가 교차하는 상황이 이어졌다. 베디에의 보좌관들은 국영 방송사 사장에게 베디에의 대통령 취임 가능성이 높아지면 특집 방송을 내보낼 수 있게 대기해달라고 요청했다. 그러나 방송사 사장은 권력승계를 위한 헌법 절차 중 국영 방송사에 그런 역할을 부여하는 내용은 자신이 알고 있는 한 없다고 답했다. 그런 그에겐 깜짝 놀랄 만한 일이 기다리고 있었다.

일부 관찰자들은 평화롭게 권력이 이양될 거라 확신했다. 그 근거 중 하나는 총리 겸 대통령 대리였던 알라산 우아타라Alassane Ouattara가 전통적 정치인이 아닌 기술전문 관료라는 데 자부심을 느끼는 인물이었다는 점이었다. 또한 그는 과거의 정치적 관행에 신물이 난 신세대를 대표하는 인물이었다.

일개 마을이 아닌 국가에서 대통령 상태에 대한 정부 공식 발표가 열흘간이나 없다는 건 놀라운 일이었다. 관련 보도라고는 중국의 마오쩌둥주의를 연상케 하는 TV 전광판에 간헐적으로 여당의 소수 "고위급"들이 회의를 갖고 "현재 상황"을 논의 중이라는 것이 전부였다. 병원, 학교, 전력·가스·수도 공사의 시위 등 평상시였다면 불안하게 느꼈을 사건에 사람들은 눈길도 주지 않고 숨을 죽였다.

그렇기에 12월 7일 한낮, 1시 뉴스를 중단시키고 TV에 등장한 총리가 그날 오전 6시 30분에 우푸에부아니가 사망했다고 발표했을 때 놀란 이들은 거의 없었다. 총리는 공식 애도기간을 2개월로 선포하고, 대법원으로 하여금 대통령 공석을 발표하게 했으며, 장관들에겐 각자 자신의 업무를 계속해달라고 요청했다. 그러나 코낭 베디에와 관련된 언급은 없었다. 실용주의에 근거하여 안정성을 중시하던 평소와 달리 우아타라 총리는 불장난을 하기 시작했다.

그날 저녁 8시 뉴스의 앵커가 예기치 않게 교체되었다. 후임 앵커 옆에는 우푸에부아니의 적법 승계자로서 대통령직을 즉각 승계하겠노라 발표하기 위해 군인들과 함께 스튜디오로 강제진입한 베디에가 앉아 있었다. 엄숙한 데다 화난 것처럼 보이는 그는 자신의 "처분"에 국가를 맡겨달라고 국민에게 요청했다.

이어 앵커가 내각회의에서 발표한 정부 성명 관련 보도를 시작하자 스튜디오 내에 소란이 벌어졌고 보도는 불발되고 말았다. 당황하며 진땀을 빼던 앵커는 남은 뉴스 시간에는 서거한 대통령을 위한 추모 영상이 방송될 것이라 이야기했다.

그 시각쯤 프랑스 대사(16년째 아비장 공관에서 일하고 있었으며 별칭은 '총독'인 인물이었다)는 당시 외교단 수장이던 바티칸 대사를 이른 잠에서 깨워 다른 다섯 대사들과 함께 베디에의 자택을 방문, '신임 대통령'에게 인사를 했다. 관련 영상은 심야 뉴스에 보도되었다.

이튿날 늦게 발간된 조간신문은 더 큰 혼란을 암시했다(특히 정부의 통제를 받는 신문 「프라테르니테-마텡Fraternité-Matin」이 그러했다). 오전 6시의 BBC 라디오 프랑스어 방송에선 우아타라와 베디에 사이의 '권력 싸움'이 언급되었지만 오전 7시의 라디오프랑스인터내셔널Radio France International 방송은 베디에의 대통령직 승계 관련 성명만 보도했다. 이후 24시간 동안 더 이상의 공식 발표는 없었으나 라디오프랑스인터내셔널은 결국 승계를 위한 '싸움'을 인정했다. BBC는 우아타라가 '정부'에 충성을 맹세한 군 고위급 인사들과 만났다고 발표했다.

내각은 붕괴되기 시작했다. 외무부 장관은 기자에게 이제 전 정부는 무너졌으며 베디에가 대통령직의 적법 승계자라 말했다. 한편 제1야당 신문은 '자칭' 대통령을 계속해서 조롱했고 여당 내에서도 천박한 승계 과정에 경악을 금치 못하는 반응이 나왔다. 한 젊은 관료는 베디에가 방송으로 대통령직 인수를 발표한 것은 안타까운 일이라며 국영 신문사에 토로했다.

"그는 대법원이 승계를 선포할 때까지 기다려야 했습니다. 고작 몇 시간 혹은 길어야 며칠 정도 걸릴 사안이었으니까요."

아비장은 무서울 정도로 조용했다. 나는 재무부 장관에게 대통령 서거 조문을 위해 전화를 걸었지만, 비서관은 그가 목요일 오전의 '정례' 내각회의에 참석 중이라고 차분하게 말했다. 한편 북부 이슬람교도였던 총리는 자신의 권력을 계속 지키기 위해 종교 및 지역에 따라 군대를 나누려 했다. 그는 가장 강력한 경쟁상대에게 자신의 '처분'을 맡길 생각이 없었다.

그는 지는 싸움을 하고 있었다. 육군참모총장 로베르 구에이(2년 전 대학가 폭력 사건에서 무죄 판결을 받았고 6년 후엔 국가 역사상 첫 쿠데타를 주도했던 그 인물이다)는 병사들에게 병영 내에 머물고 유혈 사태를 피하라고 촉구했다. 12월 9일 대통령 권한대행이었던 알라산 우아타라는 이슬람 공동체를 제외한 다른 이들 사이에서 평판이 다소 나빠진 상태에서 사퇴했다.

불길했던 예감은 이후 몇 주에 걸쳐 점차 안도감으로 바뀌었다. 야당은 새 정부에서 배제되었지만 '망자를 정중하게 보내겠다'고 약속하며 평화를 지켰다. 묘하게도 언쟁을 벌인 것은 여당 신문이었다. 우아타라를 지지하는 신문은 일부 신임 장관 인사에 의혹을 품으며 '구시대 정실 인사의 귀환'이라 했고, 여당쪽 신문은 우아타라 지지자들을 향해 '진짜' 야당 신문들로부터 예의를 배우라고 비난했다.

국영 언론 매체에서 전직 대통령에 대한 추모가 끊임없이 이어지자 애도의 효과는 금방 사그라들었다. 그달 말 서쪽 마을을 방문했을 때 나는 애도의 말은 한마디도 듣지 못했다. 장례식 준비와 관련한 외교부 공식 브리핑조차 이상할 정도로 간략했다. 한 고위 관료는 대사들에게 사절단 의전용으로 차량 200대와 오토바이 50대(그것도 "가능하면 일본과 독일산으로")라는 선물을 요구하며 "우리의 자원이 예전 같지 않습니다."라고 설명했다. 사재 규모가 최소 20억 달러 이상인 자산가의 장례를 위해 이런 도움을 요청하는 아이러니를 그는 느끼지 못하는 듯했다. 어쩌면 이는 코트디부아르가 그간의 세월을 운 좋게 이어왔음을 보여주는 또 다른 시그널일 수도 있었다.

1994년 2월 7일 거행된 장례식 미사는 애도의 감정과 더불어 물리적인 면을 시험하는 것이기도 했다. 3시간으로 예정되었던 미사는 프랑스의 프랑수아 미테랑 대통령이 성당에 마지막으로 입장하겠다고 고집하는 바람에 7시간으로 길어졌다. 그의 비행기는 공항 위 하늘을 맴돌며 다른 국가원수들이 모두 입장하길 기다렸다. 에어컨이 가동된 성당 내부엔 7,000명, 야외의 태양 아래엔 1만 1,000명의 사람들이 있었다. 일사병 때문인지 아니면 망자에 대한 진정한 애정 때문인지, 곧 인근 마을에선 서거한 대통령의 유령이 나타났다는 이야기가 나돌았다.

장례식 내내 국영 미디어는 존경의 세례를 퍼부었는데, 일부는 터무니없는 데다 이단스럽기까지 했다. "우리가 잃은 것은 훌륭한 리더 그 이상의 존재다. 우리는 신을 잃었다."라고 이야기한 신문이 있는가 하면 다음과 같이 보도한 신문도 있었으니 말이다.

"인류의 여명 이래 위대한 선지자 세 명이 있었다. 모세, 모하메드, 그리고 우푸에부아니가 그들이다!"

⊠ ⊠ ⊠

일부 코트디부아르 사람들은 전직 대통령의 위대함에 매료되어 있었지만, 새로운 지도자에게 기회를 줄 준비가 되어 있는 이들도 많았다. 그러나 베디에는 고요한 연못을 삽시간에 소용돌이로 바꿔버렸다.

두 대통령을 비교하는 일의 위험성은 곧 입증되었다. 장례식이 있은 지 2주 만에 한 야당 신문은 "코트디부아르인들은 펠릭스 우푸에부아니라는 거인에 맞서 시위하는 것을 두려워하지 않았다. 그러니 난쟁이 앞에서야 무엇이 두렵겠는가?"라고 했다. 그러자 해당 신문의 편집자가 국가원수 '모독죄'로 징역 1년에 처해졌고, 신문사는 3개월의 발간 금지 처분을 받았다.

이 처분에 담긴 메시지는 분명했다. 새 대통령은 전임자만큼이나 자만심이 강할 뿐 아니라 대중을 선동하는 자에겐 관용을 보이지 않는다는 것이다. 2개월 후 야당 신문이 정부를 '통치 불능ungovernable' 상태로 만들기 위한 총파업을 촉구하고 나섰을 때는 해당 신문의 부국장을 포함한 언론인 두 명이 추가로 구속되었다. 대통령이 앉힌 국무총리는 "음, 아시다시피 대통령은 노벨 평화상을 타려고 그 자리에 오른 게 아니니까요."라며 대수롭지 않다는 듯 그런 강압적 대응을 옹호했다.

이후 몇 달이 향후 5년의 분위기를 조성했다. 언론인 및 학생 구속과 같은 행위들은 의도적으로 정부의 결심을 보여주는 것이었으나, 그렇다 해도 일부 사람들에겐 그저 새 정권이 약점과 불안감을 내보이는 대응일 뿐이었다. 경찰의 야당 신문사 급습, 이슬람 사원 앞에서의 무슬림 폭행(경찰에게 뇌물을 주지 않아서 발생했다) 같은 행위에 정부는 '실수'였다고 설명했다. 국가 현안과 관련한 공개토론을 갈망하던 젊은이들은 더 이상 TV 뉴스를 시청하지 않았다. 여당을 찬양하는 15분간의 선전 후에 뉴스 보도가 시작된다는 것을 알았기 때문이다.

알라산 우아타라 전 총리 측근들에 대한 마녀사냥이 거의 끝난 뒤 정부는 야당을 지지하거나 여당 기부금을 거절하는 공무원들을 해임했다. 사상뿐 아니라 지역에 따른 배제도 갈수록 심해졌다. 대부분이 이슬람계인 북부 지방 사람들은 차별을 받았고 직업뿐 아니라 삶 자체도 점차 위태로워졌다.

'그릇된' 사상을 가진 남부 지방 사람들 또한 위험에 빠졌다. 연설로 3,000피트* 반경의 군중을 몰려들게 할 수 있어 '선동가'로 여겨지던 마르시알 아히포Martial Ahipeaud 전 전국학생연합회장은 1992년 불법조직을 이끈다는 죄목으로 구속되었다. 안전부 장관은 그를 집무실로 소환, 대정부 비판을 누그러뜨리지 않으면 재구속될 것이라 경고했다.

아히포드는 나와 친구가 되었고 얼마 후엔 나를 결혼식에 초대했는데 사실 이는 의아한 일이었다. 공개석상에서 세계은행 지부장과 어깨를 나란히 하는 일은 군부가 크게 달가워하지 않을 것이기 때문이다. 하지만 그 초대는 경찰 급습을 방지하려는 목적이었음이 판명되었다.

그다음 주에 몰래 출국한 그는 영국에서 6년간의 망명생활을 시작했다. 그의 평판을 깎아내리기 위해 정부는 그가 권력자에게 '매수'당했다는 소문을 퍼뜨렸다(사실 그의 항공편과 학비를 지원한 사람은 나였고 그는 런던에서 영국 역사학 박사학위 과정을 시작했다). 아히포드는 1999년 쿠데타 이후 돌아올 것이었지만, 한동안은 새 정부가 정치적 이유로 배척한 수많은 인재 중 한 명이었다.

코트디부아르는 거대중립내각이 아닌 분열 내각으로 고통을 겪어야 했다. 이듬해 새 대통령(엄밀히 말하자면 전임 대통령의 5년 임기를 채우는 중이었다)은 1995년 10월에 있을 선거에서 알라산 우아타라를 배제시키는 데 총력을 기울였다. 우아타라의 아버지는 당시 프랑스의 서아프리카 식민지 중 하나였던 부르키나파소에서 태어났다. 코트디부아르 출생이지만 이중국적자였던 우아타라는 미국에서 유학한 후 부르키나파소 국적자로서 워싱턴의 IMF에서 근무했다. 이후에는 코트디

---

* 약 915미터.

부아르 여권을 발급받았는데, 이는 우푸에부아니가 그를 그 나라 국적이 필요한 서아프리카중앙은행West African Central Bank 총재로 임명한 덕분이었다. 총리 재임 기간 내내 우아타라의 이중국적을 문제 삼은 이는 없었고, 대통령 권한대행이었던 1991~1993년에도 이 사항은 잘 거론되지 않았다.

베디에는 우회적 방법으로 선거 규정 세 가지를 변경했는데, 하나같이 그의 숙적을 이기기에 충분한 것들이었다. 변경에 따르면 모든 후보자는 부모 모두가 코트디부아르 국내 출생자여야 하고, 외국 여권을 소지한 사람이어서는 안 되며, 지난 10년간 계속해서 국내에 거주했어야 했다. 그러나 이 새로운 규정에 따르면 현직 국회의원의 대부분을 차지하는 여당 출신 20명 또한 국회의원 입후보 자격이 박탈당한다는 것이 알려지자 변경 사항은 대통령 선거에만 적용된다는 내용으로 신속히 개정되었다.

1994년 중반 우아타라는 자신의 정당을 세웠고 주로 북부에서 승리함으로써 새 국회 내에 다수 의석을 확보했다. 그러나 새로운 선거 규정에 따라 대선 출마가 불가능해졌다. 이제 1995년 대선에서 베디에의 만만찮은 상대는 오직 한 명, 사회주의자 후보로서 지지기반이 서부 지역과 아비장에 국한되었던 로랑 그바그보뿐이었다. 결국 우푸에부아니의 '황태자'는 대통령에 손쉽게 당선되었다.

하지만 신임 대통령이 지나치게 탐욕적인 데다 독선적이라 얼마 지나지 않아 여당 내에 분열이 일어났다. 새 대통령의 부패를 두고 몇몇은 이렇게 불평했다.

"우푸에부아니는 식탐이 많긴 했으나 최소한 식탁 밑으로 부스러기를 떨어뜨려 사람들에게 나눠주기라도 했다."

경제적으로 어려운 시기였는데도 베디에는 자신의 고향에서 이루어지는 호화로운 건축 프로젝트를 후원했다. 사람들은 그의 고향을 '신新야무수크로'*라 부르기 시작했다.

사람들의 분노는 로베르 구에이 장군이 1999년 크리스마스이브에 정부를 전복시킬 때 민주주의자들까지도 환호할 정도로 극에 달했다. 코트디부아르를 응원하는 이들은 이 쿠데타가 아프리카에 긍정적 계기가 되기를 희망했지만 낙관주의는 이내 사라졌다. 다음 선거는 2000년 10월로 결정되었으며 새 대통령이 된 로베르 구에이는 국민들을 안심시키는 말을 한 지 불과 몇 주도 지나지 않아 전임자의 행보를 따랐다. 가장 중요한 안건인 대통령 출마 자격을 두고 그는 처음엔 모호한 입장을 보였으나 결국엔 '외국인'을 선거 과정에서 배제하려는 이들의 편에 섰다.

우아타라는 5년 동안 두 차례나 후보에서 제외되었고 전 여당 측의 후보자 또한 부패 혐의를 이유로 자격이 박탈되었다. 따라서 대선 레이스에는 두 명의 후보만 나서게 되었다. 정치 초보인 구에이 장군, 그리고 1990년대의 위대한 생존자이자 진보 성향을 자처하는 이부아리앵**인민전선FPI: Ivorian Popular Front당의 로랑 그바그보 대표이다. 그바그보는 민주주의자이므로 이러한 선거 조작에 반대할 것이라 예상했으나 공명정대한 선거가 자신의 당선 확률을 낮출 것임을 알고 있었다. 그래서 그는 악마와 계약을 했고, 후보 자격 관련 제한을 받아들여 경쟁

---

*   '새로운 수도'라는 뜻.
**   '이부아리앵'은 코트디부아르의 옛 명칭 '아이보리 코스트(Ivory Coast)'의 국민을 지칭.

구도를 보다 편리하게 만들었다.

선거 당일, 초반 투표 집계에서 그바그보가 우세하다고 나오자 구에이 장군은 개표 중단을 명령했다. 이후 삼시간에 모든 것이 아수라장으로 변했다. 그바그보 지지자들은 엿새 동안 아비장의 거리를 메웠다. 군부대가 상황 통제에 나섰으나 유혈 사태를 대비하지 않았기에 구에이 장군은 수백 명의 군사를 이끌고 지방으로 후퇴해야 했다. 그 결과로랑 그바그보는 코트디부아르의 네 번째 대통령이 되었다. 그의 지지자들은 열광했고 그간 정치에서 배제되었던 많은 인사가 중용되었다.

그렇지만 그바그보 정부는 코트디부아르 역사에 또 다른 추한 면을 남겼다. 한때 국제주의자였던 새 대통령은 '이부아리테' 개념을 새로운 극단으로 밀어붙였다. 영국에서 유학 중이었던 내 친구 마르시알 아히포는 코트디부아르로 돌아와 국회의원 선거에 출마했는데, 얼마 후 선거운동의 분위기가 얼마나 충격적이었는지를 내게 전해줬다.

"좌파 성향의 정당이 어떻게 반이민주의적이 될 수 있는 걸까?"

아히포드는 허탈하게 물었다. 다른 많은 이가 그랬듯 그 역시 그바그보가 깨달음을 얻길 바라며, 그바그보 대신 구에이 측 노선을 택했다. 개표가 한창인 아수라장 속에서 아이포드는 군인들의 인솔하에 '신변보호'를 받으며 공항으로 이송되어 다시금 추방당했다.

※ ※ ※

이후 코트디부아르는 계속해서 내리막길을 걸었다. 베디에, 우아타

라, 구에이 등의 숙적들과 함께 '국가적 화합'을 달성하려는 노력이 없
진 않았지만, 그럼에도 그바그보는 심하게 탄압적인 정권을 이끌었다.
의문사와 집단사가 일상적으로 벌어졌고, 군부 내 폭동이 반복되었으
며, 2002년 9월 19일에 있던 반정부 쿠데타 시도는 내전으로 이어졌
다. 쿠데타를 주도했다고 추정되는 구에이 장군은 그의 자택에서 아
홉 명의 식구와 함께 끌려 나와 거리에서 처형되었다. 후퇴한 반군들
이 북부 도시인 부아케와 코로고에 거점을 마련함에 따라 북부 지역
의 절반은 사실상 분리되었고, 서부 지역은 이후 또 다른 반란군에 의
해 점령되었다.

당파 간 협상은 여러 주체의 지원하에 이루어졌는데, 그중엔 가당찮
게도 아프리카 독재사들의 원로 격인 토고의 에야데마 장군이 포함되
어 있었다. 프랑스는 반군이 아비장 점령으로 권력을 잡는 상황을 막
기 위해 평화유지군을 파병했으나 그바그보와 지지자들은 그리 달가
워하지 않았다. 반프랑스 정서가 득세했고, 관련 시위가 빈번히 일어
났으며, 프랑스 영주권자들에 대한 괴롭힘이 잇따랐다.

2003년 말 반군은 연립정부 구성에 동의했으나 그것이 성공할 가능
성은 초반부터 낮았다. 반군 지도자들이 제시한 조건 중 하나가 반군
측 장관들에게 개인별로 35명의 경호원을 붙여 아비장으로 갈 수 있
게끔 해달라는 것이었기 때문이다. 실질적 협상의 기미가 보이지 않자
그들은 다시금 북부의 거점으로 돌아갔다.

유엔과 인권기구들은 정부의 '암살단'을 비난했지만, 그바그보와
그의 사람들은 국제사회의 비난을 무시했다. 2004년 3월 25일 아비장
에서 일어난 반정부시위에선 120명이 목숨을 잃었다. 유엔안전보장이

사회가 폭력 사태를 규탄하자 정부가 사주한 폭력배들은 마약에 취해 '갱스터 랩'을 내뱉으며 유엔에 반대하는 시위를 벌였다.

❈ ❈ ❈

이 안타까운 이야기에서 도출할 수 있는 일반적인 결론은 무엇일까? 코트디부아르는 자칭 선거라는 것을 통해 선출된 후임자들보다 자애로운 독재자 펠릭스 우푸에부아니의 통치하에 있었을 때가 더 나았다고 얘기하고 싶은 사람도 분명 있을 것이다.

사실 건국 이래 30년간 지속된 정치적 탄압은 격정과 질투심을 키웠고, 세기 말에는 추악한 모습으로 터져나오게 했다. 또한 자아도취와 자산증식에만 몰두하던 정치 지도자들은 다른 이들이 뒤따를 수 있는 패턴을 형성했다. 혼인을 통해 이미 부유해진 우아타라 같은 사람조차 역사가 자신을 대통령으로 원한다고 생각했다. 자신의 명성, 즉 우푸에부아니의 사망 이후 국가를 위해 헌신한 비편파적 기술전문 관료라는 평은 그 스스로가 행한 지역정치로 더럽혀졌다는 사실을 무시하고서 말이다.

그바그보처럼 권력에서 배제된 사람들은 감투를 위해서라면 조작된 선거 규정을 받아들일 준비가 되어 있었다. 한때 자랑스러웠던 이 나라는 고집 센 정치인 셋과 장군 하나(로베르 구에이)로 불과 10년 만에 몰락했다. 우아타라와 그바그보 같은 몇몇 인물은 가능성을 보여주기도 했으나 결국 권력에 눈이 멀어 원칙보다 잇속을 우선시했다. 그들은 폐쇄적이고 부패한 정치 체제 속에서 자신들이 잡을 수 있는 기회는 오직 한 번뿐이라고 생각했다.

자유언론과 독립적 사법부를 포함한 견제 및 균형의 부재로 인해 개인적 야망은 국가적 논쟁과 성장의 동력으로 작용하지 못하고 국가 기반을 약화시키는 요인이 되었다. 2004년 말까지 아비장은 마치 아프리카의 축소판처럼 후미진 곳이 되어버렸다. 설상가상으로 2004년 11월 분쟁이 격화되자 코트디부아르인들은 처음으로 안전을 찾아 국경을 넘었다. 그들이 향한 곳은 한때 유혈 사태와 혼돈의 대명사였던 라이베리아였다.

7장

중앙아프리카의 불화

탄자니아와 코트디부아르는 아프리카의 주요 문제들을 드러냈음에도 각자 다른 이유로 국제사회의 관심을 받았다. 이 둘보단 덜 유명하지만 다른 나라들 또한 독재, 시시콜콜한 다툼, 경제에 대한 엄청난 무관심으로 험난한 시기를 겪었다.

2000년부터 2002년까지 나는 중앙아프리카경제통화공동체와 긴밀하게 일했다. 하지만 그 명칭이 무색하게도 이 기구는 상호혐오로만 단결된 채 서로 다른 6개 회원국을 엮는 데는 그리 큰 노력을 보이지 않았다. 6개국 중 가장 큰 카메룬은 가장 부유한 가봉과 대화를 주고받을 정도의 사이가 아니었다. 차드는 카메룬이 지배하려 든다고 생각했으며, 중앙아프리카공화국은 차드를 불신했다. 콩고민주공화국의 작은 이웃나라인 콩고공화국*은 정치 분쟁으로 분열되었고 중앙아프리카공화국의 반군들을 숨겨주었다. 아프리카 대륙에서 유일하게 스페인어를 사용하는 적도기니는 야만적 인권침해 사건으로 국제사회에

---

* 콩고민주공화국의 면적은 2억 3,448만 헥타르, 흔히 콩고라 불리는 콩고공화국의 면적은 3,420만헥타르임.

서 배제되었지만 연안에서 막대한 매장량의 석유를 발견함에 따라 더 이상 이웃나라들을 필요치 않게 되었다. 적도기니를 다룬 가장 유명한 책은 『열대의 갱스터들Tropical Gangsters』이다. 6개국 중 어느 나라의 역사가 가장 슬픈지를 꼽기란 어려운 일이다.

⬡ ⬡ ⬡

카메룬은 한때 상당한 가능성을 보여주었다. 아프리카에서 가장 좋은 학교 시스템이 구축되어 있었고, 프랑스와 영국의 두 문화에서 자라난 전통은 바깥세상과의 관계를 견고하게 해주었으며, 여타 개발도상국들이 부러워할 만한 천연자원을 다양하게 보유한 덕이었다.

이웃국인 가봉과 함께 카메룬은 아프리카 대륙의 임업 수출에서 절반의 비중을 차지했다. 그러나 정치와 인종적 분열이 이 나라를 좀먹었다. 카메룬 사람들은 재능 있고 사교적이며 언변이 좋다. 카메룬에선 아마 다른 아프리카 국가보다 더 많은 커뮤니케이션 전문가(작가, 방송인, 광고 및 마케팅 전문가)가 배출되었을 것이다.

그러나 대통령인 폴 비야Paul Biya는 그들과 소통하지 않았다. 그는 북한의 김정일 다음으로 세계에서 가장 폐쇄적인 국가원수였다. 1982년 암살 시도로 정신적 충격을 받은 그는 거의 아무도 만나지 않았고, 수도에 있던 산성山城 같은 대통령궁을 떠나 군용 헬리콥터를 타고 고향마을로 향했다. 국제 사업가들과는 때때로 만났으나 단체보다는 개별적으로 만나는 편을 선호했다.

설상가상으로 그는 정치 체제를 자기 목적에 맞게 왜곡시켜 1992년 선거에서 승리했고, 1997년 야당이 선거를 보이콧할 때도 재당선되었으며, 2004년의 선거에서 또다시 이겼다. 이에 더해 프랑스가 대통령 임기를 7년에서 5년으로 단축한 데 반해 그는 자신의 임기를 늘렸다.

카메룬 사람들은 비야에 대한 혐오감과 조바심을 독설적 유머로 표출했다. 스탠드업 코미디언들은 인쇄물엔 담을 수 없는 이야기를 들려주었고, 언론은 지나치게 노골적인 표현들 탓에 오히려 언론 자체에 대한 사람들의 신뢰를 깎아버렸으며, 그에 따라 검열도 엄격히 이루어지지 않았다. 택시기사들이 쏟아내는 비난은 너무나 맹렬해서 마치 그들의 목이 바이스*에 끼어 있는 것 같다는 생각이 들 정도였다. 그리고 어떤 면에서 그들은 실제로 그러했다.

카메룬 사람들을 가장 짜증나게 한 것은 그들이 살고 있는 가짜 민주주의 국가에 대한 세계의 무관심이었다. 외국 지도자들은 여전히 카메룬 대통령과 좋은 관계를 유지했다. 2002년 1월 프랑스는 카메룬의 수도 야운데의 도로를 개보수해주었는데, 이는 프랑스-아프리카정상회의 개최 시 리무진이 울퉁불퉁한 길을 다니지 않게 하기 위함이었다. 2003년 3월에는 미국의 부시 대통령이 이라크 전쟁에 대한 유엔 안전보장이사회의 중요 표결을 위해 기니와 앙골라의 두 폭군과 함께 비야의 표도 요청했다.

2000년 10월 카메룬은 크리스천 주빌리Christian Jubilee 2000 캠페인과 같은 국제 시민단체의 압력 덕에 연간 1억 달러 이상의 부채를 탕감받

•   공작물을 끼워 고정하는 공구.

았지만, 가난한 사람들을 위한 사회 및 경제 서비스 부문의 예산 지출은 이후 15개월이 되도록 전무했다. 또한 2000년에 세계은행은 카메룬을 위한 주요 에이즈 프로그램을 4개월 만에 준비했으나, 카메룬 정부는 이 지원을 받는 데 필요한 절차를 완료하기까지 9개월을 허비했다. 주립 학교 시스템과 기본 의료 서비스는 형편없었다. 다행히 카메룬 학교와 진료소의 40퍼센트는 신뢰할 만한 종교 자선단체나 민간에 의해 운영되었다.

그렇다고 해서 모든 사람이 교회의 역할에 긍정적인 것만은 아니었다. 2002년 4월 나는 가톨릭, 개신교, 이슬람교 지도자 700명을 만나 그들이 어떻게 국제기구 및 자국 정부와 협력하여 가난한 사람들을 도울 수 있을지 논의했는데, 그 회의에서 그들의 억눌린 관심이 느껴졌다. 종교 지도자들은 정부의 보건 및 교육 정책에 대해 의문을 제기하기는커녕 알 기회를 가진 적조차 없었다. 또한 그들은 자신들의 전문성을 더 일찍이 활용하지 않은 국제기구를 비판하고 싶어 했다.

정부 대표자들의 관심은 그보다 훨씬 덜했다. 개회식이 끝나자 보건부 장관을 제외한 모든 사람이 떠났고, 그 장관마저도 점심 전에 자리를 떴다. 그의 차량을 배웅하러 나갔을 때, 그는 내게 이렇게 말했다.

"이런 논의를 통해 뭘 할 수 있을지 모르겠군요. 저들은 이 나라의 가난에 대해 책임을 져야 하는 이들입니다. 사람들로 하여금 하늘이나 정부가 자신들을 돌봐줄 거라 생각하게 만드니까요."

평소 할 말을 잃는 편이 아닌데도 나는 그의 말에 너무 놀라 아무 반응도 보이질 못했다.

수치심과 분노 중 어느 것이 대중 사이에서 우세한지는 판단하기 어렸다. 2000년 국제감시기구인 국제투명성기구Transparency International가 카메룬을 지구상에서 가장 부패한 국가라고 평하자 대개의 사람들은 그 평가가 재미있는 것 혹은 우연히 나온 것이라 여겼고, 일부는 사용된 방법론에 의문을 제기했다. 그러나 이듬해에도 동일한 평가가 내려지자 이번엔 의사결정 엘리트를 포함한 더 많은 이들이 주목했다. 그리고 그들은 카메룬의 지속적 번영에 대한 외국 투자자들의 의견과 자신들의 전망이 갖는 직접적 연관성을 불현듯 알아챘다.

🏵 🏵 🏵

카메룬 내에서 대통령 폴 비야와 국민이 서로 경멸하는 관계였다면, 이웃국가들과는 반목하는 관계였다. 비야를 가장 맹렬히 비판한 이는 가봉 대통령 오마르 봉고Omar Bongo였다. 우선 이 두 사람은 상대적 연공 서열에 기초한 경쟁 관계에 있었다. 봉고는 비야보다 몇 살 어리지만 비야보다 오래 재직했으니 자신이 비야로부터 존경을 받아야 한다고 생각했다. 비야보다 15년 먼저인 1967년에 권력을 잡은 그는 중앙아프리카 전역을 아우르는 체제와 큰 사건들에 관심을 가져왔다.

가봉은 한때 주요 석유 수출국이었으나 매장량이 점차 고갈되고 있었다. 뿐만 아니라 10억 달러 이상에 이른다는 봉고의 사유 재산을 제외하면 국가 재산도 미미했다. 항구 밖 외국 선박들에는 석유와 삼림 자원, 망간이 실리고 있었지만 가봉은 사회·경제적으로 거의 발전하지 못했다. 수도인 리브르빌로부터 불과 몇 마일 떨어진 곳에서는 코끼리가 풀을 뜯고 있었다. 가봉의 소득 분배는 브라질과 남아공에 이어 지구상에서 세 번째로 최악이었다.

그러나 이 나라는 2000년 최빈국을 위한 일반 부채 탕감 프로그램을 적용받기 위해 엄청나게 부채를 늘렸다. 이 아이디어는 프랑스 재정부와 외교부에 있는 가봉의 오랜 친구들로부터도 비웃음을 샀는데, 봉고의 개인 은행계좌에 국가채무를 상당히 줄여줄 만한 돈이 있음을 알고 있었기 때문이다.

가봉에 문제가 있는데도 봉고는 계속해서 분쟁을 일으켰다. 총인구가 1,500만 명인 카메룬에 비해 고작 100만 명에 불과하고, 총생산량이 중앙아프리카경제통화공동체 내에서 10퍼센트에 불과했지만 가봉은 회원국의 공동 증권거래소를 자국에 유치하고 싶어 했다. 그러나 세계은행이 카메룬에 세우는 것이 위치상 더 적절하다고 제안하자 봉고는 네 명의 회원국 대통령을 리브르빌로 초청, 그곳을 증권거래소 부지로 선택하는 결의안에 서명하게 했다. 카메룬의 비야 대통령은 초대받지 못했고, 대신 총리가 참석했으나 그 역시 최종 회의에선 배제됐다. 그들이 생각하는 역내 협력이란 이런 모습이었다. 이후 카메룬은 자국만의 증권거래소를 개설했다.

※ ※ ※

가봉은 중앙아프리카공화국과도 차이점이 있었다. 중앙아프리카공화국은 1977년 과대망상증을 가진 장 베델 보카사Jean Bedel Bokassa 대통령이 자신을 황제라 선언하고 화려하게 왕좌에 오르면서 1970년대 후반 잠시 악명을 떨쳤다. 당시 프랑스 정부는 파리의 유명 보석상이 만든 홀scepter과 왕관을 포함한 큰돈을 보냈으나(보카사는 다이아몬드를, 프랑스는 화려한 세팅 비용을 담당했다). 2년 후 보카사 정부를 전복하기 위해 낙하산 부대를 파견했다. 보카사가 어린 학생 시위대를 때려죽이고 그 학생들의 살을 고위인사들에게 줬다는 것을 포함, 그의 여러 변덕스러운 행동들에 대한 보고를 들었기 때문이었다. 프랑스 시민이자 참전용사였던 보카사는 파리 남쪽에 있는 자신의 저택으로 망명하기 위해 프랑스로 도피했으나, 프랑스 정부가 대처를 고민하는 사흘 동안 에브뢰 공항의 비행기에서 내리지도 못하고 기다렸음에도 결국 입국을 거부당하고 코트디부아르에서 정치적 망명생활을 시작했다.

2000년이 될 때까지 크게 달라진 것은 없었다. 많은 이가 상황이 더 나빠졌다고 주장했고, 이젠 세상을 뜬 보카사가 여전히 집권하길 바랐으며, "적어도 보카사는 질서 비슷한 건 유지했었어요."라며 신음했다.

당시의 대통령 앙주 펠릭스 파타세Ange-Félix Patassé는 보카사 정권 총리 출신으로 몇 해 전 출신 종족의 지지를 받아 국가원수로 선출된 인물이었다. 그러나 그는 수도인 방기에서 영향력이 없었고, 파업과 군의 반란은 그의 통치력을 크게 약화시켰다. 현지인들은 외국인 방문객에게 "당신들은 우리나라가 민주주의 사회가 되어야 한다고 했는데, 지금 우리 사회의 혼란을 보십시오."라며 항의했다.

2001년 6월 콩고공화국에 거주하던 전직 대통령의 쿠데타 시도로 반란군이 파타세의 자택을 자동소총으로 난사할 때, 파타세는 가족과 함께 4시간 동안 엎드려 있었다. 그는 강 건너 콩고민주공화국에서 온,

자신의 정부를 전복하고자 하는 리비아 군대와 반군에게 구출되었다. 반군과 싸우는 또 다른 일련의 반군이었다. 총격이 멈춘 후 정부의 수호자라 추정되는 이 반군들은 민가와 사무실에서 약탈한 가구들을 배에 실어 본국으로 돌아갔다. 파타세 정권은 결국 2003년 3월 이웃나라인 차드에서 활동하던 전 육군 참모총장에 의해 종식되었다.

파타세는 그 유명한 전임자보다야 위엄에 대한 망상이 적었으나 개인 축재에 대한 욕구만큼은 뒤지지 않았다. 그를 방문했던 어느 날, 나는 당시 그의 최근 사업인 국내 석유 유통업을 포기하라고 제안했다. 이 회의는 수도에서 차로 1시간 거리에 있는 그의 시골집 중 한 곳에서 이루어졌다.

회의의 시작은 새로 임명된 그의 경제팀 앞쪽에 있는 회의실에서 진행되었다. 파타세는 지난 수년간 있었던 프랑스와 세계은행의 조언 및 조국에 대한 '불공정한' 대우를 비난하며 거의 1시간 30분 동안 이야기를 쏟아냈다. 테이블의 다른 쪽 끝에서 나는 신임 재무부 장관과 그의 동료들이 허공을 응시하거나 머리 위로 손깍지를 끼고 있는 모습을 보았는데, 이는 그들이 파타세의 모든 이야기를 이미 들어 알고 있음을 암시했다.

목소리를 높이고 나를 향해 손가락을 흔들며 파타세는 '신식민주의'와 '야만적 민영화'를 지지하지 않겠다고 말했다. 그런 다음 그는 동료들을 바라보며 심각하게 말했다.

"세계은행에 이렇게 얘기하는 나를 보면 상상할 수 있을 거요. 당신들이 나를 실망시키기라도 하는 날엔 내가 어떤 식으로 행동할지."

나중에 복도 아래쪽에 있는 작은 방에서 아무도 없을 때 내가 입을 열었다.

"각하, 다른 사람들은 이상하다 여길 수 있는 것들이 여기에서는 정상으로 받아들여집니다."

그는 미소를 지었다. 나는 이어서 질문했다.

"자, 각하께선 석유 사업을 포기하고 경쟁입찰을 통해 다른 사람에게 매각하실 수 있습니까?"

그는 이렇게 항변했다.

"이미 그렇게 해봤지만 아무도 나서지 않았소."

"그렇겠지요."

내가 대답했다.

"제가 이 나라 사업가라면 대통령과 경쟁하려 들진 않을 테니까요. 저는 각하께서 입찰에 참여하지 않는 것을 제안 드립니다."

"그럴 순 없소. 누군가는 이 일을 해야 하고 그렇지 않으면 그 사업은 다국적 기업한테 넘어갈 테니 말이오."

파타세의 말을 듣고 나는 방향을 선회했다.

"그렇다면 각하의 수익을 자선 목적 기금에 넣는 것은 어떨까요?"

그는 내 말이 진심인지 확인하기 위해 희미한 미소를 지으며 몇 초간 나를 쳐다보았다.

"당신은 정말로 내가 조국에 봉사하며 금전적 손해를 입길 기대하는 거요?"

이날 회의 참석자 중 한 명은 신임 총리인 마르탱 지겔레Martin Ziguélé였다. 파타세 대통령은 앞서 4월 1일에 그를 임명했지만, 그가 해외에 거주하고 있어 이 소식이 외부에 알려지지 않은 탓에 지역 신문들은 대통령의 발표를 만우절 농담으로 여겼다. 사실 지겔레는 44세의 매우 진지한 사람이었고, 조국의 저주받은 미래가 아닌 가능성을 본 신세대의 일원이었다. 그러나 그에겐 주변 환경을 바꿀 시간이 필요했다. 회의 후 나와 함께 수도로 돌아가는 길에 지겔레는 대통령을 변호했다.

"방금 대통령이 이야기한 것의 절반은 무시하십시오. 대부분은 보여주기 위한 것일 뿐이니까요. 그는 우리가 도움이 필요하다는 것, 그리고 외부의 조언을 받아들여야 한다는 것을 알고 있습니다. 그는 당신이 왜 이 특정 문제를 지적하는지 이해하지 못했을 뿐입니다."

나는 앞서 회의에서 말한 요점을 반복했다.

"이 나라에는 정치인의 재임 중 사업을 금지하는 법이 없을 수도 있지요. 그러나 이는 선진화된 국제규범과 어긋나는 일입니다."

지겔레는 끈질기게 말했다.

"카메룬의 비야 대통령을 비롯한 다른 아프리카 지도자들 또한 개인 사업을 하고 있습니다. 하지만 그걸 불평하는 이는 아무도 없어요. 토고의 대통령은 자국에 있는 주유소의 절반을 소유하고 있습니다. 파타세 대통령과의 차이점은 그가 15년 전에 그것을 인수했으며 모두가 그일을 잊었다는 것이고요."

나는 약간 힘없이 대답했다.

"그 대통령들은 세계은행에게 자기 사업에 투자하란 요구를 하지 않았어요."

지겔레 총리는 파타세를 전복한 쿠데타에 휩쓸려 임기 2년을 채 채우지 못하고 쫓겨났다. 그의 집은 파괴되었고, 그는 목숨을 걸고 탈출해 프랑스에서 정치적 난민의 삶을 시작해야 했다. 2005년 4월 지겔레는 조국의 대통령 선거에서 2위를 차지했다. 투명한 선거일 거란 환상을 갖진 않았지만 놀랄 정도로 지저분한 속임수들과 직면했던 그는 이제 조국이 아닌 파리에서 가족을 돌보며 살고 있다.

내가 다른 날 방문했을 때 파타세는 자신의 대중적 인기를 보여주고 싶어 나를 시내 투어에 동행시켰다. 차량 안에서 그는 닫힌 창문 너머 길가에 있는 사람들을 향해 손을 흔들었다. 몇몇은 그를 알아보고 손을 흔들어주었지만, 다수의 사람은 엄지손가락을 아래로 내려 보였다. 소수의 군중이 모인 에이즈 진료소에서 그의 경비원들은 길을 내기 위해 소총으로 사람들을 옆으로 밀어냈다. 그날 파타세가 실제로 보여준 것은 현실과 권력에 대한 그의 얕은 이해였다.

❈ ❈ ❈

2001년 11월 가봉의 봉고 대통령은 이웃 국가원수인 파타세를 무시하며 더이상 그를 "대통령'이라 칭하지 않았다. 봉고는 내게 "파타세에게 당신이 집권한 뒤부턴 왜 그렇게 많은 반란과 쿠데타가 일어나는 거냐고 물었더니 '나는 인기가 많고 내 정적들은 그걸 질투하기 때문입니다.'라고 하더군요."라면서 경멸이 가득한 어조로 물었다.

"당신은 이 말이 믿기십니까?"

경멸에는 전염성이 있다. 합법적 대통령이 거의 없는 지역에서 국가원수끼리 긴밀히 협력해야 하는 이유는 무엇일까? 회원국 국민들로부터 더 많은 신뢰를 받는다면 중앙아프리카의 경제공동체는 더 잘 작동할까? 당연하다. 무엇보다 어떤 한 국가가 대중의 지지나 자유로운 토론에 기반을 둔다면 다른 국가들의 관심을 끌 것이다.

그러나 다른 장애물도 있다. 그중 하나는 자신의 능력을 과신해서 벌어지는 사소한 경쟁이다. 부패와 마찬가지로 이런 종류의 경쟁은 지구 곳곳에 존재하지만 서아프리카에 모여 있는 여러 소국들의 규모를 고려해보면 아프리카에 특히 쏠려 있다.

카메룬의 폴 비야 대통령은 20년의 집권기 동안 차드에 거의 발을 들여놓지 않았다. 그의 첫 차드 방문은 2000년 10월 차드-카메룬 송유관 건설 착공을 위한 것이었다. 비야가 야운데에 있는 요새 같은 대통령궁을 나오게끔 설득하는 데는 35억 달러의 투자와 차드 대통령인 이드리스 데비Idriss Déby의 싱딩한 압력이 필요했다. 당시 비야는 그의 안보실장과 조종사, 일기예보관, 심지어 점성가들이 좋은 조건이라며 확신시켜줄 때까지 결정을 내리지 않아 데비 대통령으로 하여금 마지막 순간까지 그의 방문 여부를 확신할 수 없게 만들었다.

동시에 가봉의 봉고 대통령은 세계은행과 IMF를 포함한 세 개 국제기구 모두가 대표자를 부르키나파소 출신 인물로 임명한 것에 분노했다. 임명된 이들이 보유한 국제적 훈련과 경험을 무시한 채 봉고는 가봉의 '정교한' 경제에 대해 조언해주기엔 사하라의 이 작은 국가가 너무 가난하고 원시적이라 여겼다. 세 개 기구 중 하나에 부르키나파소 출신 대신 카메룬인을 임명하겠다고 제안했을 때도 봉고는 기뻐하지 않았다.

이웃나라들 사이에서의 이런 옹졸함을 보면 왜 아프리카에서 훨씬 더 큰 역내 협력 계획들이 무산되었는지를 알 수 있다. 자국 내에서 국민과 국제사회가 둥지를 틀 수 있게끔 허용한 대부분의 아프리카 지도자들은 국민의 발전 가능성 확대를 위한 위험 감수보다는 그러한 허용을 통해 자국 근처의 자원과 행사에 대한 통제력 확보에 집중해왔던 것이다.

3부

사실과 마주하기

8장 경제학에 대한 저항

내가 가장 좋아하는 아비장에서의 기억 중 하나는 1주일 내내 행인들에게 튀긴 바나나를 팔던 사무실 근처의 한 여성에 관한 것이다. 그녀는 그곳에서 매일 12시간을 머물며 아마 2달러 정도의 수익을 올렸을 것이다. 휴가는 한 번도 가지 않았다. 어느 오후엔 뇌우 속에서도 계속 불을 지키며 냄비 속 바나나를 휘젓고 있기도 했다. 빗물이 사방으로 쏟아지는 와중에도 그녀는 머리 위에 큰 합판 한 장을 얹어 균형을 맞추면서 비를 피했다. 그녀는 어려움 속에서도 끈기 있고 선량한 아프리카의 바로 그 모습처럼 보였다.

그러나 그녀의 통치자들은 그녀보다 덜 지략적이었다. 아프리카는 분열적이고 억압적인 정치만큼이나 경제 정책 또한 만만치 않아서, 대부분의 경제는 관성 또는 순수한 방치하에 '관리'되었다. 어떻게 아프리카는 자신도 모르게 시장의 절반, 즉 연간 700억 달러(1990년 달러 기준)를 잃었던 것일까? 그리고 아프리카인과 국제 관계자 대부분은 이렇게 누적된 손실이 지난 30년 동안 있었던 가장 큰 차질이란 사실을 왜 아직도 모르는 걸까?

한 가지 원인은 순수한 무지다. 경제적 요인이 작용함을 인지하고 있었는데도 아프리카 대부분의 정부는 기본적 사실을 국민과 공유하지 않았다. 또 다른 원인은 국제원조의 완충 작용이었다. 엉망인 정책 탓에 가구당 연간 700달러의 손실을 입은 것을 아프리카가 왜 걱정하겠는가? 이 액수가 농촌 지역 가계소득 평균치의 두 배 이상이라는 사실도 그들에겐 중요하지 않았다. 대신 정부들은 아프리카가 받고 있던 인당 40달러의 원조 '부담금'을 좀 더 늘리라며 원조기구에 압력을 가하는 편을 선호했다. 세 번째 원인은 이미 친숙한 정치적 교정이었다. 외국 원조기구들은 아프리카 정부에 2에 2를 더하면 4가 된다고 말할 준비가 되어 있지 않았다.

2000년 11월 아프리카의 무역부 장관들은 그들 모두가 새로운 국제 무역 협상을 원하고 있는지 논의하기 위해 역사상 첫 회담을 가졌다. 이는 아프리카 정부들이 그때까지 고립된 세계에 살고 있었다는 증거였다. 그간 그들은 무역과 개발 사이의 중요 연결고리에 대한 이해 불능, 세계 경제에서 아프리카가 차지하는 위치에 대한 무관심, 기업 활동의 촉진보다는 억제를 통해 정부가 아닌 다른 이들이 국제무역 정책을 걱정하게 내버려두는 데 만족해왔다.

회의 개최국이었던 가봉의 부통령은 각국 장관들에게 이전 해 폭동이 있던 시애틀과 제네바로부터 멀리 떨어져 있으니 반세계화 시위대와 마주할 걱정은 하지 말라고 했다. 하지만 회의를 방해하는 시위대는 필요하지 않았다. 사흘 동안 장관들은 자신들끼리 논쟁을 벌였고, 세계무역기구WTO 사무총장이자 전 뉴질랜드 총리인 마이크 무어Mike Moore는 줄에 묶인 불독이 앞에서 노는 고양이를 응시하듯 그들을 관찰했다.

장관들은 아무런 합의를 이루지 못하고 회의를 끝냈다. 이튿날 발표된 공식 성명에선 바람직한 무역 규정에 대한 미미한 관심 정도만 표명되었을 뿐 새로운 공식 협상은 언급되지 않았다. 무어는 이러한 공동행위의 부재에 대한 실망감을 다른 방식으로 표현했다.

"이 회담은 내가 기대했던 모든 것이었고 실제론 그 이상이었습니다. 아프리카인이 아프리카인을 위한 역사적인 첫 번째 회담이었으니까요. 이번 회담은 아프리카 무역 문제에 관한 토론의 불씨를 지폈습니다."[1]

거의 3년 후인 2003년 9월, 멕시코 칸쿤에서 있었던 국제무역회담이 결렬된 데는 아프리카 대표단의 책임이 컸다. 그리고 회담이 결렬되었을 때 환호한 것 또한 오직 그들뿐이었다.

세계화를 비판하는 이들 중 일부는 빈국에게 불리한 국제무역 규정 탓에 아프리카 국가들이 다른 나라보다 더 많은 고통을 겪는다고 주장한다. 불행히도 이는 사실이 아니다. 만약 사실이라면 아프리카 대륙의 문제에 대한 해결책은 비교적 간단할 것이다. 남아 있는 모든 대외무역 장벽을 철폐하면 아프리카 경제에 역동적인 활력을 불어넣을 수 있으며 더 복잡한 문화적·제도적·구조적 조정이 보다 점진적으로 도입될 수 있다.

❈ ❈ ❈

사실 아프리카는 세계화의 희생자가 아니다. 몇몇 예외를 제외하고 아프리카는 세계시장과의 관계를 거부해왔다. 이는 국제무역이 바람직하지 않다고 믿는 이들을 안심시킬 수야 있겠지만, 아프리카에 불리한 조건들 대부분이 그곳 내부에 있음을 확인시켜준다.

고의로든 부지불식간에든 아프리카 대륙은 세계와 스스로 담을 쌓았고, 그 결과 경제규모가 상당히 축소되어 현재는 아르헨티나와 거의 비슷하다. 남아공을 제외하면 전체 아프리카 대륙의 생산량은 벨기에 수준에 불과하다. 아프리카 국내총생산은 연간 4,000억 달러이며 남아공과 나이지리아를 제외하면 2,000억 달러 미만으로 낮아진다.[2] 2000년까지 평균 아프리카 경제소득은 미국 주요 도시의 교외 지역, 가령 워싱턴 D.C. 외곽에 있는 메릴랜드주의 베데스다(20억 달러) 같은 곳보다 높지 않았다. 워싱턴에 있는 세계은행 본부가 사무실 조명용으로 소비하는 전력량은 프랑스보다 면적이 두 배나 넓은 차드 전체의 전력 소비량보다 많다.

아프리카의 경제규모가 작은 이유로는 두 가지가 있다. 하나는 정부가 소규모 농가를 짓밟고 못살게 굴었다는 것이고, 다른 하나는 정부가 민간투자 유치에 좀더 적극적이었다는 것이다. 외화 수입의 대부분은 식민지 시대에 처음 개발된 석유, 광물, 목재, 커피, 코코아, 목화, 야자유 및 고무와 같은 열대작물 수출에서 나온다. 제조업 분야가 중요한 나라는 남아공, 짐바브웨, 모리셔스, 가나 등 4개국뿐이고 꾸준히 섬유를, 그리고 최근엔 전자제품을 수출하고 있는 국가로는 모리셔스가 유일하다. 그 결과 남아공을 제외하면 전체 아프리카 대륙의 수출품 중 제조 상품이 차지하는 비중은 10퍼센트(60억 달러)에 불과하다.

아프리카를 두세 번 방문하는 사람은 많지 않기에 관광업은 규모가 작고 파급 효과가 별로 없다. 가장 인기 있는 관광 후보지인 케냐, 탄자니아, 보츠와나, 세네갈의 관광업 규모는 수십 년간 변함이 없다. 아프리카의 광물 산업은 한때 번창했던 구리 사업이 쇠퇴한 잠비아와 자이르를 제외하면 대부분 다국적 기업이 운영했던 터라 앙골라와 같은 전쟁 지역에서도 살아남을 수 있었다.

아프리카의 주요 산업인 농업은 모든 종류의 잘못된 관리 정책 탓에 위축되었다. 독립 이후 농업은 육성하고 장려해야 할 산업이라기보다 생계를 위한 구시대적 산업으로 간주되었다. 호주, 캐나다, 덴마크, 뉴질랜드와 같은 부국에서 농업이 여전히 중요한 역할을 담당한다는 사실을 간과한 채 아프리카의 경제 기획자들은 경제발전의 '다음 단계', 즉 제조업과 서비스업으로의 전환을 갈망했다. 정부는 경제를 무시했다. 하지만 그것은 중력을 무시하는 일이나 매한가지였다. 1990년까지 농업에 대한 무관심은 국제무역에서 가뜩이나 작았던 아프리카의 비중을 반토막 내버렸다. 현재 아프리카가 국제무역에서 차지하는 몫은 1.5퍼센트에 불과하다.

민간투자는 산업과 새로운 시장을 창출하는 가장 효과적인 수단이지만 아프리카는 소비자들을 잃는 것과 더불어 민간투자자들의 외면도 받았다. 1980년대에만 전 세계 총 외국인 투자는 전 세계 생산량보다 네 배, 세계무역의 규모보다 세 배 빨리 증가했다. 하지만 외국인 투자는 중국과 인도, 기타 아시아 국가, 라틴 아메리카, 심지어 문제가 있는 동부 및 중부 유럽에까지 향했으나 아프리카에서는 거의 이루어지지 않았다. 높은 환율 때문에 일부 상품은 현지에서 생산하는 것보다 수입하는 편이 더 저렴했고 너무나 많은 세금, 이해할 수 없는 규제들, 타성에 젖은 행정, 법 체계, 임시 또는 계절적 노동자 고용을 어렵게 만드는 노동법, 독점, 부패, 사기 탓에 외국인 투자자들이 아프리카에 투자하길 꺼렸던 것이다.

⊠ ⊠ ⊠

아프리카 대륙 내에서도 국가별 경제의 편차는 분명 있었다. 강수량이 많고 삼림이 무성하며 수출시장 접근성이 좋은 해안 국가들은 경제 정책과 관련한 결정을 내리는 데 거의 압박을 느끼지 않았다. 하지만 말리, 차드, 모리타니, 니제르와 같은 사막 지역 국가들은 부족한 자원을 더 효율적으로 활용해야 했으며 이런 점은 공식 행사들에서도 볼 수 있었다.

말리와 차드에서 회의가 열릴 경우 회의장 벽에는 사진이 거의 걸려 있지 않았고, 방문객들을 위해 제공되는 커피나 청량음료도 없었으며, 사람들은 곧장 본론으로 들어가길 원했다. 이에 반해 해안 국가들은 형식이 과하게 강조되었다. 회의 참석자들에 대한 환대는 나무랄 데 없었고, 장관실 밖에 있는 대기실에는 방향제가 뿌려졌다.

하지만 회의의 결과들은 대개 비슷했다. 투자자 및 원조 관계자들은 새로운 아이디어, 유용한 도전, 시장 관련 전문이 있는 이들이 아닌 선물을 갖고 있는 이들로 간주되었다. 사막 국가들에선 회의 성과물이 적어서 안 그랬는지 모르지만, 해안 국가의 정부 관료들 사이에는 많은 날파리들이 꼬였다.

신중해야 할 첫 번째 투자자들은 아프리카인들 자신이었다. 다른 투자자들과 마찬가지로 그들 또한 다음과 같은 식의 간단한 리트머스 테스트를 사용했다. 한 국가의 국민은 저축으로 무엇을 하는가? 돈을 고급 차에 펑펑 쓰거나, 집에 투자하거나, 스위스 혹은 프랑스에 숨겨두었나? 법률이 잘 제정되어 있다면 어떻게 적용되었으며, 법원은 신뢰할 수 있고 효율적이며 정직한가? 경찰 및 세관 직원들은 제대로 일하는가, 아니면 뇌물을 요구하는가? 정부가 약속한 것들이 있다면 어느 정도로 지켜졌는가?

투자자들은 다른 개발도상국들은 그리스-로마의 운동선수들처럼 탄탄하고 날렵해지기 위해 노력하는 데 반해, 아프리카 경제는 마치 스모 선수처럼 엄격한 규칙에 따라 제한된 공간에서 경쟁하는 데 국한되어 비대해지고 있음을 깨달았다. 탄자니아와 같은 국가들의 정책은 초기부터 비즈니스와 농업 분야를 방해했다. 공공 서비스에 대한 접근성이 높은 새로운 마을로 농부를 이주시키는 정책은 좋은 의도로 도입되었음에도 문제가 있었다. 새 농지로의 이주는 한해살이 작물의 재배에는 큰 영향을 미치지 않았지만, 캐슈넛처럼 재배에 몇 년이 걸리는 과수작물의 경우엔 수확량이 감소하는 결과로 이어졌던 것이다. 코트디부아르와 같은 국가들은 수출을 장려하고 현대적 인프라를 구축하는 등 탄력 있는 분위기에서 출발했으나 재앙이 닥칠 무렵엔 기력을 잃고 축 늘어졌다.

재앙은 1980년대 초에 찾아왔다. 열대성 상품의 가격이 급락하고 산업화를 이룬 국가에서 대체재(천연고무 대신 합성고무, 사이잘삼 끈 대신 플라스틱)를 사용하기 시작한 것이다. 이에 대한 분명한 해결책은 비용

절감 혹은 신산업 개발이었지만 아프리카 대륙은 이미 국제경제 질서에서 벗어나고 있었다.

서아프리카에서 세파프랑화*를 사용하는 14개국이 국제 자문을 받아들여 통화를 평가절하하는 데는 1987년부터 1994년까지 7년이 걸렸다. 그 기간 동안 고평가된 환율로 인해 전기요금이 너무 비싸져 현지 목재를 자국에서보다 이탈리아로 보내 건조하는 편이 더 저렴할 정도였다. 또 현지에서의 엔지니어 교육 비용은 하버드에서 교육시키는 비용의 두 배였고, 산업 인건비 또한 모로코나 말레이시아의 두 배였다. 서아프리카의 쌀 산업이 말 그대로 고사해버린 것 역시 태국과 미국에서 쌀을 수입하는 편이 더 저렴했기 때문이다.

통화 평가절하 이후에도 극복해야 할 국내 장애물들이 있었다. 코트디부아르의 운송비는 다른 개발도상국에 비해 두 배 이상 높아서 1달러당 최대 10센트를 더 부담해야 했다. 근본적인 이유는 코트디부아르 법에 따라 물류의 40퍼센트를 국유 선박으로 운송해야 했기 때문이다. 그러나 현지에는 자국의 수출 물류를 감당할 선박들이 충분치 않았고 심지어 냉동선은 한 척도 없었다. 결국 국유 운송업체들은 물류의 나머지 비중을 맡고 있는 프랑스 물류회사에 하청을 주었다.

운송비는 더욱 높아져갔다. 물량을 '공평하게' 분배해야 하는 정책에 따라 아비장 항구의 여러 사무소들은 경쟁관계에 있는 운송업체들에게 화물을 할당했는데, 그 과정에서 생기는 일정 지연과 서류 작업 및 뇌물이 비용을 높인 것이다. 이 할당을 담당하는 사무소의 또 다른

● 1945년 프랑스가 아프리카 식민지 국가들을 대상으로 도입한 공용화폐로, 프랑스 프랑화 가치에 연동됨.

설립 목적은 황당하게도 부르키나파소나 말리처럼 내륙국이라 해안이나 항구, 보유 선박이 없는 이웃나라의 해운업을 '보호'하는 것이었다.

한때 유럽시장에 바나나와 파인애플의 90퍼센트를 공급했던 코트디부아르는 코스타리카와 다른 수출국에게 밀려 지속적으로 시장을 잃었다. 그 시장을 되찾기 위한 필사적 노력의 일환으로 코트디부아르의 과일 생산자들은 자신들이 배를 직접 빌리고 국영 운송기업의 수입 감소분을 대신 보상하겠다는 제안까지 했으나 총리실은 이를 거절했다.

또 과일 수출업자들은 수출용 포장재를 반드시 한 프랑스계 독점 기업으로부터 구입해야만 했다. 만약 그들이 운송용 선박과 포장재를 직접 선택할 수 있었다면 신규 고객을 확보하고 판매량을 늘릴 수 있었을 것이다. 그들은 이러한 점을 당시 정부에게 지적했다.

"바나나만 하더라도 더 이상의 투자 없이 1993년에는 20만 톤, 1994년에는 25만 톤을 판매할 수 있습니다. 이는 구조조정 차관보다 효과적이고 젊은 농부들의 일자리 수천 개를 창출할 수 있는 수치입니다."

코트디부아르의 소규모 농민들도 고통을 겪었다. 상품 포장용 황마 봉지를 필요로 하는 코코아와 커피 생산자들은 이를 방글라데시에서 원료를 수입하여 제조하는 현지 공장에서만 구매해야 했다. 불과 50마일* 떨어진 가나의 농부들은 훨씬 저렴한 아시아산 황마 가방을 수입해 사용했는데 말이다. 이 차이로 인해 코트디부아르 농부들은 연간 1,500만 달러의 비용을 더 지불해야 했다. 겨우 400여 개의 제조업 일자리를 지원하기 위해 정부는 농촌의 45만 가정에 세금을 부

---

* 약 80킬로미터.

과한 것이다. 마찬가지로 마체테[•] 역시 한 회사에서만 구입해야 했다.

⊠ ⊠ ⊠

　경제성장의 또 다른 장애물은 소위 비공식 부문이라 불리는 개인사업자에 대한 정부의 태도였다. 도시로 이주한 농촌 사람 대부분은 스스로 일자리를 만들어야 했다. 그들은 값싼 옷을 수입하거나, 길가에서 차를 수리하거나, 이번 장의 시작 부분에서 언급한 여성처럼 거리에서 음식을 팔았다. 이런 일들을 통해 그들은 가족을 부양했고, 공식적인 시장에선 구할 수 없는 것들을 노동자들에게 제공했다. 그러나 정부나 대기업은 이런 개인사업자들을 탈세자, 밀수업자, '불공정한' 경쟁자라며 맹렬히 비난했다.

　이러한 정책이 불가피한 대가를 치르면서 정부 세입은 줄어들었고, 국가예산은 압박을 받았으며, 고위직 사람들은 개선 방법보다는 희생양을 찾기 시작했다. 국제기구들은 출혈을 막기 위해 노력했으나 아프리카 국가들은 고마워하지 않았다. 세계은행과 IMF의 '구조조정' 프로그램은 성장의 원천을 개혁하고 보다 다양한 활동을 위한 발판으로서 농업 및 농촌 개발을 촉진하려는 것이다. 좋은 정책은 상황을 비교적 빠르게 반전시킬 수 있음을 그들은 알고 있었다.

　나이지리아의 예를 들어보자. 1970년대에 이 나라는 풍부한 석유

•　아프리카 농장에서 사용하는 낫처럼 생긴 긴 칼.

자원에만 신경을 쓴 나머지 농업을 소홀히 했고 그 결과 1980년까지 연간 25억 달러어치의 식량을 수입해야 했다.

그러나 1986년부터는 농민을 위해 더 나은 가격을 제공하고 농촌의 인프라 및 농촌 지원 서비스에 막대한 투자를 함으로써 상황을 바꿔나갔다. 사람들은 농촌으로 돌아가기 시작했고 심지어 교육을 받은 나이지리아인조차 갑자기 직업으로서의 농업에 관심을 보였다. 5년이 지나지 않아 나이지리아의 식량 수입 규모는 1980년의 6분의 1 수준인 연간 4억 달러로 감소했다. 면, 코코아, 고무, 야자유, 땅콩 생산량도 증가했으며 이전에 섬유를 수입했던 섬유 공장들은 국내산 면을 사용하기 시작했다.

이러한 성공의 대부분은 운송 및 가공 부문에 더 많은 시장경쟁을 도입함으로써 농부들이 남길 수 있는 이익을 늘려주었기에 가능한 것이었다. 그러나 정치인들이 물류업체, 가공업체, 운송업체 및 그 외 중간업체들의 요청을 들어주면서 시장경쟁은 감소했다. 1990년대 후반 나이지리아는 스스로 생산 가능한 식량과 원자재를 수입해야 했고 이로써 다시금 경제난에 빠졌다.

비효율과 독점이라는 근본적 문제를 해결하는 대신, 아프리카 정부는 과거보다 줄어들고 있는 부수입의 분배 방식을 두고 국제기구들과 다투기 시작했다. 또한 정부는 국제기구들이 증산에 도움 되지 않는 일을 강요한다며 자국민들을 속였다. 물론 똑똑하고 정직한 정책 입안자들도 많았다. 무슨 일이 벌어지는지 알고 있는 데다 농촌 지역의 소득이 높아지려면 도시민들이 약간의 희생을 감수해야 한다는 걸 인정하는 이들 말이다. 그러나 그들은 좀처럼 우위를 점하지 못했고 대개는 기득권이 승리를 거뒀다.

외국 원조기구들은 정부 예산에 돈을 쏟아부었다. 아프리카의 의사
결정자들에게 더 나은 정책의 효과가 나타나는 데까지 걸리는 시간을
포함, 숨 쉴 여유를 주기 위해서였다. 하지만 여전히 삭감되어야 하는
정부 지출 항목들도 있었다. 가장 큰 논란은 가난한 사람들에게 피해
를 끼치지 않고 어떻게 지출을 삭감해야 하는지를 둘러싸고 벌어졌다.

사실 빈민구제 프로그램은 거의 없었다. 일반적인 국가예산의
90퍼센트는 공무원 급여에, 10퍼센트는 나머지 다른 항목(차량, 휘발유,
전기, 교과서, 의약품, 붕대 등)을 위해 사용되었다. 도움을 주기보다는 낭
비되는 보조금도 많았다. 가령 탄자니아에서는 무료 비료가 시골집 벽
을 하얗게 칠하는 데 낭비되거나 외부에 방치된 탓에 비를 맞아 상태
가 안 좋아지기도 했다. 그런가 하면 다른 국가에서는 과도하게 사용
되어 토양과 수원에 해로운 영향을 미치는 경우도 있었다. 보조금으
로 지원된 음식은 가난한 사람들 대신 고위직과 유착된 군인과 공무
원들의 손에 들어갔다. 농부들은 도시에서의 곡물가격 통제 탓에 작물
에 대한 공정한 보상을 받을 수 없었다. 방글라데시 여학생을 위한 무
료 교과서 제작과 같이 다른 나라에서 사용되는 특수 목적의 보조금
지원은 아프리카에서 시도될 수 없었는데, 이는 낮은 정치적 책임의식
과 갈취 때문이었다.

구조조정 초기의 몇 년 동안 예산의 많은 부분을 차지했던 보건 및
교육 서비스는 삭감의 타격을 많이 받았다. 나중에 세계은행 및 다른
원조기구들은 그 과실을 인정하고 차관에 '기초보건 및 교육 서비스
분야에서 예산 삭감을 최소화해야 한다'는 조건을 추가했다. 그러나 모

든 교육 및 의료 지출이 빈곤감소에 중요한 것은 아니었다.

1980년대 말 코트디부아르는 다른 어떤 나라보다 많이, 국가예산의 절반을 교육과 보건에 투자했다. 그러나 여성의 60퍼센트는 여전히 문맹이었고, 12퍼센트의 소녀만이 중학교에 등록했으며, 유아 두 명 중 한 명만이 일반적 질병과 관련된 예방접종을 받았다. 또한 초등학교 입학률은 감소일로였고 진료소에는 붕대가, 학교에는 분필이 없었는데, 이는 정부지출이 부유층을 위한 대학과 병원에 치우쳤기 때문이다.

1991년에 정부와 세계은행은 정부지출의 극히 일부(4년간 4퍼센트에 불과했다)를 농촌 지역과 가난한 사람들에게 제공하는데 합의했다. 필수적인 기초 서비스를 제공하는 이 프로그램은 상대적으로 부유한 사람들 사이에서 논란이 되었지만, 대학 입학금 및 장학금은 기존 수준에서 동결되었고, 신규 교사의 급여는 일반 공무원 급여와 동일하게 조정되었다(이전에는 놀랍게도 교사 월급이 50퍼센트 더 높았다). 교과서 가격이 인하되고 값싼 복제의약품이 유명 제약사 제품을 대체하는 등 긍정적인 개선이 이어졌다.

하지만 2년 후에도 달라진 것은 거의 없었다. 기초 서비스에 들어가는 자금은 부족했고, 관리 비용과 병원은 여전히 의료 예산의 절반 이상을 차지했다. 민간약국에 복제의약품을 도입하는 일도 늦어졌으며, 정부는 1억 5,000만 달러의 예산을 지원받았지만 단 한 개의 교실도 짓거나 수리하지 않았다. 국가의 우선순위를 조정할 필요가 있다는 점을 정책 입안자들은 분명 외부인들만큼 느끼지 못했다. 그들은 가장 가까운 진료소로 이동하는 시간을 줄이기보다는 예산의 빈틈을 메우길 원했다.

이러한 행동은 아프리카의 더 큰 문제를 보여준다. 아프리카가 직면하고 있는 경제적 손실을 막기 위한 국제원조 예산은 충분치 않았다. 모든 복구는 더 나은 관리와 명확한 우선순위에 기초해야 했다. 서방은 일시적인 추가 지원은 제공하겠지만 이는 밑 빠진 독에 쏟아붓는 돈이 아닌, 일시적 격차를 메워주는 돈이란 확신이 들 경우에만 가능한 일이었다. 그러나 이러한 일시적 구제책이 필요한 이유를 아프리카인들에게 설명해주는 이는 아무도 없었다.

소액의 자기부담 진료비 제도를 진료소에 도입하는 것과 같은 가혹한 조치에도 이유는 있다. 연구에 따르면 기초 서비스가 실제로 제공되고 지역사회가 모금된 기금을 통제할 경우, 가난한 사람들은 기초 서비스 비용의 최대 10퍼센트까지 지불할 준비가 되어 있었다. 진료소에 의사도 약도 없다면 '무료' 서비스가 별 가치를 갖지 못한다는 점을 알고 있기 때문이다. 그러나 아프리카인들(그리고 다른 지역의 동조자들)은 서방의 원조기구들이 정부로 하여금 가난한 사람들에게 바가지를 씌우게 하고 있다고 불평했다.

물론 실수는 있었다. 아프리카 정부와 같은 원조 당국자들은 때때로 개혁의 더 넓은 목표를 간과했다. 코트디부아르에서 외교 리셉션이 열렸던 어느 날 저녁, 여당 사무총장의 부인이기도 한 교육부 관계자가 내게 부탁을 하기 위해 찾아왔다. "무엇을 도와드릴까요?"라고 묻자 그녀는 이렇게 답했다.

"지난번 세계은행의 학자금 대출 조건 중 하나는 학교에 다니는 자녀 한 명당 8달러의 등록비를 부모에게 청구한다는 것이었습니다. 그런데 실제로 비용을 내는 부모는 거의 없고 우리는 그것이 부당하다고 생각합니다."

학비를 인상하는 것은 경제적으로나 사회적으로 의미가 없다고 생각했기 때문에 나는 이 말을 듣고 놀랐다. 그래서 그녀를 안심시켰다.

"제가 동료에게 이야기해서 그 조건을 없애겠습니다. 만약 내가 여섯 자녀의 아버지이고, 이미 교과서와 교복을 구매했으며, 부유한 가정의 학생들이 3년 혹은 4년 연속으로 유급을 해도 공적 자금으로 대학에 다니고 있다는 것, 그리고 독립 이래 30년간 이 나라의 가장 부유한 동네에서 부동산세가 한 번도 징수된 적이 없다는 사실을 안다면 당연히 그 등록비도 내지 않을 테니까요!"

그녀는 자신이 원했던 것보다 더 많은 내용을 들은 듯 놀란 표정을 지었다. 이후 다른 리셉션에서 우리가 다시 만났을 때 그녀는 나와 악수만 나눈 뒤 이내 다른 곳으로 향했다. 그녀는 경제개혁의 중심에는 효율성뿐 아니라 사회정의의 문제도 있다는 걸 누구보다 잘 알고 있었다.

아프리카의 문제를 시정하려는 노력과 관련하여 만족스러워하거나 당당한 사람은 아무도 없었다. 공여자들은 자유낙하 상태의 누군가에게 안전망을 제공한다 여겼고, 아프리카인들은 자신들이 바닥에 떨어질 때까지 박해당한다고 생각했다. 아프리카의 상황이 안정되길 바라는 원조기구들 입장에선 가끔씩 모래 위에 콘크리트를 붓고 있는 것 같은 느낌이 들었던 한편, 아프리카인들은 자신들이 마취 없이 고통스러운 수술을 받는 데다 수술대 위에서 몸부림치거나 징징거리지 말라는 요구를 받고 있다고 믿었다. 실로 엄청난 오해였다.

당시 젊은이들과의 대화에서 나는 국가를 개인사업자에 비유하며 이런 지적을 했다. 수입이 갑자기 줄어들면 생활 수준을 조정해야 하고, 수공예품 가게를 운영하는데 고객이 발길을 끊었다면 그에 대한 체계적 대응을 세워야 한다. 가게가 3층에 있는데 고객이 가파르고 미끄러운 계단을 오르내리는 것을 좋아하지 않는다면 1층으로 가게를 옮겨야 한다. 상품 진열실이 어둡고 찾기 힘든 곳에 있다면 조명을 밝히고 고객을 위한 안내문을 걸어두어야 한다. 직원들이 손님을 차갑게 맞이한다면 고객 서비스를 가르치고, 만일 회계장부 담당자가 공금을 횡령했다면 그를 해고해야 한다. 하지만 이런 조치들을 취했다 해서 고객들이 다시 찾아들 거라 기대하긴 어렵다. 그 사이 그들은 다른 가게를 발견했을 수도 있기 때문이다.

슬프지만 아프리카 국가 중 어떤 나라도, 심지어 개혁적 성향이 강한 나라조차도 아시아나 라틴 아메리카가 그랬던 것처럼 가게를 청소한 적이 없다. 내가 젊은이들과 이야기를 나누던 1990년대 초, 코카콜라는 서아프리카 본사를 아비장으로 이전하려 했으나 자체 위성통신 시설의 설치 허가를 받지 못했다. 소규모 기업을 지원하는 프랑스의 한 비영리기구는 중앙은행이 기업 활동과 관련한 법규를 갖고 있지 않고 제도 신설을 거부한 탓에 운영을 중단해야 했다. 북서부에서 니켈을 탐사하는 캐나다 팀은 8주의 시추기간 중 6주를 관련 장비가 통관을 마치길 기다리는 데 써야 했다. 이 팀은 아비장에서부터 북서부까지 이동하는 내내 '팁'을 요구하는 검문소 경찰들에게 시달리기도 했다.

'아프리카의 권력자들'은 게임의 방법을 알고 있다. 하지만 그들 중 경제를 변화시키는 데 필요한 새로운 아이디어, 기술 및 접근 방식을 가진 이는 거의 없었다. 아프리카인을 포함한 신규 투자자들이 원하는 것은 초기 학습과 경험 축적의 기간이 아니라 빠르게 규칙을 이해하는 것, 그리고 모두가 그 규칙을 존중하는 것이다.

아프리카는 더 잘하겠다는 결의 대신 다른 방법으로 세계를 놀라게 했고, 변한 것은 거의 없었다. 많은 국가가 다시 성장하고 있지만 그 속도는 인구증가 속도와 겨우 보조를 맞추는 수준일 뿐이다. 현재 실질소득이 1970년 수준으로 회복한 나라는 가나와 우간다, 두 곳에 불과하다. 아프리카 민간저축의 40퍼센트는 해외에 맡겨지는데, 이는 국민이 자국 정부와 은행을 신뢰하지 않기 때문이다. 민간투자를 위한 환경 또한 여전히 암울하다. 2003년 앙골라에서는 정부 요구를 충족시키는 기업 설립 절차를 마치는 데 146일이 걸렸고, 비용도 1인당 연간 평균소득의 여덟 배에 이르는 5,500달러가 들었다.[3]

희망적인 몇몇 면들도 확실히 있다. 남아공은 물론 가나, 우간다, 보츠와나, 모리셔스 등 스스로 관리를 잘해온 국가들은 투자로 수익을 거둘 수 있었다. 2003년의 가나 증권거래소는 세계에서 가장 빠르게 성장하는 거래소였다. 그러나 아프리카 대부분 지역에서 높은 수익은 여전히 높은 위험을 수반한다. 남아공의 경험 많고 활기찬 사업가들은 아프리카의 다른 지역 진흙탕에서 굴러본 적이 있는 사람들이다. 그들 중 한 명은 "아프리카조차도 아프리카와 사업을 할 준비가 되어 있지 않습니다."라고 의기소침하게 인정하기도 했다.[4]

9장

국제원조의
험난한 길

독재와 경제원리에 대한 저항은 아프리카를 뒤떨어지게 했으나 서구는 수십 년간 그 결과를 관대함으로 가려왔다. 페르시아만의 아랍 토후국들을 비롯한 세계 다른 국가들은 풍부한 석유 덕에 운 좋게 뒤떨어지지 않고 살아남을 수 있었다. 그러나 이런 행운을 부여받은 아프리카 국가는 소수에 불과했고 그 소수 모두가 부를 낭비했다. 1970년대 후반 나이지리아는 석유가 넘쳐나 전 세계 축배용 샴페인의 10퍼센트가 수도 라고스에서 소비될 정도였다고 한다(그 샴페인 일부는 순전히 목욕용으로 사용되었다). 대부분의 아프리카 국가에는 그런 행운이 없었지만, 그들의 필요에 대한 세계의 반응은 때때로 이해하기 어려웠다.

내가 무핀디Mufindi 프로젝트에 대해 처음 들은 건 1976년 12월이었다. 이는 탄자니아 남서부의 목재 농장 근처에 펄프 및 제지 공장을 건설하기 위해 세계은행으로부터 재정 지원을 받은 2억 달러 규모의 프로젝트였다. 사업 논리는 충분히 매력적이었다. 보편적 초등교육에 대한 확고한 의지와 빠르게 증가하는 인구를 고려해볼 때 탄자니아는 교과서 보급을 늘려야 할 필요가 있었기 때문이다. 이에 필요한 종이는 수입보단 현지 생산을 하는 편이 당연히 좋을 것이었다.

그러나 이론과 현실 사이에는 큰 간극이 있었다. 투자 규모가 너무 크고 선진 기술이라 탄자니아인을 포함한 어느 누구도 이 프로젝트를 스스로 관리할 수 있다고 생각하지 않았다. 기술지원이 계획되긴 했으나 프로젝트 예산에는 포함되지 않았다. 그랬다면 비용이 예상편익보다 커져 프로젝트가 세계은행 이사회의 승인을 받지 못했을 것이다.

기술지원이 없다는 점과 가정이 다소 비현실적이라는 점을 감안하더라도 프로젝트는 운영비조차 감당하지 못했다. 그로부터 3년이 지나 공장이 문을 열기 직전, 세계은행은 공장 운영을 위해 2,000만 달러의 추가 차관을 제안했다. 좁은 관점에서 봤을 때 이 프로젝트는 아슬아슬하게 '수지가 맞는' 듯 보였는데, 이는 처음에 투자되었던 2억 달러를 과거 비용으로 간주하고 재무적 잔존가치가 없는 것으로 계산했기 때문이다. 모든 미래이익은 공장의 총비용이 아닌, 2,000만 달러의 추가 지원금 대비로만 평가되었다. 안전판은 수출시장이었다. 탄자니아가 이 공장의 전체 종이 생산량을 소화할 수 없다면 잉여분은 세계에서 가장 큰 종이시장 중 하나인 인도로 수출할 계획이었다. 그러나 불행히도 인도는 이미 대규모 제지 생산국이었고 탄자니아산 종이는 높은 운송비 탓에 훨씬 비싸질 것이었다.

그 무렵 워싱턴 주재 세계은행 본부의 탄자니아 차관 담당자였던 나는 그 프로젝트를 포기해야 한다고 믿었고 이는 우리 부서장은 물론 그의 상사도 마찬가지였다. 그러나 고위 간부들은 세계은행이 탄자니아를 이런 상황에 빠뜨려놓고서 달아나면 안 된다고 생각했다.

이사회 논의가 있기 며칠 전 우리는 세계은행 비서실로부터 우려

섞인 전화를 받았다. "세계은행은 이 보고서의 완전성 또는 정확성에 대한 책임을 지지 않는다."라는 포괄적 면책조항이 포함된 예전 표지 양식이 이 프로젝트 문서에 사용되었다는 것이다. 전화를 받은 동료가 문서를 회수하고 새로운 양식의 표지로 바꿔야 하는지를 물었을 때 나는 이렇게 답했다.

"아뇨. 면책조항이 표시된 표지라서 오히려 다행인걸요."

프로젝트는 세계은행 이사회가 기술지원을 승인한 후에도 제대로 운영되지 않았다. 세계은행조차도 국영 산업은 여전히 중요한 역할을 한다고 믿어 '하드 머니hard money', 즉 세계은행의 자체 차입 자금으로 비용을 조달하던 때라서 무핀디 펄프 및 종이 프로젝트는 해외원조의 '하얀 코끼리white elephants'* 설화가 되어버렸다. 나이지리아의 제철소 및 철강소(대부분은 빛을 보지 못했다)를 제외하고 아프리카 전체에서 최악의 원조 사례가 된 것이다. 탄자니아는 향후 20년 동안 이 어리석은 프로젝트에 들어간 원리금을 상환했다.

당시에는 아프리카 국가들이 직면한 몇 개 안 되는 선택지를 깨는데 큰 관심이 몰렸다. '고정관념을 깨라'는 문구가 경영대학원 사전에 등재되기도 전에 원조 관계자들은 '유연한' 목표 설정을 통해 '큰 아이디어'를 실행하려 노력했다. 나 역시 다른 원조 관계자들이 그랬듯 탄자니아의 전략이 효과적이길 바랐고, 심지어 캐나다 측에 무핀디 프로젝트에 참여할 것을 권유하기까지 했다. 다행히 캐나다는 온전한 정신이 우세했다.

• 비용만 많이 들 뿐 처리하기 곤란한 대상을 일컫는 비유.

⊠ ⊠ ⊠

혹자는 제지 공장이 고용창출 및 불필요한 수입감소 면에서 유익하다고, 혹은 가난한 나라를 돕는 것이 수족관에서 낚시를 하는 것만큼 쉬운 일이라고 생각할 수도 있다. 하지만 다른 나라를 성공적으로 돕는 일은 어두운 바다에서 진주를 찾는 일처럼 어려울 수 있다.

다른 대륙의 예를 들어보자. 1980년대에 세계은행은 인도네시아의 도시 빈민가 개선에 수억 달러를 들였다. 당시의 목표는 쓰레기 수거, 가로등 및 빗물 배수구 설치와 같은 평범한 변화를 도입해 가난한 동네를 보다 안전하고 깨끗한 곳으로 만드는 것이었다.

그러나 결과적으로 가난한 사람들은 임대료 인상 탓에 쫓겨나고 말았다. 그렇다면 임대료는 왜 인상되었을까? 쓰레기 수거차를 위한 진입로가 일반 승용차도 충분히 다닐 수 있을 정도로 넓다는 것이 판명되자 부자들이 그 동네의 허름한 집들을 사서 보수한 뒤 소득이 많은 이들에게 새로 임대했기 때문이다. '예상치 못한 결과의 법칙'이 기가 막히게 작용한 경우였다.

10년 후 유엔개발계획UNDP은 3년간 90만 달러를 들여 코트디부아르 북동쪽 지역의 농부들에게 양파 재배법을 전수하려 했지만 실패했다. 그에 반해 불과 90마일* 떨어진 이웃나라 부르키나파소의 농부들은 비슷한 농업 조건에서 원조 없이 양파 재배로 상당한 수익을 거두고 있었다.

• 약 145킬로미터.

효과적으로 지원하기 어렵다는 것이 노력하지 않는 이유가 될 수는 없다. 해외원조의 기본 철학은 '유대-기독교적 가치'에 기초한다. 전 세계 인구의 3분의 1인 20억 명의 사람들이 하루에 2달러도 안 되는 돈으로 살아가고 있는데, 어떻게 부유한 사람들이 다른 사람들을 돕기 위해 자기 부의 일부를 내어주지 않을 수 있겠는가? 인도인, 브라질인, 나이지리아인이 경제발전을 이루지 못한 상황에서 미국인이나 독일인 또는 이탈리아인은 진정으로 번영했다고 말할 수 있는가? 이러한 형평성 개념은 누진소득세, 실업 및 기타 복지 프로그램, 지역개발 계획 등 우리에게 친숙한 선진국 내 경제 정책들의 기본 철학이기도 하다.

해외원조가 경제적으로도 타당하다는 예는 1946년 세계은행의 설립으로 가장 잘 표현되어있다. 당시 국제부흥개발은행IBRD: International Bank for Reconstruction and Development이라 불렸던 세계은행은 제2차 세계대전 이후 세계무역의 지속적 확장을 촉진하기 위해 설립되었다. 국제부흥개발은행IBRD의 목적은 자선이 아닌 자기이익이었다. 전쟁으로 피폐해진 독일과 일본의 경제를 재건하고 훨씬 더 가난한 타 국가들이 경제적 사다리를 오르게끔 돕는 것은 세계 번영에 필수적인 일로 여겨졌다.

그리고 이 과정은 모든 이에게 혜택을 줄 것이라 예상되었다. 부국들은 자신들이 이미 생산한 제품을 판매할 시장이 준비되는 셈이고, 그들이 정교한 제품(가전, 전자기기, 그리고 종국에는 컴퓨터)의 제조로 전환하면 그들에게 원자재를 공급하던 빈국들은 신발 혹은 섬유 제조와 같은 경공업으로 옮겨갈 것이라 여겼기 때문이다. 이러한 계몽적 자기이익 추구의 논리는 도로 및 발전소 등의 자본 프로젝트를 위한 조건부 원조를 장려했다. 공여국의 전문가와 건설업체, 장비 제조업체들을 활용하여 진행되는 이 조건부 원조는 낭비가 심하고 비효율적이라 이제는 구식이 되어버렸지만, 1950~1980년대에는 국제원조의 지배적인 형태였다.

원조는 자기이익의 다른 측면에도 호소할 수 있다. 나눔은 우리를 더 안전하게 만들지도 모른다. 1970년대 후반 세계은행 총재였던 로버트 맥나마라는 연간 약 500억 달러에 달하는 해외원조가 군비경쟁에 지출된 4,000억 달러보다 국제안보에 있어 더 나은 투자라고 주장했다.[1] 보다 최근에는 빈곤이 대규모 이주나 질병 및 테러의 온상인데도 우리가 이를 무시한다는 주장을 제기하기도 했다.

이러한 추론에도 불구하고 해외원조는 지난 수십 년 동안 정체 상태에 머물렀고 실구매력 기준에서 보자면 상당히 감소했다. 국민총소득의 0.7퍼센트를 빈곤국에 지원해야 한다는 유엔의 목표를 달성한 나라는 덴마크, 룩셈부르크, 네덜란드, 노르웨이, 스웨덴 등 다섯 곳에 불과하다. 미국은 해외원조에 국민소득의 0.25퍼센트 이상을 지출한 적이 없으며 그중 3분의 2는 이스라엘과 이집트, 두 국가에만 사용되었다. 다른 지역의 자립도가 높아짐에 따라 국제원조의 절반가량이 아프리카에 전달되었을 뿐이다. 2005년 3월 토니 블레어 영국 총리의 아프리카 위원회 보고서를 포함한 수없이 많은 국제회의와 전담반이 더 많은 지출을 요구했지만, 이러한 호소는 원조의 지속적 효과에 대해 늘어만 가는 대중의 회의적 시각과 충돌했다.

30년 전만 해도 경제발전과 대외원조의 이점을 암시적으로 보여주기란 쉬운 일이었다. 1950~1975년에 빈국의 기대수명은 35세에서 50세로 15년이 증가했고, 일부 국가의 성인 문해율은 30퍼센트에서

50퍼센트 이상으로 높아졌다. 의료 서비스, 학교, 깨끗한 물에 대한 접근성 또한 향상되었다.[2] 그러나 라틴 아메리카의 부채위기와 아프리카의 부실 정책들로 인해 1980년대는 세계진보에 있어 '잃어버린 10년'이 되었고, 아프리카의 경우엔 1990년대도 그러했다.

지구상에서 가장 인구가 많은 중국과 인도는 20세기 말까지 해외원조보다는 내수, 수출증대, 민간투자, 상업 차관을 바탕으로 앞서갔다. 그 변화의 정도를 요약하긴 어렵지만, 한 가지 설득력 있는 척도는 중국 외환보유고의 급성장이다. 1990년대 중반 세계 원조 예산 담당자들은 중앙은행에 450억 달러 이상을 보유하는 중국에게 계속해서 무상원조가 이루어지고 있는 상황이 어떻게 정당화될 수 있는지 궁금해했다. 2005년 중반까지 중국의 외환보유고는 7,000억 달러에 달했다.

동아시아의 다른 곳에서는 더 작은 국가들이 우수한 경제 정책, 견고한 공공재정, 낮은 인플레이션, 명료한 투자 규정의 힘을 보여주었다. 1960년 한국은 가나만큼 가난했지만 30년 후엔 아프리카에 원조를 제공할 만큼 부강해졌다. 홍콩, 말레이시아, 싱가포르, 대만, 태국, 인도네시아는 '신산업화' 국가 그룹에 합류했다.

1980년대까지 이들 국가의 경제를 꽃피운 것은 원조가 아닌 무역이었다. 해외원조 예산은 적었으나 미국은 역사상 가장 큰 무역적자를 기록 중이었고 동아시아가 생산한 제품의 40퍼센트를 수입하고 있었다. 값싼 전자, 의류 및 기타 경공업 제품의 수입은 미국의 인플레이션을 낮게 유지하고 일반적 생활 수준을 향상시키는 동시에 수십만 개의 해외 일자리를 창출했다. 동아시아는 미국과 유럽이 자본재, 컴퓨터 소프트웨어, 명품 및 엔터테인먼트 서비스와 같은 고부가가치 상품을 차례로 수출하는 뜨거운 시장이 되었다. 2004년까지 미국 수출품의 40퍼센트는 아시아로 향했다. 이것이 세계은행과 IMF가 창설 당시 노동과 자본의 국제적 분배를 통해 지향했던 방식이다.

20세기 말까지 세계은행과 유럽연합EU은 가장 거대한 해외원조 제공자였다. 세계은행은 경제성장 촉진 및 빈곤감소 방법에 대한 세계 지식의 보고이기도 했다. 개별 국가를 위한 회의를 포함하는 국제원조 관련 회의에서 세계은행과 나머지 원조 커뮤니티들(20개 부국 및 유엔 직원 4~5만 명으로 구성되었다)은 시행착오의 경험을 공유했고, 개발 차관 방식들을 소개 혹은 거부했으며, 대체로 실패하긴 했으나 여러 접근을 조화시키기 위해 노력했다.

⊠ ⊠ ⊠

원조기구들은 모든 방법을 시도했다. 1960~1970년대엔 국영 산업을 지원하는 방향이었으나 1980~1990년대엔 민간투자를 촉진하는 방향으로 바뀌었다. 또한 농업, 산업 및 주택과 같은 특정 부문에 대한 신용한도 설정부터 시작해 국가 금융 시스템을 지원하고 세부적인 차관 결정은 현지 전문가에게 맡기는 일, 특정 지역의 복잡한 농촌개발 프로젝트를 위한 자금지원부터 유사 목적의 간접적 달성에 필요한 폭넓은 국가 서비스를 위해 자금을 조달하는 일까지 담당했다.

한동안 수원국 정부는 주요 투자 프로젝트들의 진행 속도를 높이기 위해 지방세, 규제 및 일부 의사결정 과정을 면제해주었다. 그러나 이후 이런 조치들은 정부 측이 이해하지 못하거나 유지관리가 불가능한 인프라가 구축됨에 따라 바람직하지 못했던 것으로 판명되었다. 원조 기구들은 프로젝트 실행을 위해 다른 곳에서 인재들을 끌어와 수원국 정부 내에 특별 부서를 만들었는데, 평범한 정부 조직에 고연봉 전문가들로 구성된 별도 부서를 설치한 것이 오히려 해당 정부를 약화시키고 있음을 나중에 깨달았다.

이러한 접근 방식의 변화 중 예측 불가능한 것은 없었다. 그 변화들은 전 세계 수천 가지 개발 프로젝트에서 얻은 교훈에 대한 응답이자 부국들이 정부를 경제활동의 엔진으로 활용하는 데 있어 직면한 한계를 반영했다. 원조 기획자들은 농업 연구, 도로 건설, 값싼 에너지(수력 전기 등)가 경제성장의 수요 구성요소로 간주되고 결국 보다 균등한 부의 분배를 이룬 라틴 아메리카와 아시아에서의 경험에 의지했다.

1960~1970년대의 원조는 주로 가족계획 프로그램 지원이나 기술 훈련학교 건립과 같은 개별 사업을 통해 제공되었다. 이런 방식은 원조자원이 생산적일 뿐만 아니라 투명하게 사용되게끔, 또 공적 자금이 어떻게 투자되고 있는지를 기부자 의회와 감사자 및 납세자들이 이해할 수 있게끔 해주었다.

1970년대 후반까지 가장 관대한 원조 공여국인 네덜란드, 스웨덴, 덴마크는 공약을 지킨 피지원국 정부에 대한 보다 광범위한 '프로그램' 지원을 주장했다. 이 공여국들은 광범위한 프로그램의 기준이 되는 데다 원조 전문가들로 하여금 현장의 현실을 계속 접하게 해주는 개별 프로젝트를 포기하지 않았다. 그러나 전체적인 경향은 원조의 조건을 완화하고 개발도상국의 젊은 기관들이 그것을 적절하게 사용하도록 신뢰하는 것이었다. 몇몇 국가들에선 신뢰를 바탕으로 하는 프로그램 지원이 곤란한 결과로 이어질 수 있었지만, 우아하게 주장된 바에 따르면 그것 또한 발전의 과정에 해당했다.

이러한 실험들이 시도되기도 전에 회의론자들은 실패를 예상했다. 보수주의자들은 국가라면 마땅히 번영을 위해 자국만의 방법을 찾아야 하고, 외부의 도움은 해당국의 우선순위를 왜곡시키고 국내 저축을 저해하며 의존성을 유발할 것이라 이야기했다. 1981년 경제학자 피터 토머스 바우어Peter Thomas Bauer는 원조에 반대하는 사례를 강력한 세 문장으로 요약했다.

"원조가 개발에 필수적이라는 주장은 피할 수 없는 딜레마에 빠진다. 자본 이외의 개발 조건이 갖춰질 경우 필요한 자본은 현지에서 생겨나거나 정부 또는 기업이 해외에서 구할 수 있을 것이다. 필요조건이 충족되지 않으면 원조를 거두지 못하고 낭비될 것이다."[3]

자유주의 및 사회주의 비판자들은 원조를 "제국주의"의 한 형태 또는 "제3세계에서 자본주의 체제를 수호하려는 시도"로 보았다.[4] 대신 그들은 조건 없이 세계의 부가 재분배되는 편을 선호했다.

40년 동안 원조기구들은 두 비판 모두가 틀린 것임을 증명하기 위해 고투했다. 그들은 외부 지원이 단점들에도 불구하고 필수적이라고 주장했다. 시골 도로, 초등학교, 예방접종 프로그램, 가족계획 서비스, 위생 및 깨끗한 물 등과 같이 사회발전에 필요한 공공 서비스는 민간 투자를 유치하지 못할 것임이 자명했다. 좋은 정책은 단순한 격려를 넘어 실질적 지원을 받을 필요가 있다. 프로젝트의 품질은 영향 연구를 포함한 모니터링 및 평가를 통해 향상될 수 있고, 새로 얻은 교훈은 그다음 프로젝트에 적용될 것이었다.

'제국주의'라는 혐의에 대해 원조기구들은 공적 자금을 도움이 필요한 대상에게 전달하려는 노력 없이 그저 나눠주기만 하는 건 비양심적이라고 주장했다. 1960년대 남아시아에서 이루어진 수확량 많은 작물 품종의 개발과 같은 기술원조는 원조 실무자들에게 자신감을 주었다. 그러나 아프리카에서는 수십억 달러의 원조금이 사용되었는데도 아직까지 인도의 식량공급 상황을 변화시킨 '녹색 혁명Green Revolution '•이 일어나지 않았다.

원조기구들은 피지원국이 특정 개혁과제를 달성할 시 그 보상으로 농업, 교육, 또는 보건 분야 국가 예산의 일부를 재정적으로 지원하는 '부문별 프로그램 원조'를 개빌 촉진 수단으로 선호하기 시작했다. 이는 프로젝트와 기술을 제공하기보단 개발도상국의 국가 정책을 바꾸려는 노력이 더 중요하다는 판단이 점점 강해진 결과였다. 앞서 8장에서 설명한 코트디부아르 교육 및 건강 프로그램이 이러한 부문 전반에 걸친 접근 방식의 예다. 그러나 원조기구와의 합의를 존중할 거라 신뢰할 만한 국가의 수는 매우 적었고, 이 '당근과 채찍' 접근법은 원조 효과에 대한 수년간의 연구결과에 반하는 것이었다.

실제 경험에 따르면 원조는 외국 자본가에게 잘 보이려는 정부보다는 이미 올바른 방향을 설정하고, 자발적으로 파악한 필요에 따라 정책의 우선순위를 설정 및 시행하며, 그에 필수적인 기관을 설립하는 정부의 나라에서 잘 작동한다. 하지만 그러한 판단력과 용기를 갖춘

• 　수확량이 많은 개량 품종을 도입해 식량증산을 꾀하는 개발도상국의 농업 개혁을 지칭.

나라는 아프리카에 거의 없다. 스스로를 개혁하기 위해 진지하게 노력한 소수의 국가는 바닥을 경험하며 순수한 수치심이나 절망으로 행동에 나섰을 뿐이다.

1957년에 아프리카 최초로 독립을 이룬 가나는 1981년까지만 해도 외국의 사업가들이 출장 가기 전 화장지와 같은 필수품들을 챙길 정도로 궁핍한 나라였다. 그러나 해외여행을 떠났던 가나인들은 귀국하기 전 자신도 그와 똑같은 행동을 하는 걸 보고 그동안 참을 만큼 참아왔음을 깨달았다.

가나에선 제리 롤링스Jerry Rawlings라는 군인이 쿠데타로 권력을 잡아 19년° 동안 통치했다. 1980년대 초부터 가나는 보다 신뢰할 수 있는 경제 정책을 채택하고 자국 및 아프리카 나머지 지역이 겪고 있는 쇠퇴를 되돌리기 시작했다. 머지않아 가나는 국제적 압력에 굴복하지 않고 상식을 지지하는 아프리카 미래의 상징이 되었다. 롤링스는 심지어 자신의 가족 구성원을 부정행위 혐의로 처벌함으로써 부패와의 전쟁에 진지함을 보였다.

우간다 역시 1986년까지 15년간 이어진 독재와 무질서를 참을 만큼 참아냈다. 신임 대통령인 요웨리 무세베니Yoweri Museveni는 국가를 구석구

• 1979년 쿠데타를 통해 일시적으로 집권했으나 이후 투표로 선출된 대통령에 정권을 이양했고 1981~1993년에 NDC당의 임시 대표였다가 1993~2001년에 가나 대통령을 역임.

석 샅샅이 청소하며 꾸준한 개혁과 경제성장의 시대를 열었다. 우간다는 1970년에 누렸던 1인당 소득 수준을 다시금 회복하기 위해 20세기 말까지 고군분투한 최초의 아프리카 국가였다. 군사 동료들의 죽음에 분노한 무세베니는 에이즈 근절에 개인적으로 관여한 최초의 아프리카 국가원수였고, 그 결과 2000년까지 우간다는 일부 지역에서 에이즈 감염 수준을 낮춘 첫 국가가 되기도 했다.

에티오피아 및 에리트레아와 같이 단단히 결심한 여타 국가들은 치열한 독립전쟁에서 승리한 뒤 주요 사회 개혁을 도입했다. 다시 말하건대, 그렇게 한 이유는 자국의 목적을 위해서였다. 에티오피아의 지도자인 멜레스 제나위Meles Zenawi는 식량공급의 안정과는 별개로 인플레이션이 소농의 주된 적이라 믿었다. 또한 그보다 몇 년 앞서 그는 자신의 군대에게 지뢰밭을 건너게 하는 것보다 국민들에게 경제 개혁이라는 비유적 의미의 지뢰밭을 건너라 요청하는 쪽이 더 쉽다는 걸 깨달았다고 했다.

이웃나라 에리트레아는 거미줄 같은 정부 규제를 단호히 제거하여 아프리카에서 혜성처럼 잠깐 빛났다. 이 나라는 외국인 컨설턴트와 값비싼 연구 없이도 공직자 규모를 축소했을 뿐 아니라 정부에 남아 있는 이들의 급여와 근로조건도 개선했다. 개혁은 성공적이어서 사업허가증 발급기관의 직원 수는 250명에서 35명으로 줄었고 대기시간 또한 6개월에서 24시간으로 단축되었다. 널리 확산될 수만 있다면 이러한 조치들은 나머지 아프리카 지역을 변화시킬 것이었다. 그러나 불행히도 이러한 도약 직후 에티오피아와 에리트레아는 서로와의 새로운 전쟁에 봉착했고 그에 따라 국방 예산도 급증했다. 대다수 시민은 두 지도자가 자신들이 선출한 정치인이 아닌, 승리한 군인이라는 점에 분개했다. 에티오피아인 또한 멜레스는 모든 국민의 이익보다는 자기 민족 그룹인 티그라이인Tigrayan의 이익을 위해서만 매진한다고 여겼다.

이러한 상대적 성공 사례들이 시사하는 것은 무엇일까? 개혁이란 반드시 국가적 굴욕이나 전쟁을 거쳐야 한다는 것일까? 아마 아닐 것이다. 이런 예들은 수원국 스스로 추진하는 변화가 가장 효과적이라는 점, 그리고 서방이 원조에 대한 현재의 접근 방식을 바꿔야 한다는 점을 분명히 보여준다.

✠ ✠ ✠

2001년 부활절 일요일, 나는 중앙아프리카공화국에서 일하는 아프리카인 세 명과 함께 그 나라의 깊은 숲속으로 차를 몰고 가고 있었다. 차 안에서 그들이 현지 상황에 관해 이야기할 때 나는 내 귀를 믿을 수 없었다. 한 사람이 "이 나라, 유엔신탁통치를 받아야 할 때가 된 거 아닐까요?"라 묻자 다른 이들도 동의했던 것이다.

그것은 냉소적 비판이 아니라 문제에 대한 냉정한 평가였다. 그들이 언급한 것은 제1차 세계대전 이후 독일 식민지의 통치를 위한 국제협정이었다. 당시 영국은 탕가니카와 독일령 카메룬에 대한 관리 요청을, 벨기에는 현재의 르완다와 부룬디에 대한 통제권을 받았으며, 남아공은 남서아프리카(지금의 나미비아)를 다스렸다. 아프리카인들은 항상 아프리카를 가장 가혹하게 비판해왔지만 이젠 너무 깊어져 재식민지화까지도 문제의 해결책으로 받아들일 준비가 되어 있던 것이다.

열흘 후 유엔사무총장의 중앙아프리카공화국 특별대표도 뉴욕의 한 사무실에서 비슷한 제안을 했다. 놀라울 정도로 지적이고 이상주의적인 그(현재 말리의 대통령이다)는 이렇게 질문했다.

"자립하려 하지 않는 국가를 왜 도와줘야 할까요?"

그의 이어진 대답은 국제사회가 그 국가의 국민 및 소지역의 안정을 돕기 위해 계속해서 노력해야 한다는 것이었다. 그러나 유엔이 확고한 권한을 갖기란 정치적으로 불가능하기에, 그는 세계은행과 IMF가 대통령실 및 총리실에 고문들을 두는 것을 제안했다. 나는 그러한 해결책이 다른 많은 나라에서 시도되었으나 실패했음을 정중하게 지적했다.[5]

이 두 가지 일화는 국제사회의 지속적인 도움과 지도에 대한 아프리카인의 갈망을 보여준다. 새로운 원조기금이 아프리카에 반드시 도움이 되게끔 하는 것은 실제로 식민주의와 유사한 일일 수 있다. 그러나 이는 외국 열강이 열대우림과 토양에서 자신들이 가져갈 만한 것을 약탈하는 것이 아닌, 관대한 국가들이 아프리카와 세계를 위해 옳은 일을 하는 식민주의라 하겠다.

아프리카에 대한 해외원조는 여러 이유로 바뀌어야 한다. 첫 번째는 원조가 전체적으로 효과가 없었다는 것이다. 한 가지 분명한 성공 사례는 서아프리카에서 사상충증*을 퇴치한 것이었다. 공여국 정부들과 국제 제약회사들(국제사무국이 적극적으로 지속시켰다)은 25년간 협력적 파트너십을 통해 수백만 명에 달하는 아프리카인의 시력과 지역 농

• 강에 사는 일부 파리의 기생충을 통해 감염되는 열대 피부병으로 사람의 눈을 멀게 할 수도 있음.

업을 망치던 기생충을 퇴치했다.

성공 여부에 논란의 여지가 있는 사례도 있다. 전 세계 환경 및 인권 단체들에 의해 거의 막힌 차드-카메룬 송유관은 수익이 제대로 관리 된다면 차드의 경제를 변화시킬 것이고, 문화교류 프로그램, 특히 아 프리카 지식인과 전문가 수천 명을 위한 미국 유학 프로그램과 민주주 의와 인권을 지지하는 소규모 보조금 프로그램은 아프리카 개혁가들 의 지평을 넓히고 희망을 높이는 데 긍정적인 영향을 미쳤다. 그러나 보건소, 학교, 문맹퇴치 프로그램, 깨끗한 물 공급 및 위생 등 빈곤의 직접적 해결을 위한 분야에서 이룬 결과는 매우 실망스러웠다. 성공한 것들은 규모가 작거나, 일시적이거나, 혹은 비용이 너무 많이 들어 더 큰 규모로 재현하기가 어려운 것들이었다.

원조계획이 지역에 맞춰 잘 고안되거나 원조자금이 본래 의도한 목 표에 도달하는 경우는 거의 없다. 정부가 제대로 작동하는 몇 안 되는 아프리카 국가 중 하나인 우간다에서조차 1998년 초등교육에 지원된 원조기금 중 실제로 학교에 전달된 것은 30퍼센트 미만이라는 점이 밝 혀졌다. 잃어버린 돈 모두가 도난당하거나 낭비된 것은 아니었고 중간 급 관리자들이 일부를 다른 우 선순위에 사용했다.

아프리카인과 서구인 사이에서 일어나는 기본 가치의 충돌 역시 또 다른 복잡한 요소다(11장 참고). 아프리카 지도자들은 이제 기꺼이 '빈 곤'에 대해 이야기한다. '거버넌스'가 주제일 땐 불쾌함을 드러내긴 하 지만 자국민보다는 외국인들과 이런 토론을 선호한다. 물론 일부 국가 에선 부끄러운 정보의 누출을 방지하기 위해 빈곤 연구가 금지되었다. 그러는 와중에도 원조기구는 계속해서 프로젝트를 내놓고, 일부 아프리카 관리들은 협력하려 노력하며, 또 다른 일부는 사적 이익을 얻으려 애쓰고, 아프리카 대중은 이 모든 프로세스의 비효율성에 계속 불신의 시선을 보내고 있다.

대담한 척했지만 원조 활동가들은 패배를 인정했다. 1990년대에 세계은행 아프리카 지부는 아프리카 전체 경제성장 수치의 인용을 거부했는데, 이는 가중평균이 가장 큰 국가들(나이지리아, 콩고, 수단, 에티오피아, 심지어 남아공까지)의 저조한 성과를 보여줄 것이기 때문이었다. 대신 세계은행은 격려 차원에서 '일반적인' 경제의 발전을 언급하며 아프리카가 '전진 중'이라고 말했다. 이렇게 통계, 또 오해의 소지가 있는 말들을 편리한 대로 사용하는 것을 일컬어 아프리카의 한 베테랑 관찰자는 아프리카판 '포템킨의 속임수Potemkin deception*'라 했다.[6]

세계 최고의 경제학자 중 일부는 아프리카 문제들에 많은 노력을 기울였으나 거의 성과를 거두지 못했다. 2000년 세계은행은 20년 만에 아프리카 대륙의 경제적 전망에 대한 세 번째 주요 연구를 발표했다. 이 연구가 제시한 처방은 본질적으로 1989년 및 1981년의 처방과 동일했다.

그중 하나는 원조 기획자들에게 있어 지속적 주제인 역량강화였다. 1980년부터 연간 약 40억 달러가 교육, 기술지원 및 다양한 기관 연구에 사용되었으나, 그동안 아프리카의 잠재력은 거의 달라지지 않았다. 인재들은 밖으로 드러나지 않은 채 자신의 역량을 보여줄 진정한 기회

● 18세기 말 러시아의 예카테리나 2세(Ekaterina II)가 크름반도 지역으로 순시를 나오자, 당시 그곳의 총독이었던 그리고리 포템킨(Grigory Potemkin)이 낙후된 그 지역을 번성하는 곳처럼 보이게끔 외양만 화려한 가짜 마을을 조성한 것에 빗댄 비유.

를 기다리거나 다른 국가로 이주했다.

2000년 이후 국제회의에 빈번히 등장한 주제는 원조의 영향을 보다 효과적으로 측정하는 방법이었는데, 그 속에는 기존 기준으론 올바른 결과를 얻을 수 없다는 불만이 감춰져 있었다. 그러나 이는 흡사 더 좋은 온도계로 지구온난화를 막을 수 있기를 바라는 것과 같았다.

최근의 발전 중 하나는 세계은행을 포함한 일부 원조기구들이 자선단체로의 전환을 시도했다는 것이다. 이들은 아프리카 정부를 효과적으로 우회, '커뮤니티 주도' 프로그램을 통해 수혜자에게 직접 자원을 제공하고 비정부기구를 활용하여 그것을 관리하려 한다. 그러나 정부가 이들을 어느 정도까지 통제하면서 자율성을 부여할 것인가 하는 점에선 분명 한계가 있다.

✖ ✖ ✖

해외원조에 대한 궁극적 비난은 아프리카인이 그것을 거의 믿지 않는다는 것이다. 세계은행 서아프리카 지부를 이끌기 위해 아비장에 도착한 직후 나는 미국에서 교육을 받은 한 거칠고 직설적인 일류 사업가를 방문했는데, 그의 날카로운 말을 듣고선 거의 그 자리에 쓰러질 뻔했다.

"지부장님은 우리가 모르는 우리 정부에 대해 무엇을 알고 계십니까? 저는 이곳에서 '민주주의'라 불리는 의자 뺏기 놀이에 지부장님이 놀아나지 않으시길 바랍니다. 그들에게 왜 돈을 빌려주시는 건가요?

저라면 절대 그러지 않을 텐데요."

그 말은 아비장에서의 3년 동안 내 귓가에 맴돌았고 지금까지도 그렇다. 이 질문은 2002년 중앙아프리카공화국에서 다른 형태로 나타났다. 그곳에서 나는 기업가, 노동조합원, 고등학생, 그리고 인권운동가(그들은 미행하는 이들을 따돌리기 위해 서로 다른 택시를 타고 오느라 늦었다)들을 만났다. 해외 공여자들에게 있어 교육이 얼마나 중요한 요소인지에 대해 들은 후 학생들은 국가 대신 세계은행이 학교를 운영할 수 있는지 물었고, 나는 그것이 비현실적인 이유를 설명했다. 이 책의 서문에서 묘사한, 절박했던 기니 학생 두 명이 같은 문제로 유럽의 관심을 끌기 위해 죽었다는 것을 떠올리면서도 말이다.

"그럼 정부가 아닌 국민에게 직접 돈을 주는 건 어때요?"

학생들은 끈질겼다. 나는 그것이 물리적으로 가능하다 해도 아프리카에 대한 세계은행의 연간 원조액은 극빈자들의 직접적인 필요를 고작 열흘 동안만 충족시켜주는 수준이라고 말했다. 덧붙여 정부와 원조기구들은 가난한 사람들이 자신의 삶을 개선하는 데 도움이 되는 정책, 프로젝트, 프로그램과 공적 토론에 투자해야 한다고 이야기했으나 학생들은 이해하지 못했다. 그들이 보기에 자신들은 즉각적인 도움이 필요했고, 정부는 분명 그들의 요구에 귀기울여주지 않고 있었다.

원조가 크게 비효과적이라면 이는 굴욕적인 일이다. '주는 자와 받는 자를 축복'하는 셰익스피어의 자비와 달리 해외원조는 양쪽 모두를 훼손시키고 부패하게 만들기도 한다. 원조기구 관계자들은 비즈니스 클래스를 타고 고급 호텔에서 빈곤 관련 세미나를 개최하는 데 익숙해지면서도, 한편에서는 수여국 정부의 사치에 대해 불평을 늘어놓는다.

그런가 하면 다양한 조건과 규제에 직면하여 균형 감각을 잃어버리는 경우도 있다. 2002년 세계은행의 한 관계자는 니제르에서 열리는 사흘짜리 교육 과정에 참석하기 위해 1주일을 머무른 차드인을 보았다. 그들의 명백한 부정에 분개한 관계자는 공개적으로 그들을 질책했으나 사실 차드행 항공편은 매주 1회밖에 없었고, 그들 중 일부는 일급을 다 써버려 공항 바닥에서 잠을 잔 형편이었다.

경제 및 사회 정책에 대한 원조기구과 정부 간의 일방적인 '대화' 또한 굴욕적이긴 마찬가지다. 많은 현지 공무원이 문제의 논의에 필요한 훈련과 정치적 유연성이 부족하다. 그래서 이런 상황을 알고 있는 일부 원조기구 사람들은 본론으로 곧장 들어가는 대신 전략적으로 접근한다. 하지만 본론으로 곧장 들어가나 전략적으로 접근하나 결과는 대동소이하다. 아프리카인들을 설득하는 데는 필요한 것보다 더 많은 자금을 필요로 하고, 결과적으로 완전한 합의에 도달하는 경우는 거의 없다. 물론 아프리카가 아닌 다른 대륙에서도 완전한 합의 도출은 어렵지만 이는 수여국들의 정책 입안자들이 스스로 결정을 내리고 실수를 하기 때문인데 반해, 아프리카의 정책 오류는 대개 일방적 대화에서 비롯되는 경우가 많다.

2000년 3월 나는 국방비 지출 삭감 노력에 대해 동조를 구하고자 아프리카 교회 지도자들에게 세계은행이 우간다에서 하는 일을 소개하는 영국 TV 다큐멘터리를 보여주었다. 그러나 메시지는 전달되지 못했다. 영상을 본 지도자 중 우간다인들은 세계은행 직원이 자신들의 대통령에게 말하는 방식이 거칠다며 불평했다. 내게는 그 직원이 지나칠 정도로 정중히 말하는 것으로 보였는데도 말이다.

오랫동안 원조 비판자들은 정책 개혁과 프로젝트가 수원국에 강요되었다고, 또 정부는 복화술사의 인형처럼 원조기구들이 듣고 싶은 말만 한다고 불평했다. 원조 전문가들은 이 과정이 눈에 보이는 것처럼 단순하진 않으며 일부 해결책은 상황에 더 좌우된다고 반박했다. 양측 모두는 국가의 '소유권'과 '파트너십' 증대의 중요성에 공감하고 있다. 그럼에도 1960년대보다 더 자기주도권을 가진 아프리카 내의 정부는 이제 찾아볼 수 없다.

자기주도권의 부족은 기이한 결과를 초래할 수 있다. 1998년 1월 아프리카 국가원수 회의에서 모잠비크 대통령과 우간다 대통령은 자신들이 원조 관계자들에게 좌지우지되는 기분을 이렇게 설명했다.

모잠비크의 요아킴 치사노Joaquim Chissano 대통령은 세계은행에 국토를 양분하는 잠베지강을 가로지를 다리 건설에 자금을 지원해달라고 요청했다. 교통조사를 실시한 교통 전문가들은 그런 투자의 타당성을 담보하기엔 양쪽 도로를 이용하는 차량이 너무 적다는 결론을 내렸다.

"당연히 그럴 겁니다."

대통령이 투덜거렸다.

"우리나라는 가난하기 때문에 자동차가 별로 없어요. 그리고 다리가 없으면 강 쪽으로 이동하려는 차량도 없을 테고 말입니다!"

우간다의 무세베니 대통령도 자신의 일화를 들려주었다.

"몇 년 전 세계은행 전문가들은 우리에게 도로보다 통신이 더 우선순위가 되어야 한다고 했습니다. 그래서 우리는 외딴 마을에 아주 멋진 전화 부스를 갖게 되었지요. 그곳 사람들은 수도에 있는 사촌들에게 전화해 '너와 얘기를 할 수 있어 좋긴 한데, 도로가 물에 쓸려가버려 널 만나러 갈 순 없어.'라고 할 수밖에 없었어요."

원조가 비효과적이고 모욕적이라면 대규모 원조 역시 그저 낭비될 가능성이 있다. 자금을 현명하게보다는 대규모로 지출해야 하는 압력이 더 크다는 점은 원조기구들조차 계속해서 인정해왔다. 물론 외국인이 정부 대신 통제하는 데는 한계가 있고, 프로젝트 관리에는 비용이 많이 들며, 심지어 겉보기엔 정교한 회계 절차도 복잡한 행정이라는 밀림 속의 무화과나무 잎사귀에 불과할 수 있다. 신뢰와 공동의 목적이 없다면 원조는 길을 잃을 수밖에 없다.

⌘ ⌘ ⌘

그럼에도 서구의 원조기구들은 이런 점들에 기죽지 않았다. 원조 담당자들은 일반적으로 동정심이 많고 활기차며 상상력이 풍부한 이들이고, 불가능한 일을 하는 것은 그들 업무의 일부이다. 프로그램이 중단되면 원조기구의 고위 관리자는 국가가 아닌 기관 지부장에게 문제가 있다고 생각한다. 원조기구는 스스로가 수원국 정부들에게 엄격하다고 생각하지만 실제로는 지속적으로 그들을 방치하고 있다. 아프리카를 오랫동안 지켜본 경험 많은 관찰자가 쓴 최근의 소설에는 이러한 자기망상이 생생하게 패러디되어 있다. 다음은 공개 성명 발표를 위해 비공개로 만나는 정부와 원조 담당자에 대한 저자의 묘사다.

"여자가 단 한 명도 없는 방 안의 남자들은 서로를 잘 알고 있었고 대부분 서로 존중했다. 그러나 우스갯소리에는 날이 서 있었고, 각각의 재담이나 농담 뒤에는 사연이 있었다. 한 단락씩 초안을 작성한 회담에서 도출되는 성명서의 한 줄 한 줄 모두는 원조 관계자들에게 전쟁터와도 같았다. 배경지식이 없는 사람들에겐 공식 성명이 토론의 단조로운 재탕 정도로 보이겠지만, '원조 관련 용어'를 아는 이들에겐 의미하는 바가 컸다."[7]

이 일화에 따르면 경제안정을 위한 수원국 정부의 '노력'을 칭찬하는 건 '더 열심히 노력했어야 했다'는 뜻이었다. 또한 '초기' 또는 '최근' 성공에 대한 언급은 의심하며 받아들여야 했다. '초기'는 정부가 착수한 일이 앞으로도 계속 진행될지 원조기구가 의심한다는 의미이고, '최근'은 약속을 실천하는 데 정말 오랜 시간이 걸린 정부에 대해 불만을 나타내는 표현이기 때문이었다.[8]

마음이 확고한 사람들조차도 지나치게 깊은 사려나 이해심을 보이려는 함정에 빠지곤 한다. 일단 어려운 형편의 나라에 전념하면 원조 담당자는 구름 너머의 희망을 보려는 경향이 있다. 2002년 세계은행은 차드의 보건부가 부채 탕감 자금을 사용하여 입찰 없이 단일 회사로부터 비싼 병원 장비를 구매했다는 사실을 알게 되었다. 재무부 장관은 이에 즉각 대응하여 해당 계약을 취소하고 적절한 입찰을 요구했으며 보건부 장관을 해고했는데, 이에 만족하지 못한 IMF는 다른 모든 최근 계약에 대한 감사監査를 주장했다. 나는 재무부 장관이 진지하게 대응했다는 점, 그리고 다른 계약들을 조사하는 데 약간의 여유를 주어야 한다는 점을 이야기했으나 결국 상황은 IMF가 원하는 대로 됐다. 나는 차드 정부가 무죄추정의 원칙을 적용받길 바랐으나(어쨌든 신고를 한 것은 차드의 보건당국자들이었다), 이젠 서구 납세자들 대부분이 IMF의 접근 방식에 동의할 거란 점을 인정한다.

원조기구들은 선택과 집중을 통해 낭비 및 비효율을 피하려 노력해 왔다. 그러나 중요한 것과 거의 중요한 것, 근본적 원인과 빈곤악화 요인 사이에 선을 긋기란 쉽지 않다. 그 결과 너무 많은 국가와 활동들을 대상으로 원조 프로그램이 확대되었고, 그에 따라 누군가에게는 희망고문을 하고 누군가에게는 불충분한 지원을 제공한다. 마치 잡초와 꽃모두에게 물을 주는 것처럼 말이다.

때로는 새로운 시각과 할 수 있다는 태도가 복잡한 상황을 극복할 수도 있다. 2002년 5월 아일랜드의 록스타 보노Bono는 미국 재무장관인 폴 오닐Paul O'Neill에게 아프리카가 직면한 개발과제가 얼마나 어려운지 보여주고 싶어 함께 아프리카 4개국을 여행했다. 국제언론은 그들을 '이상한 커플'이라고 묘사했다. 국제부채의 탕감을 열심히 옹호하는 운동가인 보노는 검은 안경의 멋진 모습을 한 채 군중 속에서 편안해 보였다. 두 대기업의 전 회장이었던 오닐은 이사회용 복장을 했다. 한 마을에서는 전통 추장의 옷을 입는 것조차 주저했는데, 이는 아마 이튿날 아침 「뉴욕타임스The New York Times」 1면에 자신이 우스꽝스럽게 보일 것이 두려워서였을 것이다.

그러나 여행 첫날, 그는 가나에서 인구의 절반만이 깨끗한 물을 이용할 수 있다는 사실에 소년처럼 충격을 받았다. 그가 보기에 이 문제는 비교적 적은 돈으로 해결할 수 있는 것이었다. 그는 "좋은 물이 없으면 사람이 병들고 농작물이 자라지 않습니다. 아무런 개발도 시작할 수 없지요."라고 지적했다.[9]

결국 보노는 오닐 장관의 외곬성에 두 손 두 발을 들었다. 그들이 우간다를 방문했을 때 오닐은 우간다 대통령에게 2,500만 달러의 비용으로 전체 인구에 깨끗한 물을 제공할 수 있다고 말했다. 20억 달러에 가까운 돈을 청구한 어느 컨설턴트의 연구를 대통령의 고문들이 보여주자 오닐은 고개를 저으며 말했다

"무세베니 대통령님, 이 연구는 디트로이트나 클리블랜드 같은 곳에 있는 수도 시스템의 구축을 권고하는 것이네요. 그러나 이곳에서 그런 수준의 시스템은 100년 후에나 필요할 겁니다. 지금은 우물을 파고 관리만 잘하면 됩니다. 나머지는 당신들이 처리할 수 있어요. 우리는 빨리, 아마도 1~2년 안에 해낼 겁니다."[10]

보노와 마찬가지로 원조 관계자들은 오닐의 결론이 단순하다고 생각했으나 사실 그의 말에는 일리가 있었다. 개발의 큰 그림 중 일부는 다른 부분들보다 더 중요하고 다루기 쉬운데, 그런 것들을 해결하는 데는 많은 자금이 아닌 명확한 목표 설정이 필요하기 때문이다.

❈ ❈ ❈

아프리카에서 원조 관계자들은 임기응변과 정치적 타협에 취약했다. 그 예로 1970~1980년대에 두드러지게 논의되다가 1990년대에 화제에서 사라진 인구 정책을 들 수 있다.

아프리카는 지구상에서 가장 젊고 성생활도 가장 활발한 인구구조를 가지고 있다. 국민 두 명 중 한 명이 15세 미만인 아프리카 국가도 많다. 여덟 명 중 한 명꼴인 캐나다, 미국과 대조적이다.[11] 또한 지구상

에서 가장 출산율이 높은 상위 40개국 중 34개국이 아프리카 국가다.

그러나 아프리카인들이 "우리의 유일한 재산"이라 일컫는 후손들을 유지하면서도 가난하다고 불평하자 원조 관계자들은 이러한 수치의 인용을 그만두었다. 아프리카 여성들은 산아제한 실천에 긍정적이었으나 그들의 정부와 남편들은 부정적이었다. 남편들은 대가족, 혹은 더 많은 아들을 갖고 싶어 했고, 따라서 콘돔 및 상담을 제공하는 공공 서비스는 제대로 진행될 수 없었다.

인구 정책이 효과적인 아프리카 국가들은 거의 찾아볼 수 없다. 1980년 세계은행의 첫 구조조정 프로그램의 일환으로 케냐 대통령은 자신이 가족계획국가위원회National Council on Family Planning 위원장 역할을 맡는 데 동의했다. 높은 정치적 의지 덕에 케냐는 아프리카에서 세기말까지 인구증가를 감소시킨 몇 안 되는 국가 중 하나가 되었으나, 이러한 감소가 추세로까지 이어지진 못했다.

가족 차원에서 봤을 때 지나친 다자녀로 인해 치르는 대가는 너무나 분명하다. 다수는 영양실조에 걸려 지능과 신체의 힘을 키울 기회를 얻지 못했다. 국가 차원에서 인구증가는 취약한 의료 및 교육 시설을 악화시켰다. 수십만 명의 초등학생이 한 교실에 150~200명씩 앉아야 하고, 등록률과 문해율은 떨어지고 있다. 인구 문제는 매우 섬세한 사안이지만 그것을 무시할 때의 결과는 혹독하다.

아프리카의 한 친구는 40년 전 이렇게 예언했다.

"아프리카가 식민주의, 산아제한, 그리고 빠른 개발을 위한 '빅 푸시'를 거부한다면 유일한 해결책은 의사를 모두 없애고 사망률을 높이는 것이다."[12]

40년 전이면 에이즈가 확산되기 훨씬 이전이다. 만약 더 많은 여성이 출산을 조절하고 더 많은 아프리카인이 콘돔 사용에 익숙했다면 에이즈 확산 속도를 늦출 수도 있었을 것이다.

정치적 타협, 특히 그것이 은폐하는 어려움을 수천 마일 떨어진 곳에서 저항하기란 어려운 일이다. 대부분의 아프리카인은 진실을 들을 준비가 되어 있다. 하지만 모호하고 우회적인 헛소리에 너무나 익숙해진 탓에 그들의 통치자가 진실을 말하면 오히려 그 말에 담긴 다른 관점을 들어야 안도한다. 불행히도 아프리카의 가장 큰 단점 중 하나는 아프리카인들의 자발적 참여와 이해의 부족이다. 이에 반해 아프리카에서는 거의 그렇지 못하다. 억압적인 정부, 교육받지 못한 이들은 아프리카를 역농으로 이끌지 못하고 전통에 갇히게 하고 있다.

짐 울펀슨 총재는 세계은행에 합류한 직후 브라질 상파울루시 외곽에 있는 불법거주자 정착촌의 식수위생 사업지를 방문했다. 지역 부지사가 그를 안내하는 동안 한 무리의 여성들이 즐겁게 종이를 흔들며 그 뒤를 바짝 뒤따랐다.

"저들이 왜 행복한지 아십니까?"

부지사가 물었다.

"더 이상 어깨에 물 양동이를 메고 이 가파른 언덕 위를 오를 필요가 없기 때문일까요?"

울펀슨이 추측하자 부지사가 답했다.

"그렇지요. 하지만 그것 때문에 저 서류를 보여주는 것은 아닙니다."

"그럼 자신들이 프로젝트 비용에 기여했다는 점을 자랑스러워하기 때문일까요?"

"네, 그것도 사실입니다. 그러나 저들이 흔드는 것은 첫 번째 수도세 청구서입니다. 공문서에서 자신의 이름과 주소를 보고, 라디오에서만 듣던 정부 프로그램에 자신들이 포함된 느낌을 받는 것이 처음이라 저러는 것이지요."[13]

아프리카 대중 대부분은 여전히 국가 정책 및 프로그램과 자신이 연결되어 있다는 소속감을 거의 느끼지 못하고 있다.

원조 관계자들은 언론인, 기업인, 노동조합원, 환경운동가, 인권운동가, 기타 지역사회 지도자로 구성된 자체 '자문 그룹'을 만들어 원조기구에 솔직히 조언하게 함으로써 소속감 고취를 위해 노력해왔다. 그러나 공신력 있는 자유언론, 강력한 야당, 모든 층의 여론을 대변할 만한 정부를 그들이 대신하긴 어렵다. 원조기구의 자문 그룹들은 오래되었고 독립성을 잃었다. 또한 회원들은 계속해서 의견을 들을 수 있는 기회와 자문 보수를 소중히 여기기에 때때로 말을 아낀다. 기관 자체의 협의 요구사항을 충족하기 위해, 원조기구는 종종 급하게 준비되고 딱히 예리하지도 않은 대규모 '공개 워크숍'을 개최하지만 참가자들이 논의 주제를 미리 알고 참석하거나 워크숍 이후 제대로 설명받았다는 느낌을 갖는 경우란 거의 없다.

경제는 암실에서 발전시키기가 불가능하다. 개방된 정치 체제와 평등한 경제적 기회 및 공공 서비스에 대한 접근은 확실히 서로 밀접하게 관련되어 있다. 한국이나 대만 같은 일부 국가는 경제가 강해질 때까지 정치적 다원주의를 미뤘고, 일당체제를 유지하고 있는 중국조차도 기초보건 및 교육을 경제성장에 필수적인 부분으로 촉진하고 있다. 그러나 아프리카 대부분의 경제는 1980년대에 전혀 성장하지 않았고,

1990년대엔 역경을 겪었으며, 지금도 여전히 잠재력보다 훨씬 낮은 수준으로 성장하고 있다. 아프리카 국가들이 경제개혁을 촉진하고 성장의 이점을 공평하게 공유하려면 정직한 선거, 강력한 의회, 활기찬 자유언론을 주장하는 것 외엔 다른 대안이 없다.

☒ ☒ ☒

개발기구들은 민주주의와 인권 문제를 오랫동안 기피해왔다. 그러다 드디어 1980년대 후반부터, 그리고 상황이 최악이었던 아프리카에서 원조 관계자들은 '거버넌스'에 내한 우리를 공개적으로 나타냈다.

그러나 이 표현은 핵심을 비껴갔다. '거버넌스'라는 전문 용어를 사용함으로써 서방 정부는 정부의 책임과 정보, 권한의 분산, 사법 제도, 공무원 개혁, 군비 지출, 부패, 비정부기구와의 관계 같은 정부 내부 사안에 대해 논평하는 것이 가능해졌지만 알맹이 없는 담론과 같아 법치와 시민들 간의 개방 및 평등 문화를 강화하는 데 도움 되는 바가 거의 없었다. 어떤 경우에는 상황을 악화시키기도 했다. 판사와 법원 서기를 양성하고, 기록을 전산화하고, 법률과 규정을 통합하면서 거버넌스 프로젝트가 현대화에 대한 망상을 만들어낸 것이다.

세계 기구들의 공식 성명은 더욱 거세졌다. 일례로 2002년 3월 멕시코 몬테레이에서 열린 유엔 개발자금 조성에 관한 국제회의는 원조 수준을 명시적인 정치적 개혁과 연결하는 데 근접했다(그러나 실제로 변경된 것은 거의 없었다). 유럽연합EU은 민주적으로 보이려는 시도조차 더 이상 하지 않는 토고 같은 작은 나라들, 코트디부아르와 짐바브웨처럼 내전 직전에 있는 큰 나라들에 대한 지원을 중단했다. 또한 유럽 국가들은 많은 국가에 선거 참관인을 파견했다.

그러나 아프리카의 폭군들은 계속해서 휴가를 즐기고 있다. 고위 관리를 겨냥한 '똑똑한' 제재에 따라 짐바브웨의 로버트 무가베에겐 유럽과 미국 방문이 금지됐으나 그는 제네바에서 열린 유엔 회의에 참석할 수 있었고 2003년 파리에서 열린 아프리카 정상모임에선 자크 시라크 대통령의 환영을 받았다. 정부가 독재에 놀아나는 한, 해외원조는 빈곤을 위한 근본적 치료제가 아닌 일시적 진통제가 될 것이다.

'정부 대 정부' 원조의 단점은 이제 분명해졌다. 하지만 민간 및 자선 단체는 계속해서 아프리카 발전에 중요한 기여를 하고 있다. 사람과 사람 간의 접촉은 가치를 전달하고 소규모 프로젝트의 즉각적 효과를 능가하는 고무적인 모범이 된다. 공적원조보다 항상 더 효율적이라고 볼 순 없지만 민간 원조는 그 동기가 분명하고 용감하며 결이 있게 전달된다.

한 예로 1993년 초 나는 아비장에서 북동쪽으로 30마일* 떨어진 곳에 있는 이탈리아인 수녀들(4장에서 이야기했던 환자들 식사비를 병원 회계사에게 도둑맞은 그분들이다)을 방문했다. 몇 달 전 그들은 수녀원 옆에 에이즈 진료 및 영양센터를 짓고 싶다고 내게 이야기했다. 나는 현지 대사관과 자선단체에 제출할 제안서의 수정에 도움을 주기로 약속했지만 너무 바빠 실행에 옮길 수 없었다.

---

* 약 48킬로미터.

점심식사 후 원장수녀님은 내게 뭔가를 보여주고 싶다 하셨다. 그분을 따라 가니 집 뒤쪽으로 수백 야드 떨어진 곳에 거의 완성되어가는 대형 에이즈 클리닉이 보였다.

"자금은 어떻게 해결하셨습니까?"

내가 감탄하며 묻자 그녀는 웃으며 말했다.

"절반은 아비장에 있는 프랑스 국제학교에서, 나머지 절반은 이탈리아에 있는 친척들에게서 긁어모았지요."

그들은 나를 포함한 다른 사람들을 하염없이 기다리고 있지 않았던 것이다. 물론 민간도 각기 좌절과 '하얀 코끼리'에 직면한다. 니아살랜드(지금의 말라위)에 있는 한 스코틀랜드 선교사는 1920년대에 이렇게 불평했다.

"때때로 우리는 사람들에게 벽돌 건물을 짓게끔 격려했다. 건물을 짓는 동안 격려와 방문, 그리고 지속적인 감독이 필요했다. 그러나 벽돌과 점토로 이루어진 장엄한 결과물을 노동의 대가로 얻었는데도 마을 사람들은 전통 관습에 따라 이 튼튼한 집이 아닌 새로운 오두막집으로 이사했다. 따뜻하게 데워줄 사람도, 생명력을 불어넣어줄 사람도 하나 없이 싸늘하게 식어가는 벽돌 궁전은 덤불 속에 덩그러니 서 있다. 이후 유럽 사람들은 두 번 다시 일시적 목적을 위해 그렇게 열정적으로 에너지를 쓰진 않겠다고 말한다."[14]

그러나 여러 자원봉사자가 그러했듯 선교사들은 결국 절망을 이겨냈다. 외과의사인 내 동생은 2004년 초에 1주일간 케냐의 시골 병원에서 일했는데, 그곳에서 오랜 친구와 재회할 수 있었다. 동생은 내게 다음의 이야기를 들려주었다.

"1980년대 초반 밥 스완Bob Swann은 대학에서 임업 학위를 받은 후 아내와 3개월 된 아들을 데리고 여기로 이주했어. 스완은 흔히 생각하는 전형적인, 그러니까 경건하고 선의를 갖고 있지만 현실성 없는 선교사는 아니었지. 그 친구는 이슬람교 소말리아인이 많은 케냐 동부에서 유용하게 활용할 수 있는 기술을 많이 알고 있었어."

이후 12년 동안 스완은 집과 학교와 의료시설을 짓고, 수도 펌프를 설치하고, 지역사회 구성원들과 토마토, 바나나, 망고 농장을 시작했다. 몇 년 동안 그와 그의 가족은 나이로비의 이스트레이에 있는 소말리아인 빈민가에 살았는데, 동생은 그 빈민가를 '혼잡하고 지저분한 곳'이라고 묘사했다.

1990년대 초 소말리아 전쟁이 본격화되자 스완은 국경 지역으로 파견되어 난민 수용소 마련을 도왔고, 영양사였던 그의 아내 앤은 매일같이 1만 6,000명 이상의 아이들을 위해 음식을 준비했다. 스완은 스와힐리어와 소말리아어에 능통했고 말라리아, 아메바성 이질, 전갈도 이겨내며 살아남았다. 하지만 몇 달간 하루 20시간씩 일한 결과 중풍과 장티푸스에 걸려 결국 캐나다로 돌아가야 했다. 스완의 가족은 토론토에 정착했고 이후 캐나다에서 소말리아인 공동체와 사업을 시작했다. 이 공동체는 이제 약 13만 명 규모로 커졌다.

스완의 노력은 거기서 멈추지 않았다. 2000년에는 밴쿠버의 한 교회에서 거리의 사람들을 위한 쉼터 프로그램을 시작했다. 매주 화요일 저녁이면 150명에 달하는 사람들이 따뜻한 무료 급식을 위해 줄을 섰고 그중 30~40명은 단열이 잘되는 교회 체육관에서 잤다. 동생의 말을 빌리자면 이랬다.

"스완은 자동차 앞유리를 청소해주는 아이들과 거지들의 이름을 기억하고 그들을 동등한 존재로 존중하는 사람이야. 친구 없는 이들에겐 친구가 되어주고, 사랑받지 못하는 이들은 물론 사랑하기 어려운 이들까지도 사랑하며, 다른 이를 위한 봉사가 지닌 힘을 굳게 믿는 사람이지."

유엔 긴급구호 기관과 같은 인도주의 단체들, 또 국경없는의사회 Doctors Without Borders와 같은 자원봉사 단체들을 제외하면 공식 구호단체에는 밥 스완 같은 이가 거의 없다. 원조기구 직원들은 기껏해야 조용한 영웅 정도다. 경찰관의 제복, 소방관의 방화복 대신 양복을 입고서 아주 희박한 확률이지만 작은 변화를 만들려 노력하는 영웅들 말이다.

하지만 예외도 있다. 한스 빈스빙거Hans Binswanger 는 대부분의 경력을 라틴 지역에서 쌓았고 1990년대 초반에는 세계은행의 아프리카 전담 농업 및 농촌 개발 분야 책임자가 되었다. 불과 10년 만에 그는 세계은행의 에이즈 관련 업무를 다섯 배나 확장하고 '지역사회 기반 개발' 프로그램 장려를 통해 기존 원조 방식을 바꾸는 주요 업적을 남겼다. 또한 자신이 에이즈에 감염되자 이를 공개적으로 밝혀 아프리카 전역의 마을과 자원봉사단체로 하여금 이 병에 대한 공포를 실질적인 예방으로 대체할 수 있게 했다.

또 다른 영웅으로는 1990년대 초 세계은행의 나이로비 지부를 방문한 후 세계은행을 떠나 국제투명성기구를 설립한 피터 아이겐Peter Eigen을 들 수 있다. 이 기구는 부패를 폭로 및 통제하려는 국제적 노력의 선두주자다.

이렇게나 큰 업적의 반대편에는 한계를 그대로 받아들이며 실질적 발전은 점진적으로 이루어질 거라 가정하는 대부분의 원조기구 직원들이 있다. 이들은 1963년 에티오피아를 방문한 작가 제임스 모리스의 역사적 관점을 답습하기도 한다. 모리스는 자신의 저서에서 "영국은 산업혁명에 이르기까지는 900년 간의 한결같은 국가 발전이 필요했다."라며 "심지어 하나의 민족으로 등장하기 전에도 영국인들은 매우 발전했던 로마의 통치로 혜택을 입었다. 질서, 창의성, 논리적 정부 면에서 봤을 때 아프리카에는 고대 로마 시대의 영국과 비교될 수 있는 국가가 거의 없다."라고 말했다.[15]

아프리카에 그나마 행운인 것은 원조기구 직원들의 순환근무다. 새로운 인력은 정기적으로 최전선에 배치되고, 구태의연한 선배들의 조언에 취하긴 하지만 마비되진 않는다. 그러나 낙관주의와 상상력의 여지는 거의 바닥나버렸다.

10장

차드-카메룬
송유관

아프리카 개발협력은 이제 어떤 방향으로 진행되어야 할까? 몇 안 되는 선택지 중 하나는 정부에게 더 까다롭고 심지어 거슬리기까지 하며 (더 적은 조건이 아닌) 너 많은 조건을 내거는 것이다. 이는 현대에 와선 잘 통하지 않고 아프리카 관료들도 원하지 않는 방식이지만 경제학자, 인권운동가, 환경주의자들의 과거 경험 및 현 원조 방식에 대해 갖는 우려와 일맥상통한다. 다른 대안으로는 대외원조를 전면중단하는 것이지만 이는 암 치료법을 찾는 걸 포기하는 것과 같다.

2000년에 논란이 되었던 차드-카메룬 석유 송유관 프로젝트 사례는 아프리카에서 개발사업을 할 때 마주하는 현실적 어려움을 설명하고, 향후 다른 원조 프로젝트를 관리하는 방법을 제시하며, 가난한 나라들의 이익증진과 관련된 국제논쟁이 의외의 방향으로 어떻게 달라질 수 있는지를 보여준다.

차드는 아프리카의 가장 중심부에 위치해 있다. 국토 면적은 프랑스의 두 배가 넘는데 포장된 도로의 길이는 200마일*에 불과하고, 모래를 제외하면 천연자원이 거의 없다. 세계 최악의 극빈국 중 하나인 차드의 남부에 사는 엄마들은 건기가 되면 아이들에게 먹일 것이 너무나 간절한 나머지 흰개미 서식지를 습격해 애벌레들을 잡을 정도이다.

1970년 이래 차드에선 큰 유전들이 발견되었으나 개발되진 않았다. 이제는 싸우는 이유조차 모호해진 내전, 어떤 투자자로부터도 신뢰받지 못하는 잔혹한 독재정권, 그리고 카메룬을 지나 대서양 연안까지 약 700마일**에 달하는 석유 운송 거리에 따르는 비용을 감당하기엔 국제 유가가 너무 낮기 때문이었다.

마침내 1990년대 중반, 미국 최대 기업인 엑손모빌Exxon-Mobil과 세계은행이 이 문제 해결을 위해 손을 잡았다. 그 과정에서 그들은 국제여론의 힘, 그리고 '좋은' 대의에 맞서 싸우는 데 이상한 수법을 사용하는 일부 비정부기구 사람들의 맹렬한 반대에 직면했다.

사실 차드-카메룬 송유관이 논란을 불러일으키는 것은 당연한 일이다. 우선 등장하는 주체들부터가 그야말로 흥미로웠다. 엑손모빌은 1989년에 발생한 알래스카 밸디즈만灣의 재앙***에 대한 책임이 있었다. 차드-카메룬 송유관 프로젝트에서의 파트너인 쉘Shell은 나이지리

• 　약 322킬로미터.

•• 　약 1,126.5킬로미터.

••• 　엑손의 유조선이 암초와 충돌해 24만 배럴의 원유를 유출한 사고를 지칭.

아의 오고닐랜드 지역에 환경적·사회적으로 큰 피해를 입혔으며, 그 곳에서의 활동에 대한 현지인들의 반발을 억누르려다 유혈 사태까지 일으킨 바 있었다.

더불어 과거 프랑스의 국영 석유회사였던 엘프Elf는 수십 년간 때로는 자신들의 주도하에 혹은 프랑스 정부의 지시에 따라 서아프리카와 중앙아프리카의 무장정권을 지원했고, 차드-카메룬 송유관 프로젝트가 준비 단계였을 당시엔 엘프와 관련된 프랑스 유명 사업가들이 자국에서 부패 혐의로 재판을 받고 있었다. 또 아프리카에서 엘프로부터 후한 금품을 받은 수혜자 중 하나였던 가봉 대통령 오마르 봉고 역시 명예훼손 혐의로 프랑스 정부를 고소 중이었다.

이런 주체들의 등장은 선량한 사람들을 좌절시키기에 충분했다. 더불어 세계은행이 그간 기록해온 환경적 발자취를 무색하게 한다는 점과 인권침해의 역사를 가진 독재국가 차드가 관련되어 있다는 사실은 이 프로젝트 전체를 거의 명백한 비판 대상으로 만들었다. 4년 동안 나는 이와 관련한 논란의 최전선에 있었다. 처음에는 세계은행의 아프리카 대변인으로서, 그다음에는 중앙아프리카 국가 담당자로서였다.

아이러니하지만 보통 때였다면 세계은행은 그런 프로젝트에 관여하지 않았을 것이다. 세계은행의 유일한 관심은 과거 아프리카에서의 석유투자로 얻은 교훈이 이 프로젝트 설계에 반영되고, 그것이 환경 및 사회적 보호에서의 최고 국제표준을 충족하며, 석유 수익이 순전히 '권위'를 위한 프로젝트에 낭비되거나 해외 계좌로 흘러 들어가지 않고 차드 국민의 이익을 위해 사용되도록 하는 데 있었다. 총 35억 달러 규모였던 이 프로젝트는 향후 10년간 아프리카에서 가장 큰 민간투자가 될 것이었고, 차드의 연간 정부수입을 50퍼센트 늘릴 수 있었다.

공익단체, 언론, 주주들의 비판을 의식한 엑손모빌은 프로젝트와 관련한 국제적 '승인'을 받길 강력히 원했다. 제대로 된 승인을 받는 것은 차드에게뿐 아니라 어떤 의미에선 아프리카 전체에 필수적인 일이었다. 하지만 비판자들은 이 프로젝트의 중요성을 잘 몰랐다. 그들은 아무리 서류상으로 유망해 보이는 프로젝트 설계라 하더라도 폭력적 정치 역사를 가진 데다 시민들의 의견과 복지에 대한 존중이 거의 없는 나라에선 효과를 거두지 못할 거라 생각했다. 더불어 다른 곳에서 얻은 교훈 중 이 프로젝트에 적용할 만한 것이 있는지도 의심스러워했다. 영국과 노르웨이 같은 선진국이나 보츠와나와 인도네시아 같은 일부 개발도상국을 제외하면 천연자원 개발사업 호황의 대부분은 사회적 진보보단 낭비와 파괴로 이어졌기 때문이다.

어떤 의미에서는 비판자들의 말이 옳았다. 그런 상황에서는 해야 할 일보다 하지 말아야 할 일이 더 명확하게 보이니 말이다. 따라서 기존의 해결책이 아닌 새로운 해결책을 시도해야 했다. 게다가 차드 정부가 의무를 다할지는 누구도 장담할 수 없었고 일단 송유관이 건설되면 외부인들이 차단할 수 없다는 점도 문제였다.

⊠ ⊠ ⊠

이런 문제들이 있었는데도 세계은행은 이 일이 그저 바위에 계란 치기에 그치진 않을 것이란 희망적인 조짐을 보았다. 1996년 차드는 첫 다당제 선거를 치렀다. 세계는 이드리스 데비 대통령에게 던져진 표가 과반수였다는 말은 과장일 거라 여겼으나 가장 많았을 것이란 점은 의심하지 않았다.

이후 차드 정부는 세계은행 및 IMF와의 경제개혁 협정을 존중했다. 이는 작고 가난한 나라에겐 쉬운 일이 아니었다. 정부는 과거 공기업 50곳 중 45곳을 민영화하거나 폐업시켰고, 빈곤자들의 삶을 개선하는 데 핵심적인 기초 교육 및 의료 같은 서비스에 정부 지출의 70퍼센트를 쏟아부었다. 또한 북쪽에서 분리주의 운동이 계속되고 있었는데도 군대 규모를 절반으로 줄였다.

하지만 이런 기록들은 불과 4년 만에 끝나고 말았다. 차드 정부에 대한 비판지들의 신뢰도는 더 낮아졌다. 또한 그들은 더 나은 정부가 송유관 프로젝트를 맡길 희망하며 그것이 진행되기 전에 현 정부가 재선거를 치러야 한다고 했다. 그러나 시간은 프로젝트의 편이 아니었다. 세계은행은 하루라도 빨리 진행할 수 있기를 열망했다. 차드의 석유 매장지에서 거둘 수익은 나이지리아가 정치적 개선이 되면 기니만 연안에서 발견된 신규 석유 매장지로 인해 줄어들 위험이 있었다. 또한 평범한 석유 품질, 정제를 위한 추가 비용, 실제 시장과의 거리 및 국제적 논란 등은 이 프로젝트의 중요도를 크게 저하시켰다. 어쩌면 다음 선거가 열리기 전에 모두 무산될지도 모르는 일이었다.

게다가 만약 프로젝트가 연기될 경우엔 그에 따르는 인적 손실도 발생할 것이었다. 차드에서는 매년 6만 명의 어린이들이 영양실조로 사망하는데, 송유관 건설에 2년을 소요한 후 또다시 2년간 프로젝트를 미룬다는 건 정부가 추가 수익을 거두기도 전에 25만 명에 달하는 차드 어린이가 사망할 거란 의미였다. 물론 그중 한 명이라도 구할 수 있다는 확신 또한 없었다. 기본 복지와 경제적 기회를 늘리려면 더 많은 공공자금뿐 아니라 더 나은 정책과 더 강력한 제도가 필요하기 때문이다. 하지만 투자를 즉시 진행해야 하는 데는 이론적인 것 이상의 이유들이 있는 법이다.

프로젝트에는 여러 먹구름이 드리웠다. 첫 번째 먹구름은 소수의 사람들만 이해 가능하고 매우 정치적인 것이었으나, 그것을 내버려두면 프로젝트엔 치명적일 게 거의 확실했다. 이 프로젝트에 참여한 차드와 카메룬은 부채가 많고 국제신용등급이 없었기 때문에 세계은행은 자체 소프트론soft loan*을 세계에서 가장 가난한 이 나라들을 위해 사용할 생각이었다. 그러나 독일과 미국 같은 세계은행의 주요 기부자들은 학교, 보건소, 아동 영양 및 기타 '직접적인' 빈곤해결 프로젝트에 쓰였던 소프트론 자금을 대규모 민간 부문 에너지 프로젝트에 사용하는 건 반대한다고 알려왔다.

경제적 관점에서 이 견해는 말이 되지 않는 것이었다. 소프트론의 목적은 국가의 부채부담을 과도하게 늘리지 않으면서 국가 발전을 지원하는 것이기 때문이다. 프로젝트의 특성보다 더 중요한 것은 한 국가의 경제와 사회 발전에 직접적으로 기여하는 프로젝트인가 아닌가 하는 것이다. 적절히 관리만 된다면 송유관 프로젝트는 변덕스러운 기상조건과 국제원조에 전적으로 의존하는 차드의 미래를 그들 스스로 계획 가능한 것으로 바꿔줄 거라는 데 의심의 여지가 없었다. 또한 차드

---

* 조건이 비교적 까다롭지 않은 차관.

에선 국가개발 예산에 도움이 될 만한 다른 유전들이 탐사 단계에 있었고, 세계은행은 전체 프로젝트 비용 중 적은 비중(5퍼센트)으로 차드의 발전에 가장 중요한 기여를 할 수 있었다.

하지만 경제학의 힘은 정치 및 개인적 허영보다 약할 때가 종종 있다. 1997년 11월 세계은행의 자금지원 조건은 신속히 해결되었다. 하지만 세계은행 총재 짐 울펀슨이 슈투트가르트에 방문했을 때 독일 정부는 그에게 취임 후 2년간 서방 국가에서 얻은 인기를 잃고 싶지 않다면 소프트론을 활용할 생각은 버리라고 말했다. 그때까지도 독일은 이 프로젝트를 지지하지 않았다. 사실 세계은행이 새로 발간한 출판물에 송유관 노동자들을 에이즈로부터 보호하기 위한 특별조치가 공개되자 독일은 이 프로젝트가 진행될 가능성을 염두에 두고 강력히 반대한 것이다. 워싱턴으로 돌아오는 길에 울펀슨은 재정부서 직원에게 신용이 낮은 차드와 카메룬에겐 소프트론 대신 상업차관*을 빌려주라고 지시했다.

프로젝트를 둘러싼 다른 의심들은 이보다 익숙한 내용이다. 석유 산업의 환경적 기록 및 그 분야에서 세계은행이 남긴 파란만장한 역사를 고려해봤을 때 과연 송유관에서 기름이 유출되진 않을지, 반대 단체들이 송유관을 폭파시키진 않을지, 송유관 노선에 영향을 받을 취약한 생태계 및 선주민의 권리는 보호될지 등 국제사회가 어떻게 의구심을 갖지 않을 수 있겠는가?

엑손모빌은 철저히 환경평가를 진행했고, 이 프로젝트의 옹호자들

---

* 소프트론보다 금리가 높고 만기가 짧음.

은 평가 자료가 열아홉 권에 이를 정도로 많다는 사실을 강조했다. 하지만 분량보다 중요한 것은 내용이었다. 자료에선 이 프로젝트에 어려운 과제가 다수 따른다는 사실을 지적했다. 물론 지진 지역에 발전용 댐을 건설하는 것과 달리 모두가 감당 가능한 과제들이었다.

차드-카메룬 송유관은 매립형이라 대부분 기존 도로와 철도 노선을 따라 설치될 예정이었다. 따라서 프로젝트 진행을 위해 허물어야 할 집은 거의 없었고 환경적 영향을 받을 숲의 규모는 5제곱마일* 이내였다. 이를 보완하기 위해 카메룬에는 2,000제곱마일** 에 달하는 두 국립공원이 새로 조성될 계획이었다. 또한 건설 탓에 일시적으로 땅을 잃을 농부들을 위한 보상 계획이 마련되었고, 이러한 환경 계획은 양국 정부가 아닌 엑손모빌이 현지 및 세계의 감독하에 시행할 것이었다. 모든 한계에도 불구하고 메이저 석유회사들은 카메룬이나 차드 정부보다 유능했고, 더 접근하기 쉬웠으며, 국제여론에 더 즉각적으로 반응했다.

세계은행 직원들은 환경평가 초안을 검토한 후 논의해야 할 66개의 '문제' 혹은 '설명 필요' 사안들을 찾아냈다. 토론은 장장 18개월 동안 지속되었다. 그동안 세계은행과 엑손모빌 모두 어떤 결과가 나올지 명확히 예상할 수 없었다. 세계은행의 환경부서 직원들, 특히 이 프로젝트에 자금을 지원하고자 했던 민간부문 직원들은 때때로 엑손모빌이 그저 세계은행의 승인만을 원하는 것인지 궁금해하며 그 진실성을 의심했다. 엑손모빌 관리자들은 세계은행 직원들을 까다로운 존재로 여겼는데, 이는 그들이 계속해서 목표지점을 바꾸고 송유관 경로의 변

• 약 13제곱킬로미터.
•• 약 5,180제곱킬로미터.

경을 점점 더 많이 요청했기 때문이다. 그리고 각각의 변경들엔 비용이 추가될 것이었다.

1998년 말 세계은행의 아프리카 담당 부총재는 단호한 태도를 취했다. 국제적 모범관행 및 세계은행 내 자체 보호기준이 선진화됨에 따라 세계은행의 요구사항이 전년 대비 다소 늘어났음을 인정하면서도 카메룬과 차드 양국의 자연 및 인적 환경 보호를 위해 새로운 기준을 적용해야 한다는 데는 의심의 여지가 없다고 밝힌 것이다. 그는 "우리가 원하는 것은 아프리카에만 적합한 것이 아닌, 뉴저지에 건설해도 될 만한 송유관입니다."라고 말했다.

그 후엔 프로젝트 진행이 수월해졌다. 기존에 계획된 송유관 경로에서 40개 지점이 변경되었고 지역 주민들이 상담 및 보상을 받는 방식도 개선되었다. 1999년 5월 주요 환경단체들과 만난 울펀슨은 그들이 우려하는 바를 충분히 알고 있지만 이제 자신은 프로젝트를 옹호하는 쪽으로 마음이 기울어지고 있다고 말했다. 같은 날 그는 차드의 대통령 이드리스 데비와 악수하며 합의를 마쳤다고 밝혔다.

하지만 이는 태풍의 시작에 불과했다. 또 다른 핵심 쟁점인 인권 문제는 여전히 해결되지 않았기 때문이다. 세계은행은 어떻게 40년간의 내전에서 이제 막 벗어난 국가가 예산을 확대하는 것에 찬성할 수 있었을까? 울펀슨은 비정부기구들과의 회의에서 차드를 비롯한 아프리카 전역의 인권에 대한 우려를 표했다. 하지만 민주주의 제도와 적절한 법적 시스템을 개발하는 데 정도正道를 걷는 듯 보이는 국가를 외부 기관으로서 어떻게 돕지 않을 수 있겠냐며 만약 차드가 또다시 국민에게 무력을 행하거나 인권침해에 대한 조사와 처벌을 거부한다면, 당연히 세계은행 및 다른 원조국들은 석유 송유관을 비롯한 여타 프로젝트를 지원하지 않을 것이라고 했다. 세계은행은 공식적으로 차관에 정치적 조건이 붙는 것을 금지했으므로 울편슨이 이를 공개적으로 말해도 되는 것은 아니었으나 그의 이러한 개인적 견해는 한동안 이 프로젝트에 대한 비판을 견제할 수 있었다.

🎘 🎘 🎘

프로젝트와 관련하여 남은 다른 문제는 가장 심각하고 복잡한 사안이었다. 석유 수익이 국가 발전에 쓰일 거라고 누가 어떻게 장담할 수 있을지 분명치 않았기 때문이다.

1998년 12월 차드 국회는 세계은행의 촉구에 따라 석유 수익의 10퍼센트를 해외에서 관리될 미래세대기금Future Generations Fund에, 5퍼센트는 생산 지역에, 나머지 80퍼센트는 농업·교육·보건·인프라 프로젝트에 할당하는 법안을 통과시켰다. 기금 사용에 대한 개방성을 보장하기 위해 엑손모빌은 해외계좌에 정부 몫의 수익을 예치하기로 했다. 차드의 공무원, 국회의원, 종교단체, 인권단체 및 기타 비정부기구들로 구성된 '감시'위원회는 정부지출 계획을 심사하고, 국가예산에 대한 석유 수익 공개를 승인하고, 실제 자금사용을 추적할 것이었다.

세계은행은 우선순위 부문에 자금을 지원할 보다 효율적인 방법을 제안하기 위해 연례 연구를 수행하고, 유류대금 계좌에 대해선 연례 공개감사를 실시하기로 결정했다. 더불어 세계은행은 이번 프로젝트를 집중적으로 감독하고, 차드와 카메룬 양국의 재무부 및 환경부를 강화하기 위해 세 개의 유관 프로젝트에 자금을 지원하기로 했다.

또한 세네갈, 캐나다, 미국, 네덜란드 출신의 저명인사들로 구성된 국제자문 그룹은 이 프로젝트가 본연의 의미뿐 아니라 실제 계약사항을 지키며 진행되는지를 확인하기 위해 첫 10년간 매년 두세 차례 차드에 방문할 것이고, 그들이 작성한 보고서는 세계은행 경영진 및 이사회에 제출될 뿐 아니라 몇 분 이내에 인터넷에 게시될 예정이었다.

이러한 준비는 매우 정교하고 이례적인 것이었다. 그 덕분에 사람들은 이것이 타 분야 원조관리에도 적합한 모델이라 이야기하기 시작했다. 일부 회의론자들도 이에 설득되었다. 그때까지 의심을 거두지 못했던 세계은행 이사회의 한 스칸디나비아 위원은 차드 사막에서 얻은 격언을 인용하여 "비가 오기 전까진 이보다 더 좋은 상황일 수 없습니다."라고 했다.

그러나 다른 사람들은 세계은행이 지나치게 엄격해지려 애쓴다고 생각했다. 이사회에 참석한 한 라틴계 미국인은 이것을 선례로 간주하지 말라며 "차드만큼 가난하거나 인내심 강한 나라는 앞으로 거의 없을 것"이라고 경고했다.

그 사이 국제환경단체들은 현장방문 시위를 했다. 워싱턴 D.C.에 본부를 둔 환경보호기금Environmental Defense Fund과 국제환경법센터Center for International Environmental Law, 은행정보센터Bank Information Center는 이 프로젝트에 반대하는 세계적인 캠페인을 잽싸게 시작했다. 세계은행의 업무나 프로젝트 최신 정보에의 접근이 제한적인 일부 국제단체들에겐 이 프로젝트가 진심으로 해결해야 할 우려 사안이었던 것이다.

그러나 보다 현명해야 할 워싱턴 D.C.의 단체들은 사실을 왜곡시켰다. 경솔하게도 그들은 세계은행 직원들이 자신의 경력을 쌓기 위해 이 프로젝트를 홍보한다고 말한 것이다. 그런 발언이 나오고 불과 며칠 후 환경보호기금은 세계은행에 브리핑을 요청했고 상세한 브리핑을 받은 후에야 비로소 만족스러워했다.

이 논란의 초기에 엑손모빌의 환경보고서 초안에 대해 세계은행이 우려하는 바들을 적은 문건이 유출되어 마치 자체 전문가들의 의견이 기각된 것처럼 오인되는 일이 있었다. 사실 그 목록은 세계은행 내 전문가들이 가졌던 열띤 토론을 그대로 기록한 것일 뿐이었다. 1999년 9월 IMF와의 연례회의에서 세계은행은 이 프로젝트의 전개 상황에 대한 전례 없는 공개 브리핑을 준비했다. 당시 환경보호기금은 이 자리에 참석하지 않고 브리핑룸 밖에서 세계은행의 '홍보활동'을 비난하는 보도자료를 배포했다. 2주 후 그들은 자신들이 브리핑에 초대받지 못했다고 불평하는 편지를 세계은행 총재에게 보냈다.

비판자들은 사소한 문제를 과장해서 다뤘다. 대표적인 관심사는 송유관 경로를 따라 벌채된 과실수와 관련하여 농부들에게 지급될 보상액의 규모였다. 대부분은 과실수의 열매를 직접 소비하며 자급자족하는 소규모 농부였기 때문에 그들에게 보상을 하겠다는 생각은 오히려 독창적이었다.

보상액은 과실수의 종류와 수령樹齡, 그리고 나무를 교체하는 데 필요한 시간을 기준으로 산정되었다. 이 기준에 따라 차드에서 최고가 보상액이 산정된 과실수는 1,500달러(이는 일반 시골 가구가 벌어들이는 연간 소득의 다섯 배에 달했다)를 받은 다 자란 망고나무였다. 카메룬의 질투심 많은 농부들은 차드의 망고가 어떤 점에서 그렇게나 특별한 것인지 궁금해했지만, 차드와 워싱턴 D.C.의 시민단체들은 그 정도의 보상도 충분하지 않다고 주장했다. 나는 엑손모빌 직원에게 망고 나무가 몇 그루나 베어질지 물었고, 일곱 그루 이내일 거란 답변을 들었다.

⧖ ⧖ ⧖

논란을 일으킨 또 다른 요인은 마을 사람들에게 견해를 묻는 방식이었다. 협의 초반에 엑손모빌 직원들은 군인이나 무장보안 요원과 함께 송유관 경로를 따라 마을들을 방문했다. 당시 그 지역은 여전히 분리주의 군대의 잔존 세력이 활동하고 있었기 때문이다. 하지만 비판자들은 그런 경호 인력이 있으면 차드인들이 의견을 자유롭게 표현할 수 없었을 것이라 주장했다. 이후 차드 남부의 치안이 개선되고 워싱턴에 기반을 둔 단체들의 불만이 매우 커지자 엑손모빌은 무장경비대를 철수시켰다.

이상야릇한 행동들은 그 정도로도 이미 충분했으나 1999년 여름에는 캘리포니아에 본부를 둔 열대우림행동그룹Rainforest Action Group이 워싱턴 D.C.의 환경단체들조차 당황하게 만드는 일을 벌였다. 이 단체의 활동들은 기발하고 심지어 재미도 있었다. 이 그룹은 차드-카메룬 송유관 프로젝트로 멸종위기에 처한 고릴라처럼 차려입고 세계은행 앞에서 전단지를 나눠주었고 세계은행 본부로 큰 헬륨풍선을 밀반입해 건물 중정中庭에 풀어 놓았다. 풍선은 보안요원의 손이 닿지 않을 만큼 높

이 떠올라 며칠씩이나 그 자리에 머물며 12층과 13층에서 일하는 세계
은행 고위 의사결정자들에게 항의 메시지를 명확히 전달했다.

열대우림행동그룹의 활동 중엔 도를 넘은 것도 있었다. 세계은행 총
재 짐 울펀슨이 스탠퍼드 대학을 방문했을 당시 이 단체는 「뉴욕타임
스」의 웨스트코스트판에 송유관 프로젝트와 관련하여 울펀슨을 살인
및 부패 혐의의 지명 수배자로 묘사하는 전면광고를 실었다. 또한 울
펀슨이 와이오밍주 잭슨홀에서 여름휴가를 보내고 있을 때도 유사한
포스터를 그 지역 나무들과 길거리에 붙였다. 열대우림행동그룹의 열
성적인 한 직원은 스탠퍼드 대학에서 송유관 프로젝트에 대해 질문한
뒤 울펀슨이 답변을 하는 도중 자리를 뜨는가 하면, 울펀슨의 워싱턴
D.C. 자택으로 일련의 항의서한을 보내기도 했다.

이러한 지나침은 오히려 역효과를 가져왔다. 한때 비공식적으로 모
든 비정부기구를 지지했던 울펀슨은 이제 '좋은' 비정부기구와 '나쁜'
비정부기구를 구분하기 시작했다. 차드-카메룬 송유관 프로젝트의 비
판자들은 자신들을 여러 골리앗과 홀로 싸우는 다윗으로 묘사하며 극
적 분위기를 조성하려 했다. 사실 무대 뒤편에서 일어난 진짜 드라마는
차드의 희망을 저버리지 않기 위해 자신의 모든 전문기술 및 양심적 기
준을 동원하는 이들, 그리고 위험이 큰 프로젝트에서 벗어나고 싶어 하
는 이들 사이에서 일어난 세계은행 내부의 대립이었다.

한편 프로젝트를 반대하는 사람들의 전술 변경이 오히려 프로젝트
설계의 개선 내용을 부각시켰다. 환경단체들은 이제 인권 문제와 정치
적 위험에 초점을 맞췄고, 우려했던 기술적 문제 대부분은 충족되었다
고 인정하는 듯한 태도를 보였다. 다만 환경 문제 중 단 한 가지는 해

결되지 않은 상태였다. 기름유출 방지계획을 얼마나 상세히 작성해둬야 하는지에 관한 문제였다.

1999년 11월 세계은행은 이 프로젝트를 이사회에 제출할 준비를 모두 마쳤다. 그런데 그때 이 프로젝트의 기본 전제들이 바뀌어버렸다. 엑손모빌의 두 파트너인 셸과 엘프가 미공개 사유로 갑작스럽게 프로젝트에서 손을 뗀 것이다. 차드의 수도에서는 분노한 군중이 프랑스 대사관을 공격하고 시내에 있는 엘프 주유소들을 불태우기 시작했다. 폭동을 진압하려던 군대가 시위대 중 네 명을 사살하는 일도 있었다.

그럼에도 엑손모빌은 계획을 고수하며 새로운 파트너를 찾으려 애썼다. 마침내 2000년 4월 말레이시아 국영 석유회사인 페트로나스Petro-nas와 미국의 셰브론Chevron이 이 프로젝트에 참여했고, 세계은행은 이사회와 언론을 통해 전 세계에 이 사안을 제기할 준비를 했다.

세계은행은 이전에도 많은 논란을 겪었다. 1983년 세계은행의 인도네시아 차관 담당자였던 나는 자바의 가난한 농부들을 인구가 적은 지역으로 이주시키기 위한 국가 정책의 일환으로 마지막 '이주' 프로젝트 협상을 맡았다. 비판자들은 이 프로젝트가 빈곤자들에게 새로운 삶을 주는 것이 아니라 그저 터전을 옮기게 하는 것이고, 이주자들에게 새로 할당한 토양은 그들이 포기한 토양보다 척박하며, 정부가 새로운 토지를 개척하는 과정에서 원시림과 야생동물들에게 돌이킬 수 없는 피해를 주고 있다고 주장했다.

차드-카메룬 송유관 프로젝트와 마찬가지로 이 논란의 중심에는 기본적인 오해가 있었다. 이 프로젝트는 엄격한 환경기준을 따르는 부지선정 연구들에 자금을 대는 것뿐이었기 때문이다. 연구의 80퍼센트가 새로운 정착지로의 이주에 반대하는 것으로 결론지어짐에 따라 인도네시아 정부는 전체 프로그램을 포기했다. 그러나 아직 프로젝트가 검토 중에 있던 그해 여름 400명(대부분은 호주인이었다)의 사람들이 세계은행에 항의서한을 보냈고 나는 그들에게 답장을 쓰느라 바쁜 여름을 보냈다. 팩스나 이메일이 없어 다수에게 한 번에 통지할 수 없던 시절의 이야기다.

차드-카메룬 송유관 프로젝트를 둘러싼 논란은 그보다 훨씬 더 컸다. 토론이 이어지던 마지막 해에 세계은행은 이 프로젝트에 반대하는 편지를 5만 통 이상 받았는데, 그중 1만 6,000통은 캘리포니아의 공익전화회사인 워킹에셋Working Assets에서 보낸 것이었다. 워킹에셋은 수익의 일부를 좋은 대의에 쏟고 매달 가입자들에게 특정 시위에 동참할 것을 촉구해왔다. 1999년 10월에 이 회사는 세계은행이 중앙아프리카 열대림을 파괴하기 위해 돈 많은 석유회사에 저금리 대출을 제공한다고 비난하기도 했다. 세계은행의 아프리카 담당 대변인으로서 나는 모든 시위자에게 송유관 부근의 사람들과 자연을 보호하기 위해 기울이는 노력을 상세히 설명하는 편지를 보냈다. 어떤 이들로부터는 고맙다는 답장을 받기도 했다.

그러나 이러한 노력에도 불구하고 전투는 승리와 거리가 멀었다. 엑손모빌 전문가들의 우수한 기술연구, 위험 및 대책 방안 수립에 대해 세계은행이 열린 태도를 보였는데도 프로젝트의 운명은 위태로웠다. 환경보호기금과 같은 미국 단체들은 여전히 프로젝트를 중단해야 한다는 입장을 고수했다. 그런 입장이 마치 공익단체가 지닌 힘을 보여주는 증거, 혹은 미래의 기부자들이 볼 수 있게끔 자사 입구에 전시할

트로피라도 되는 듯 말이다.

세계은행 총재와 가까운 홍보 직원들도 이 프로젝트를 계속 추진할 경우 세계은행의 '브랜드 이미지'가 받을 영향을 우려했는데, 이는 놀라운 추론이었다. 외부 비판자들 대부분은 세계은행의 평판이 이미 망가졌다고 여기는 데 반해, 세계은행 직원들은 어렵지만 가치 있는 대의를 지원하는 기관에서 일하는 점을 자랑스러워한다는 점을 보여주었기 때문이다.

⬙ ⬙ ⬙

프로젝트를 구한 것은 두 가지 특별한 요인이었다. 그중 하나는 세계은행 총재 짐 울편슨과 엑손모빌의 최고경영자 레이먼드 리Raymond Lee 사이의 개인적 호감이 발전한 것이었다. 울편슨은 레이먼드가 프로젝트를 제대로 수행하기 위해, 그리고 다른 국제 벤처사업에도 동일하게 임하기 위해 진심으로 헌신한다고 확신했다. 세계은행은 국제기업들에게 더 나은 '기업 시민corporate citizens'이 되라고 압박해왔기에 울편슨은 자신이 믿고 있는 누군가가 세계은행의 조언에 따르려 최선을 다하고 있는 경우엔 프로젝트를 쉽게 포기하지 않았다.

다른 특별한 요인 하나는 이보다 더 큰 논란이었다. 세계은행은 중국 서부에서 1980년대의 인도네시아 이주 프로그램과 유사한 프로젝트를 준비 중이었다. 여기에는 가난한 중국 농부들을 새로운 땅으로 이주시키는 것도 포함되어 있었다.

문제는 이주 예정 지역들이 16세기까지 티벳 제국의 일부였다는 점
이었다. 당시엔 세계은행도 이 사실을 모르고 있었다. 해당 지역은 현
대 티벳의 국경 밖에 있긴 했으나 티벳 불교의 수장인 달라이 라마Dalai
Lama가 태어난 곳이었다.

이런 불편한 상황으로 인해 차드-카메룬 프로젝트 논란의 마지막
몇 달 동안은 티벳자유운동Free Tibet movement이 주목을 받았고, 활동가들
의 맹렬한 저항은 이 문제로 쏠리기 시작했다. 티벳 영토 불법 점령 및
티벳 문화와 종교에 대한 중국의 억압 탓에 그들은 좋은 의도의 농업
개발 프로젝트를 세계은행과 중국 정부의 담합 프로젝트로 바꿔버렸
다. 세계은행 이사진들의 팩스기는 밤새 몰려든 엄청난 항의 메시지들
로 매일 아침 몇 시간씩 마비될 지경이었다.

프로젝트를 둘러싼 각자의 이해관계는 핵전쟁 수준으로 대립했다.
보도에 따르면 미국 정부 관료들은 울펀슨이 중국 프로젝트를 진행한
다면 그의 세계은행 총재 연임을 지지하지 않겠다고 경고했다.

반대로 세계은행에서 가장 큰 차관을 받았고 이러한 '내부' 문제 간
섭에 크게 분노한 중국은 울펀슨이 이사회에 중국 프로젝트를 제출하
지 않으면 세계은행에서 탈퇴하겠다고 경고했다. 전 세계 중국 대사들
에겐 각자의 주재국, 특히 서유럽 국가들에게 중국 프로젝트에 반대하
는 표를 던지는 것은 비우호적인 행동으로 해석될 것이며 향후 비즈니
스 계약 체결 시 고려될 사안이라는 점을 분명히 알리라는 지시가 하
달되었다. 미국의 조치에 대한 불쾌감을 표하기 위해 중국은 유엔안전
보장이사회에서 코소보 관련 표결을 사흘간 지연시키기까지 했다. 이
로써 중국 프로젝트는 통과되었다. 하지만 논란 지역에 대한 세계은행

의 지원은 제외되었기 때문에 중국은 관련 자금을 직접 조달해야 했다.

차드처럼 작은 나라는 국제사회에서 중국처럼 행동할 수 있는 영향력이 없었으나 다행히 세계은행은 중국 서부 프로젝트에 대한 논란에도 불구하고 송유관 프로젝트를 진행할 준비가 되어 있었다. 그리고 프로젝트 비판자들이 이를 알게 되면서부터 찬반 전쟁의 피로감은 다시 형성되기 시작했다. 송유관 프로젝트가 중국 프로젝트 관련 논쟁에서 완전히 빠져나오진 못했던 것이다.

최종 결과에 대한 긴장감은 마지막 순간까지 감돌았다. 하지만 최종 단계에서는 중요 장애물의 극복보다는 프로젝트 설계를 세밀히 조정하는 것에 더 많은 관심이 쏠렸다. 논쟁은 멎었고 이제 감정적 주장보다는 이성적 주장이 다시 고려될 수 있는 고요함이 찾아들었다.

당시 미국 재무부는 워싱턴에서 부처 간 이견 조율에 어려움을 겪고 있었다. 국무부와 상무부는 이 프로젝트를 지지했으나 세계은행의 협력부처인 미국 국제개발청과 환경보호청은 (기술적 이유가 아닌) 정치적 이유로 반대를 표했다. 그들은 차드 정부를 신뢰하지 않았다. 재무부 장관 래리 서머스Larry Summers가 울펀슨에게 전화해 이사회 개최 연기를 요청하자 차드 정부와 엑손모빌은 다시금 불안에 휩싸였다. 울펀슨은 그들의 두려움을 달래기 위해 첫 번째 회의를 연기하지 않았고, 그 대신 회의를 두 차례로 늘려 논의를 확대하기로 결정했다.

언론의 관심은 여전히 뜨거웠다. 전 프랑스 총리였던 미셸 로카르Michel Rocard는 프랑스 일간지 「르몽드」에 송유관 프로젝트를 지지하는 기사를 실었다. 첫 이사회가 열리기 전날엔 「워싱턴포스트」도 '석유의 저주 풀기Undoing Oil's Curse'라는 제목의 사설을 통해 지지를 표명했다. 나는 라디오프랑스인터내셔널, BBC, 미국공영라디오National Public Radio, 보이스오브아메리카Voice of America 및 기타 방송사의 프랑스어 및 영어 프로그램들과 7시간 30분 동안 질의응답 인터뷰를 가졌다. 심지어는 호주방송Australian Broadcasting Service으로부터도 전화를 받았는데, 이전까지 그들은 그 정도의 높은 관심을 보인 적이 없었다.

투표 당일인 2000년 6월 6일, 이 프로젝트는 거의 만장일치로 통과되면서 투표는 싱겁게 끝났다. 반대표는 없었고 이탈리아만이 환경이나 인권 또는 석유 수익 사용과 무관한 이유, 즉 갑작스런 수익증가로 차드에 인플레이션이 초래될 것을 우려하여 기권했다.

이러한 합의에 이를 수 있던 이유 중 하나는 국제적 토론 덕에 이 대규모 프로젝트의 세부사항 모두가 투명하게 드러났기 때문이다. 이후의 진행은 순조로웠고 세계은행은 성공적인 프로젝트 사례를 만들어냈다. 나는 미국공영라디오에 출연해 이 프로젝트의 장점을 한 문장으로 요약했다.

"석유 수익이 100퍼센트 책임 있게 사용될 거라곤 누구도 장담할 수 없으나 한 가지 확실한 것은 있습니다. 그 유전들이 개발되지 않으면 빈곤을 줄이는 데 단 한 푼도 쓸 수 없다는 점입니다."

❈ ❈ ❈

투표 이후 차드 정부는 자신들의 신뢰도를 더욱 높여주는 두 가지 일을 했다. 하나는 석유수입감독위원회의 전체 인원은 유지하면서 비정부위원의 수를 늘린 것이고, 다른 하나는 차드 대통령이 다른 프로젝트의 수입(여기에는 최종 합의서에 서명할 때 프로젝트 투자자들로부터 받게 될 2,500만 달러의 '보너스'가 포함되어 있다) 또한 최종 석유 수익과 동일한 방식으로 관리하겠다고 발표한 것이다. 2000년 6월 중순의 일이었다.

그런데 두 달 뒤인 8월에 차드 정부가 최종 합의서 서명에 따른 보너스를 비밀리에 사용하고 있다는 소문이 퍼지기 시작했다. 당시 나는 차드, 카메룬 및 다른 중앙아프리카 3개국을 담당하는 세계은행 지부장이었다. 나는 우리 직원들에게 인내심을 가지라고 말했다. 차드 정부는 지난 4년 동안 국제적으로 주목받아왔기에 잠시 숨 돌릴 여유가 필요했다. 만약 그들이 보너스를 사용한다면 그것은 그들 스스로 만든 문제이자 직접 해결해야 할 문제였다. 그 자금은 협정에서 언급된 바가 없었으므로 차드 대통령은 자신의 마음을 바꿀 권리가 있었다. 하지만 그 소문이 사실로 판명된다면, 어렵게 얻어낸 프로젝트 관련 합의에 큰 구멍이 날 것임을 나는 알고 있었다.

9월까지 소문은 걷잡을 수 없이 퍼져나갔다. 나는 그달에 차드 대통령과 가진 첫 만남에서 이 사안에 대해 물었고 그는 조금도 주저하지 않고 답했다. 보너스 금액 중 1,500만 달러를 식량 수입, 수도의 홍수 피해 복구, 국내 주요 발전소로의 연료유 공급, 그리고 무기 및 군사장비 구입에 사용했으며 모두 긴급 사안이었기에 석유수입감독위원회가 열릴 때까지 기다릴 수 없었다고 말이다.

그는 자신의 행동이 어떤 후폭풍을 일으킬지 전혀 모르는 듯했다. 나를 가장 걱정스럽게 한 것은 그의 순수함(혹은 냉소주의)이었다. 나는 그에게 비판자들보다 한 발 앞서 행동하라고 조언했다. 즉 의회에 그의 결정을 알리고 나머지 보너스 자금은 지출하지 말고 동결시켜야 하며, 그 자금의 관리는 재무부에게 맡기고, 그가 이미 써버린 자금은 정상적 예산 절차를 따르지 않고 지출된 것이니 재무부가 지출사유를 요약한 공개 성명을 발표해야 한다고 충고한 것이다.

덧붙여 나는 그에게 내 조언들을 따른다 해도 손상된 차드가 신뢰도를 다시 회복하긴 어려울 거라 말했다. 보너스 자금에 대해선 어떠한 법적 합의도 이루어지지 않았지만, 아마도 세계은행은 차드 정부가 올바른 궤도에 올랐음을 증명해낼 때까지 차드의 채무탕감 신청을 6개월간 유보시킬 것이다. 국제사회는 그 무렵 빈국들을 위한 주요 부채감축 프로그램을 승인한 바 있었는데, 이 프로그램은 빈국 정부들에게 신규 자금을 한 푼도 빠짐없이 빈민지원 프로젝트에 투자하도록 요구하는 것이었다. 만약 차드 정부가 민간부문의 보조자금을 몰래 그리고 임의로 사용했다면, 그들이 책임감 있게 채무구제를 관리할 능력을 갖췄다고 믿을 순 없는 일이었다.

성경적으로 상징적인 밀레니엄이 끝나기 전에 가능한 한 많은 부채를 탕감하고 싶었던 기독교 로비 단체 주빌리2000Jubilee 2000도, 부채 탕감에 협조할 의향이 있었던 세계은행과 IMF도 차드를 도울 수는 없었다. 이 과실로 인해 차드는 2001년 5월까지 채무탕감을 기다려야 했다. 이는 많은 면에서 안타까운 일이었다. 보너스 관리 실패가 있기 전 몇 년간 차드는 정책 개선을 위해 다른 후보국들이 10년 동안 했던 것보다 더 많은 노력을 기울였기 때문이었다. 과거에 차드를 앞섰던 카메룬 같은 일부 국가들도 빈민구제를 위한 기본 서비스를 강화하는 데 들인 노력은 차드보다 덜했다.

이 기간 내내 차드 대통령은 자신이 다른 나라들과 맺은 협상을 제대로 이해하지 못하는 듯 보였다. 내가 보너스 자금에 대해 이야기했던 바로 그 주에 그는 나를 사무실로 불러 일장연설을 했다. 그와의 첫 만남 이후 나는 경쟁입찰 없이 대통령과 가까운 이집트 기업에게 이동통신 사업권을 주는 것에 이의를 제기하는 서한을 기획부 장관에게 보냈는데, 대통령이 그 서한의 사본을 읽은 것이다. 나는 대통령이 사업허가를 취소하고 국제입찰에 사업권을 부치는 방안을 제안했다. 그렇지 않으면 많은 사람이 그가 거래를 통해 사익을 취한다고 생각할 것이기 때문이다.

대통령 면담 전에 기획부 장관은 "굳이 서한을 보내지 않으셨어도 됐을 텐데요. 아프리카는 문자보다 말을 더 중시한다는 것을 당신도 알고 계시지 않습니까."라며 유감을 표했다. 나는 윤리적 문화를 더 중요시한다고 말하고 싶었지만 입을 다물었다.

대통령은 그보다 더 격노한 상태였고, 호화로운 궁전에서 2시간 동안 자신이 받는 부패의혹에 대해 스스로를 변호했다. 원조국들이 '소문'에 과하게 반응하는 건 옳지 않다고 그가 비난했을 때, 나는 보너스와 관련된 한 가지가 실현된 것임을 지적했다. 더불어 향후 불필요한 의심과 불쾌한 편지를 받고 싶지 않다면 관련 정보를 국민에게 조금 더 공개해야 한다고도 촉구했다.

하지만 그는 태생이 개방적인 사람이 아니었다. 그로부터 3개월이 지난 후에도 보너스 자금 사용에 대한 의회 브리핑이나 공개 성명은 없었다. 막후에서 정부는 조용히 나머지 자금을 동결하고 감독위원회를 마련하는 조치를 취했으나 차드 국민과 언론은 여전히 암흑 속에 있었다.

그래서 2000년 12월 차드가 석유 수익을 군사적 목적으로 사용했는지 한 프랑스 기자가 물었을 때 나는 모든 이야기를 털어놓을 수밖에 없었다. 하지만 부득이한 상황이었음을 설명하면서도 정부의 조치를 옹호하진 않았다. 그다음 주에는 프로젝트에 대한 지지를 거의 철회한 「워싱턴포스트」 측에도 동일하게 설명했다. 대부분의 관찰자는 세계은행의 강력한 대응에 흡족해했으나 '실제로' 돈이 군사적 목적의 사용처로 흘러들어가면 어떤 일이 발생할지 궁금해했다.

이 일로 차드에서의 내 인기는 한동안 낮아졌지만 유익한 점 하나는 있었다. 이제 세계은행뿐만 아니라 온 세계가 자신의 모든 움직임을 주시하고 있음을 차드가 알게 된 것이다. 또한 세계은행이 사업을 철저히 추진한다는 데 대한 의심의 여지도 사라졌다.

하지만 실망스러운 일은 더 이어졌다. 차드의 채무탕감 조치가 승인된 지 불과 며칠 후인 2001년 5월 1차 대통령 선거가 진행되었는데, 같은 주에 대통령이 야당 후보 여섯 명을 두 번 감금한 것이다. 처음 것은 잠시였고 두 번째 것은 이틀 동안이었다. 울펀슨이 전화를 거는 등 대통령의 마음을 바꾸기 위해 국제사회가 압력을 가했으나, 이미 후보 한 명은 물리적 폭력을 당한 후였고 수도 중심지에서 일어난 여성들의 시위는 폭력적으로 해산되었다. 그런데도 대통령은 2차 선거에서 승리했다.

2003년 10월에 개통된 이래 차드-카메룬 송유관은 현재까지도 논란이 되고 있다. 일부 지역의 시민단체는 정교하게 구성된 송유관 협정을 "겉만 번지르르한 것papier mâché"에 불과하다고 일축하며, 석유로 얻은 수익이 아직까지도 빈곤구제에 큰 영향을 미치지 않고 있다고 비판했다.

2005년 7월 세계은행은 빈곤층에 대한 서비스 제공 지연, 그리고 불투명한 절차를 통해 진행되는 일부 정부계약이 "매우 우려스럽다."고 밝혔다.[1] 또한 2005년 9월 국제앰네스티Amnesty International는 다소 이론적인 보고서를 발행하며 이제 차드 국민의 인권은 정부가 아닌, 선출되지도 않은 다국적기업들의 손에 달려 있다고 추측했다.

이 이야기는 여기서 끝나지 않을 것이다. 차드의 정치 문화가 보다 개방적으로 변하고 안전해질 때까지 미래 석유자금의 사용에 대한 의문은 계속해서 남을 것으로 보인다. 한편 석유회사들과 국제개발기구의 순탄치만은 않았던 협력은 결실을 맺은 것으로 입증되었다. 그 결실을 통해 미래의 개발 프로젝트들은 전보다 유망해졌을 뿐 아니라 세계 최빈국 중 하나인 차드는 진정한 발전 가능성을 갖게 되었다.

11장

가치의 충돌

불행한 일이지만 차드-카메룬 송유관처럼 아무리 선의와 상상력을 동원한 프로젝트라 해도 서구 및 아프리카 정부가 동일가치를 지향하지 않는다면 아프리카에는 별 도움이 되지 않는다. 이러한 가치 충돌은 여러 형태로 나타난다.

1992년 11월 나는 라이베리아와 기니의 국경 근처 서부 코트디부아르에 있는 타이Tai 국립공원에서 나흘을 보냈다. 첫날 우리는 원시림 나무들의 가지가 낮게 우거지고 바람도 잘 불지 않는 길을 오르느라 땀에 흠뻑 젖었다. 그런데 우리 일행 중 한 명인 세계은행 부총재이자 새 관찰을 좋아하는 이가 우리 앞에서 비틀거렸다. 우리가 그를 부축하러 갔을 때 그의 두 손은 뾰족한 대나무 말뚝 바로 위를 짚고 있었다. 그의 심장과 아주 가까워 위험해 보였던 그 말뚝은 우리보다 앞서 갔던 이들이 길을 내기 위해 마체테로 베어낸 것이었다. 그는 가슴 쪽 피부에 상처가 났지만 다행히 심각한 부상을 입진 않았다.

다만 나는 그가 왜 맥없이 쓰러졌는지 이해할 수 없었는데 그날 저녁 때 그 이유를 알게 되었다. 저녁식사 후 큰 방수포 위에 누웠는데,

그가 낮에 관찰했던 새들이 어떤 종류인지 알아보기 위해 가방에서 아주 크고 무거운 새 백과사전 세 권을 꺼낸 것이다. 나는 세계은행 고위임원이 크리스마스트리 아래에 웅크리고 앉아 모험 이야기에 푹 빠진 소년 같은 모습을 국제자연보호단체들이 볼 수 있다면 좋겠다는 생각이 들었다.

타이 숲은 이제 중앙아프리카와 서아프리카에 얼마 남지 않은 5만 년 이상 된 숲 중 하나다. 덕분에 타이 숲 지역은 붉은 콜로부스 원숭이, 표범, 침팬지, 피그미 하마를 비롯한 동식물종이 풍부하다. 아프리카의 다른 숲들은 8,000년 전 큰 가뭄으로 파괴되었다가 시간이 지나며 점차 회복되었다. 젊은 공원 책임자와 우리는 야생동물이 아닌 밀렵꾼을 경계하기 위해 무장경비원 네 명과 함께 이동했다. 우리는 벌목꾼과 농부도 접근이 금지된, 그 나라에서 몇 되지 않는 초원 지역을 즐겼다. 시간을 보내면서 우리는 그 지역이 보존된 것은 정부의 정책이나 지역주민의 의지 덕이 아니라 그곳 지형이 험준하고 좋은 도로가 없기 때문임을 알게 되었다.

이런 생각을 확신할 순 없지만 숲을 계속해서 보존하는 일이 그와 관련된 책임을 가진 이들 사이에서조차 얼마나 어려운 일인지는 그곳을 떠날 즈음 다시금 깨닫게 되었다. 전주 목요일에 그곳에 도착하자마자 우리는 산림경비대가 밀렵꾼으로부터 25마리의 회색 앵무새를 압수했다는 것을 알게 되었다. 우리는 그 앵무새들을 보여달라고 요청했다. 긴 덮개가 덮인 고리버들 바구니 안에 아름다운 새들이 숨이 막힐 정도로 비좁게 들어차 있었다. 그날 공원 총책임자는 경비원들에게 새들을 풀어주라고 지시했다.

사흘 후 일행과 산에서 내려온 나는 밑에 남아 있던 운전기사에게 그간 무슨 일이 있었는지 물었다. 그러자 그는 "경비원들이 친절하게도 아비장에 있는 저희 아이들에게 앵무새 두 마리를 갖다주라고 하더라고요."라며 해맑게 답했다. 그들에게 새를 돌려줘봤자 소용없을 것임을 알았기에 나는 별말을 하지 않았다. 대신 이튿날 우리는 20마일가량* 북쪽에 있는 원숭이 연구소에 가서 그 앵무새 두 마리를 풀어줬다. 다른 23마리는 어떻게 되었는지 모르겠다. 하지만 공원장은 이 소식을 듣고 언짢아했고 미루어 짐작컨대 우리가 떠난 후엔 관련 직원을 호되게 혼냈을 것이다.

생물에 대한 서구의 진심 어린 보존 방식은 간혹 단순한 돈벌이 수단으로 전락하기도 한다. 2001년 2월 나는 카메룬 해안의 거대 바다거북 두 마리를 마리당 15달러에 '입양'했다. 네덜란드가 지원하는 생물다양성 프로젝트는 그 지역 어부들에게, 만약 그물에 거북이 걸리면 시장에서 팔지 말고 넘겨달라고 설득했다. 대신 거북을 팔지 못함으로써 발생할 수입 손실분을 돈으로 보상하겠다고 했다. 또 마을 식당들에겐 식용 목적으로 거북을 사지 말라고 촉구했고, 호텔 소유주들에겐 손님들이 지역 체험활동의 일환으로 생물들을 후원할 수 있게끔 홍보해줄 것을 권장했다. 기념품으로 '입양 증명서'를 받은 관광객들에겐 꼬리표를 단 거북들이 바다로 돌아가는 모습을 볼 수 있는 기회가 주어졌다. 만약 그 거북들이 어부들의 그물에 재차 걸려들 경우엔 어부들이 다시금 바다로 돌려보내줄 것이었다.

● 약 32.2킬로미터.

그러나 그러한 보존 전략이 허상에 불과하다는 것은 너무나 쉽게 알 수 있다. 어부들은 운 없는 거북들이 다시 그물에 걸리면 꼬리표를 떼어내고 시장에서 팔았다. 사실 바다에 방사된 '내' 거북들이 자유를 향한 열망으로 헤엄쳐 가는 것을 지켜보다 고개를 돌렸을 때, 나는 멀리 있던 어부 두 명이 작은 배를 빠르게 돌려 그 거북들을 향해 다가가는 모습을 볼 수 있었다.

⊠ ⊠ ⊠

앵무새 및 거북의 에피소드가 서구와 아프리카의 가치 충돌을 시사한다면, 빈곤과 민주주의라는 더 큰 사안에 대해 아프리카 정부들이 얼마나 무관심한지는 훨씬 더 확실하게 알 수 있다. 아프리카의 빈곤은 사실 아프리카의 문제라기보다는 서양의 문제에 더 가깝다. 대부분의 아프리카 정부들은 가난을 자신이 다룰 수 있는 일이라기보단 바람이나 비처럼 어쩔 수 없이 받아들여야 하는 일로 받아들인다.

1990년대 초 코트디부아르의 재무장관은 휘하의 관리들이 세계은행 및 IMF 직원들과 국가 정책 성명서에 대해 협상을 하는 동안 두 팔에 머리를 묻은 채 졸고 있었다. 그러다 '가난'이라는 단어가 언급되자 동요하며 "그 단어를 꼭 사용해야 할 필요가 있을까요? 우리 국민들은 가난하지 않습니다."라고 말했다. 코트디부아르 국민의 60퍼센트가 빈곤선 이하에 해당한다는 사실을 듣자 그는 기세를 누그러뜨리더니 다시 졸기 시작했다. 6년 후 군사 쿠데타가 일어나자 그는 급히 금고를 비우고 가방을 챙겨 몇 시간 만에 도망쳐버렸다. 얼마나 급하게 줄행랑을 쳤던지 침실 바닥에는 미국 달러가 여기저기 흩어져 있었다.

재무부 장관이 협상 시 졸았던 그 주에 중국 고위 관료 한 명이 코트디부아르를 방문했다. 나중에 그는 내게 이렇게 말했다.

"아시다시피 사람들은 우리 중국이 독재적이라고 생각합니다. 하지만 만약 프랑스산 정장과 금시계를 자랑스레 착용한 우리나라 장관의 화려한 저택이 누추한 빈민가와 이웃해 있다면 중국인들은 24시간 내에 또 한 번 혁명을 일으킬 겁니다."

빈곤이 심화되고 있는데도 아프리카 정치인들은 자신들의 급여를 정기적으로 인상했다. 이런 일은 대개 비밀리에 진행되지만 때로는 공개적으로 이루어지기도 했다.

1993년 6월 코트디부아르 국회는 의원들의 급여를 공개 발표나 토론 없이 두 배로 올렸다. 다른 때였다면 비밀리에 급여를 인상했어도 크게 문제가 되지 않았을지도 모른다. 그러나 12년 동안 한 번도 오른 적 없는 공무원 월급을 정부가 오히려 10퍼센트 삭감하려 하자 사람들은 폭동을 일으켰다. 게다가 농부들의 소득은 코코아와 커피의 국제가격 하락으로 절반이 줄어든 상황이었다. 그렇다면 국회의원들은 자신들의 급여 인상에 관한 이야기가 밖으로 새어갔을 때 당황했을까? 전혀 그렇지 않았다. 175석의 의석에서 겨우 10석만을 차지했던 야당 의원들조차 급여 인상안을 조용히 지지했으니 말이다.

인상안에 대한 해명을 요구하자 야당 대표는 모두를 위한 근로 조건 개선을 지지한다고 답했다. 그러나 그 인상안을 왜 군이 스스로 포기하겠는가? 그는 아무리 위대한 종교적 혹은 정치적 지도자라 해도 자신이 비참해지면서 백성을 불행에서 벗어나게 해준 일은 없다고 덧붙였다.

"모세도, 예수도, 모하메드도 가난하지 않았습니다. 마르크스, 엥겔스, 레닌, 드골, 미테랑, 조지 워싱턴도 마찬가지입니다."

나는 역사학 교수였던 그가 최근의 자료나 정보는 알고 있는 건지 궁금했다. 그의 공개적 저항은 인권지도자 랠프 애버내시Ralph Abernathy와 관련된 에피소드를 연상시켰다. 애버내시는 1969년 워싱턴 D.C.에서 빈곤자들을 위한 캠페인 중 지지자들은 내셔널 몰National Mall의 젖은 텐트 안에 있는데, 왜 그는 호텔에 머무르고 있느냐는 질문을 받고 이런 해명을 내놓았다.

"내 일은 꿈을 꾸는 것이고 진흙 속에선 꿈을 꿀 수 없습니다."[1]

이런 엉뚱한 역사적 유사점은 그때나 지금이나 아프리카인들을 위로해주지 못한다.

아프리카의 장관들은 자국의 경제 상황이 어떻든 간에 거의 항상 일등석을 타고 다닌다. 1970년대 후반 초임 외교관으로 소말리아를 방문한 나는 대사와 함께 조금 일찍 비행기에서 내리기 위해 이코노미석 구역을 벗어나 비행기 앞쪽으로 걸어갔다. 고위 관리들이 이용하는 일등석 계단 아래에서 현지 공무원들이 우리를 기다리고 있었기 때문이다. 넉넉지 않은 예산은 당시로부터 수십 년이 지난 지금까지도 변함이 없었으나 그러한 혜택은 공무 활동에 당연한 것으로 간주된다. 심지어 차드의 석유감시위원회에 속한 비정부기구들조차 일등석 탑승과 외교여권 발행을 요구했다. 차드 정부는 그들의 요청을 거절했지만 그나라 장관들은 계속해서 편안하게 여행했다.

아프리카의 주요 기관들 역시 부조리를 별로 대수롭지 않게 여기고 있다. 1994년 1월 서아프리카 프랑화 통화권의 국가들은 자국 화폐를 50퍼센트 평가절하했는데, 이는 모든 수입품의 가격이 자동적으로 두 배가 오른다는 것을 뜻했다. 그러나 모든 물품이 수입되는 것은 아니었으므로 대부분의 고용주들은 물가상승을 부추기지 않기 위해 인플레이션이 실제로 가시화될 때까지 급여를 조정하지 않기로 결정했다. 여기에는 세계은행과 같은 외부 기구들도 포함되었다.

이들은 평가절하에 따른 급여 조정을 강하게 압박했으며 더 이상의 경제악화를 원치 않았다. 하지만 아비장에 있던 아프리카개발은행은 세계은행의 '동생' 격인 기구인데도 그런 사회적 책임감을 전혀 느끼지 못했다. 그들은 직원 급여를 즉시 두 배로 늘렸고, 이는 현금으로 불룩해진 지갑을 든 비서들이 아비장의 주요 거리를 따라 쇼핑을 하는 기이한 광경으로 이어졌다.

국제기구의 아프리카인 고위 관료들도 때로는 방심하곤 한다. 나는 세계은행 이사회에 있는 두 명의 아프리카인 중 한 명과 함께 차드를 여행한 적이 있다. 논란이 된 송유관 프로젝트와 관련한 비정부기구들과의 회의에서 그는 위협에 가까운 어조로 이렇게 말했다.

"당신들의 주장을 너무 강요하진 마십시오. 투자자들이 겁을 먹을 수도 있으니까요."

진실이 담긴 말이긴 했으나 그는 좀 더 신중하게 이야기하며 공개토론을 장려할 수도 있었을 것이다.

워싱턴으로 돌아가는 길에 우리는 코트디부아르에 잠시 들렀다. 당시 대통령은 다가오는 대선에 상대 후보가 출마하지 못하도록 후보 자격 박탈을 시도 중이었다. 비행기에서 내릴 때 내 동료는 "어째서 그는 다른 모든 아프리카 국가원수들처럼 행동하지 않는지 모르겠네요. 다들 그냥 선거를 조작한 뒤 '미안하다'고 한마디 하고선 다시 예전처럼 계속 해나가는데 말이지요."라고 말했다. 그날 '새로운 아프리카'의 징후는 보이지 않았다.

그 대통령은 6년 전 내게 비슷한 감정을 표현한 적이 있다. 3년간 머물렀던 아비장을 떠나기 전 그는 나를 점심식사에 초대했다. 식사를 마칠 무렵 그는 내게 작별의 조언 몇 가지를 해달라고 요청했다. 다음 선거를 위해 독립적인 위원회를 만드는 것이 좋겠다는 내 제안을 듣고 그는 날카롭게 물었다.

"당신 조국인 캐나다에도 그런 위원회가 있습니까? 효과는 있나요?"

내가 "있습니다. 그리고 아주 효과적이지요."라 답하자 그는 "글쎄요. 아이티, 부르키나파소, 부룬디에서도 그렇게 한다면 나도 추진해보겠습니다."라고 말했다. 내 기준에선 미더운 국가들이 아니었지만, 그가 자기 나라의 선거법 제정에 참고할 만한 나라로는 그 세 곳이 제격이었을 것이다.

그러고 나서 나는 그가 가족계획에 갖는 관심을 국가적 에이즈 퇴치에 들이는 노력으로 확장시킬 것을 제안했다. 그는 "생각해보겠습니다."라고 차분히 답했다. 그러나 새로운 세기가 시작될 무렵까지 그는 거의 아무것도 하지 않았고, 코트디부아르의 에이즈 감염률은 통제가 불가능한 수준에 이르렀다. 어떤 의미에서 보면 그는 대중의 무관심을 반영한 것일 뿐이다.

1년 전 나는 국회에서 사흘간 열린 에이즈 관련 회의에 참석한 적이 있다. 그곳에 온 1,500명 모두는 에이즈 퇴치에 관심이 있는 듯했다. 첫 번째 연사 중 하나였던 여의사는 한 대학에서 최근 진행한 연구를 보고했는데, 그에 따르면 전체 학생의 30퍼센트가 여전히 피임약을 사용하지 않고 있었다. 내가 보기에 그 수치는 너무 낮아 현실과 다를 것 같았으나 오히려 그 여의사는 높은 수치라며 한 달간 열네 명의 파트너와 잠자리를 가진 학생도 있다고 덧붙였다. 나는 충격을 받았지만 연구원, 의료계 종사자, 공무원들로 구성된 청중은 젊은이들의 혈기왕성함에 폭소를 터뜨렸다. 물론 유머는 아프리카가 가진 큰 자원 중 하나다. 하지만 내게 있어 그들의 웃음소리는 아직 사태의 심각성을 깨닫지 못하고 있음을 알려주는 신호처럼 여겨졌다.

하루는 프랑스 문화센터에서 600명의 경영학도와 이야기를 나눌 기회가 있었다. 긴 발표를 끝낸 뒤 나는 그들의 공공 의식 및 서비스에 호소하며 말했다.

"이 나라에는 문맹 여성이 너무 많습니다. 그들은 너무 자주 임신하고 그들 중 너무 많은 수가 에이즈에 감염되고 있어요. 이 문제에 대해 여러분 모두는 무언가를 할 수 있습니다."

그러나 내가 말을 마치기도 전에 장내는 이런 '민감한' 주제가 제기된 데 당혹감을 느낀 청중으로 술렁대기 시작했다. 옆에 앉은 내각 관료마저도 내 쪽으로 몸을 기울이며 "아니, 어째서 그런 얘기를 꺼내는 겁니까?" 하고 탄식했다. 하지만 나는 청중을 내려다보며 말을 이었다.

"이 문제에 대해 아무 조치도 취하지 않으면 결국 사회 전체에 재앙이 닥칠 것입니다."

물론 맘속으로는 고등교육을 받은 데다 모범을 보여야 하는 젊은 이들조차 이런 주제의 이야기가 그렇게나 꺼려진다는 것이 무척이나 안타까웠다.

⚔ ⚔ ⚔

아프리카 정부의 고위공직자들은 빈민은커녕 국가경제와 관련한 기본적 활동들조차 자신과는 무관하고 불필요한 것으로 여기는 삶을 살고 있다. 2002년 나는 가봉의 수도인 리브르빌의 빈민 지역에서 기획부 장관과 함께 지역사회 도로 프로젝트 상황을 둘러보았다. 장관이 그 동네를 찾은 것은 그날이 처음이었다. 더욱 놀라웠던 점은 그가 이 나라의 주요 항구에 방문한 것도 그날 저녁이 처음이었다는 사실이다. 14년 동안 기획부 장관을 지냈고 그 전에는 총리로 일했지만, 그는 국가경제의 동맥에 해당하는 지역조차 돌아볼 시간을 갖지 않았던 것이다. 심지어 그날의 방문도 거의 우연히 이루어진 것이었는데, 그가 현장으로 따라나선 유일한 이유는 세계은행 부총재가 나와 동행했기 때문이다.

아프리카 공무원들은 직급이 오를수록 더욱 특별한 대접을 받고 싶어 한다. 예전에 아주 가난한 마을들을 방문하다 보면 세계은행에 대한 환대의 표시로 염소와 가금류 또는 쌀을 선물로 받곤 했다. 사양하면 행사를 주최한 분들이 불쾌감을 느낄 수도 있기에 우리는 우아한 변명(가령 우리 차량은 너무 작아 선물을 실을 수 없다는 등)을 만들어내거나 현지 여성단체에 선물들을 기부할 수 있는지 정중히 문의했다. 그러면 그곳 주민보다 예닐곱 배나 많은 돈을 버는 지역공무원들이 우리에게 다가와 이렇게 이야기하는 것이었다.

"마을 사람들의 환대를 받기 어려우시다면 저희가 대신 받겠습니다."

심지어 때로는 우리가 어떤 대책을 미처 세우기도 전에 염소의 목을 잡아끌어 자신들의 차에 싣기도 했다.

아프리카 공무원들과 마을 주민들 사이의 큰 괴리감은 1993년 9월 중부 코트디부아르를 여행할 때 더욱 분명히 느낄 수 있었다. 그해 초 나는 젊은 친구로부터 내륙 마을에 가본 적이 있느냐는 질문을 받았다. "물론이죠. 꽤 여러 번 있어요."라고 답하자 그는 다시금 이렇게 물었다. "마을에서 숙박도 해보셨나요?" 내가 아니라고 하자 그는 "그렇다면 진정한 방문이었다고 볼 순 없겠네요."라고 말하더니 그다음 달에 자신의 고향 마을에서 열리는 식목 행사에 나를 초대했다. 나는 그의 초대를 곧바로 수락했다.

그로부터 며칠 지나지 않아 친구는 수도에 있는 자기 누이 집에서의 점심식사에 나를 초대했다. 그의 누이와 둘째 형은 세계은행 지부장이 얼마 후 자신들의 고향에서 수도와 전기 없이 주말을 보낼 준비가 되어 있다곤 믿지 않았다. 이어 이틀 후엔 친구의 맏형이 나를 찾아왔다. 그는 동생들이 자신과 상의 없이 마을에 '유명인'을 초대했다는 데 화가 나 있었다. 퇴직 공무원이었던 그는 내가 마을이 아닌 근처 호텔에 머물며 아침마다 마을로 오는 편이 좋겠다고 설득했다.

나는 숲속에서 야영해봤던 경험을 설명하며 그의 고향 마을이 그때의 숲속보다 불편하진 않을 거라 말했다. 하지만 나를 초대한 이들은 의전 문제에 직면했고 주지사는 자신과의 동행 없이 내가 자기 관할

지역에 이틀간 머물 거란 사실을 꺼렸다. 나는 친구의 맏형에게 나 대신 주지사에게 정중히 메시지를 전해달라고 부탁했다. 내가 인사차 잠시 들르긴 하겠지만 주말 동안 그가 나를 수행하기 위해 가족과의 시간을 희생해야 할 필요는 없다고 말이다.

며칠 후 마을로 가던 도중 우리는 인사를 하기 위해 주지사를 방문했다. 그는 내게 15마일* 떨어진 '깊숙한 시골'까지 들어가지 말고 호텔에 머물라고 제안했다. 또 마을 사람들이 나를 제대로 대접하는지 확인하기 위해 이튿날 몇 시간 정도는 직접 와보겠다고 했다.

사실 그는 걱정할 필요가 없었다. 우리는 해가 진 뒤 마을에 도착했고 운전기사는 어둠을 밝힐 수 있게 차량 전조등을 계속 켜두었다. 마을의 어린 소녀들은 우리에게 꽃을 들고 왔고, 나이 든 여성들은 환영의 의미로 엉덩이를 흔들었으며, 많은 사람 박수를 쳐주었다. 내가 하룻밤 묵을 집의 뒤편에선 무용수 여럿이 실력을 뽐냈고 마을 어르신 한 분은 6피트**짜리 북을 치며 나를 맞이했다. 나를 위한 통역에 따르면 그의 환영사는 다음과 같았다.

"세계은행 지부장은 판골린(개미핥기와 아르마딜로의 교배종)과 같은 존재입니다. 판골린은 일생의 대부분을 숲 바닥의 어두운 구멍에서 보내는데, 그러다 구멍에서 나올 때면 사람들은 모두 그 주위에 모여 그것을 바라보며 감탄하지요."

이는 '환영합니다. 왜 이제야 오셨습니까?'의 정중한 표현이었다. 이튿날 나는 마을 주변에 나무 심는 일을 도왔고 명예추장으로 추대되었

---

* 약 24킬로미터.
** 약 1.8미터.

다. 그러고 나선 야자수 잎으로 엮은 지붕 아래에서 몇 백 명의 청중에게 지역환경을 보호하고 청년들의 경제적 소득기회를 창출하는 것에 대해 이야기했다. 그 자리는 3시간 동안 이어졌는데, 그렇게 오래 걸린 이유는 내 프랑스어 강연이 현지어로 실시간 통역된 뒤 이민자들의 이해를 위해 다시금 지역언어로 재차 옮겨졌기 때문이다.

이어진 토론 중에 나는 나를 초대해준 친구의 맏형(알고 보니 그는 당시 여당의 수석대표였다)에게 충격을 주었다. 3,000명이나 되는 그 마을에 진료소를 설립해달라고 수년간 요청했는데 여전히 해결되지 않은 이유를 청중 중 한 명이 내게 물었을 때였다. 나는 이 정도 규모의 마을이라면 최소한 한 곳의 진료소는 당연히 있어야 한다고, 그러나 이를 보장하는 것과 관련해 세계은행은 그 마을 사람들만큼이나 별 힘이 없다고 답했다. 또 시골 지역의 기본 서비스 개선을 위해 세계은행은 정부 보건 및 교육 예산에 5,000만 달러를 지원했으나 실제로 진전된 바는 거의 없었다고 설명했다. 이제 세계은행이 취할 수 있는 유일한 방법은 남은 1억 달러의 지원을 보류하는 것이고, 현 보건부 장관은 분명 진지한 사람이지만 그와 이 마을, 그리고 수백 곳의 다른 마을들 사이에 무언가 잘못된 선택들이 내려지고 있다는 말도 했다.

내 말이 통역되자 청중은 놀라움에 웅성댔다. 연소득 400~500달러인 그들 입장에서 보자면 내가 언급한 액수는 천문학적으로 큰돈이었다. 그러나 내가 그들에게 들려준 공무원들의 낭비, 무질서, 타성, 부정직함은 믿을 수 없을 만큼 그 정도가 심했다.

여당 수석대표는 의사결정권자가 아닌 내게 그런 질문을 하는 것은 부당하다고 마을 사람들에게 이의를 제기했다. 그들이 인내심 있게 기다리면 그 문제는 정부 계획에 반영될 것이었다. 나는 수도에서 있을 일반 정책 논의 시 아비장의 이 마을을 구체적인 사례로 기꺼이 언급하겠다고 말했다.

그때 내가 보인 끈기가 마을 사람들에게 문제 해결의 희망을 줬다는 사실은 나중에 알았다. 하지만 여당 수석대표는 이런 사실을 공유한 것을 불쾌해했다. 나는 내 '구멍'에서 나왔지만, 그는 마을 사람들이 그들의 '구멍' 밖으로 나오는 것은 원치 않았다.

※ ※ ※

5년 후 우간다에 있던 미국 기자들은 세계은행의 신규 역량강화 프로그램에 대해 언급했다. 이 새로운 프로그램은 세계은행 관리자들에게 세계 각지의 외딴 마을에서 1주일을 보내게 하여 빈곤의 일상에 익숙해지게 하기 위함이었다. 한 특파원은 "마을 현장에서 직접 경험을 쌓는 공무원들도 더 많아지면 좋겠습니다."라고 말했다.

사실 많은 나라의 공무원들이 마을에서 시간을 보낸다. 주변 환경은 이미 그들에게 너무나도 익숙하다. 마을을 방문한 사람들은 그곳의 불행을 보지만 공무원들은 느리게나마 개선되는 것들을 볼 수 있다. 또 가족 및 고향 마을을 위해 다른 지역에는 없는 도로와 진료소 등 특별한 호의를 제공하기도 한다. 아프리카 지도자들은 자신의 뿌리에 물을 주지만 그들의 감수성과 상상력, 야망의 범위는 자신의 고향에서 그리 멀리 벗어나지 않는다.

이런 역경과 열악한 리더십에도 다행히 아프리카가 지닌 긍정적 가치의 일부는 번창하고 있다. 1994년 말 코트디부아르를 떠날 준비를 하던 나는 다가오는 시험을 위해 책을 손에 들고 동네 가로등 사이를 천천히 걷고 있는 대학생들의 모습에 놀랐다. 왜 그 학생들은 밖에서 공부하고 있을까? 그들의 부모님이나 보호자들이 밤늦게까지 전깃불을 켜둘 만큼 여유롭지 않기 때문이다. 전에도 여러 번 본 적 있는 그 광경이 그때는 더욱 가슴 아팠지만 동시에 희망적으로 느껴졌다. 그들의 모습에서 궁핍이 아닌 결단이, 또 아프리카인들이 정치적 자유와 경제적 기회를 쟁취하는 데 필요한 회복력이 보였기 때문이다.

아프리카 사람들의 따뜻함과 너그러움도 그 나라를 떠나기 전에 느낄 수 있었다. 나는 내 송별회에 400명을 초대했으나 모두가 참석하진 못했다. 사무실에서 마지막으로 근무하는 날 한 통의 전화가 왔다.

"안녕하십니까. 시몬 비르바입니다."

"아, 안녕하십니까, 비르바 씨. 잘 지내셨지요?"

코트디부아르 서부 지역에서 성공을 거둔 레스토랑과 호텔의 소유주인 그를 나는 6개월 전 방문해서 알게 되었고 그의 정신을 존경하게 되었다. 그는 문맹이기도 했다.

"기억력이 좋으시네요, 칼데리시 씨! 당신의 칵테일 파티 초대장을 방금 받아서 전화를 드렸습니다. 제가 얼마나 감동했는지 알아주시면 좋겠네요. 파티 스케줄을 미리 알았더라면 걸어서라도 아비장까지 갔을 겁니다. 저는 보잘것없는 사람인데 파티에 초대해주시다니요!"

나는 "비르바 씨, 당신은 보잘것없는 분이 아닙니다. 훌륭한 일들을 해내고 계시니까요."라 말했다.

주요 일간지 중 한 곳은 내 이임 기사를 실으며 내가 코트디부아르 사회의 훌륭한 친구였고, 각계각층 사람들에게 세계은행 사무실의 문을 활짝 열어주었으며 "말하는 것을 멈추지 않았다(프랑스령 서아프리카에서는 칭찬에 해당되는 표현이다)."는 내용을 담았다.[2]

같은 주에 내 비서는 '마을 사람 몇몇'이 나를 만나고자 아래층에서 기다리고 있다고 전해주었다. 그해 내가 몇 번 방문했던 아홉 마을의 대표단이었다. 그들 손엔 타자기로 작성한 '결의문'이 들려 있었다. 내가 그들에게 주었던 도움에 감사를 표하고, 우리가 머무는 동안 나와 내 파트너에게 붙여줬던 현지 이름과 함께 네 장에 달하는 서명 리스트가 첨부된 문서였다. 내가 그들이 만든 협동조합의 명예회원으로 임명되었음을 알리고("달리 더 드릴 수 있는 것이 없기 때문에") 전능하신 하나님께서 '고데'와 '보보'(각각 장 다니엘과 내가 받은 현지 이름이다)에게 번영과 장수를 주시길 기도하는 그 결의문은 다음과 같이 끝을 맺었다.

"당신이 가는 곳마다 꿀이 흐르기를."

4부

미래를 향해

12장

아프리카를
바꾸는
열 가지 방법

상호이해, 경제적 진보, 효과적 원조가 맞닥뜨리는 모든 장애물을 감안할 때 1960년대 독립 이후 서양인과 아프리카인은 40년간 자신들이 겪은 실망스러운 결과에 어떤 반응을 보여야 할까?

서방 국가는 보다 나은 정부와 삶을 위해 이미 싸움을 시작한 이들에게 지지하는 것 외에는 할 수 있는 일이 거의 없다. 현 상태를 유지하면 서양이 갖는 역사적·인종적 죄책감을 덜고 아프리카인의 이민을 어느 정도 늦출 수 있다. 하지만 현 정책이 아프리카인 대부분의 일상에 지속적 변화를 가져올 거란 환상은 갖지 말아야 한다. 2025년에도 서양인들은 여전히 양심의 가책을 느낄 것이고, 아프리카에선 여전히 근본적인 문제들이 해결되지 않은 탓에 수많은 사람들이 북쪽으로 이민을 갈 것이다.

지금부터 내가 하는 제안들은 그런 상태를 바꾸고자 하는 것들이다. 그중 독창적인 제안은 거의 없지만 어떤 것은 지금껏 경시되었던 사안들을 강조한다. 또 국제 문제의 현 추세를 보다 논리적이고 명확한 결론으로 매듭짓는 제안들이 있는가 하면, 많은 원조가 필요하다는 전통적 주장에 도전하는 제안들도 있다. 급진적이고 비합리적인 듯 보일 수도 있는 일부 제안들은 분명 전통 및 정치적 올바름과 배치될 것이다. 그러나 반쪽짜리 조치를 택하는 시대는 끝났다.

아프리카는 외국 우방들의 확실한 지원을 필요로 한다. 만약 서방 정부가 자신들의 기존 방식을 고수하고 변화를 거부한다면, 시민단체들은 대의명분을 내세우고 개선을 압박할 것이다. 다음의 계획 중 일부는 단기적으로는 파괴적일 수 있지만 장기적으로는 과거에 이루어진 수십억 달러 이상의 해외원조보다 더 큰 효과를 아프리카에 가져다줄 것이다.

1. 공적자금 추적 및 회수를 위한 메커니즘을 도입한다

아프리카의 민주주의자들에게 세계가 줄 수 있는 최고의 선물은 자국의 정치인과 외국계 은행 고위 관리의 부정 축재를 막는 것이다. 이를 실현시키려면 테러리스트의 자금조달 네트워크를 약화시키기 위해 현재 세계가 기울이는 것과 유사한 정도의 노력을 기울여야 한다. 자이르의 모부투와 같은 군부세력의 자산을 추적하는 힘든 과정이 한때 있긴 했으나, 결과적으로 이는 아프리카 전역의 여타 고위직들에게 비리를 장려하는 꼴이 되었다.

2003년 10월 나이지리아 정부는 독재자였던 고故 아바차 장군이 훔친 것으로 추정되는 50억 달러의 회수를 위해 어쩔 수 없이 영국 정부를 민사법원에 고소했다. 그로부터 3년도 더 전인 2000년 6월 자금세탁 추적을 위해 영국 정부에 은행 거래내역 및 기타 증거들을 요청했으나 아무것도 받지 못한 것이다. 비밀스럽기로 유명한 스위스가 오히려 더 협조적이었다.

부패와 싸우라는 말을 수년간 들어온 아프리카인들에게 영국이 보여준 타성은 위선으로 여겨진다. 불법자금 보관처를 찾아내 조치를 취하는 것은 아프리카 정치개혁의 주요 요소가 될 것이다.

2. 대통령, 장관, 고위 관료들의 계좌 공개 및 감사를 실시한다

개인 금융기록을 공개하면 아프리카 대중의 신뢰를 쌓고, 숨길 것이 있는 이들을 식별해낼 수 있다. 이를 위해 아프리카 고위 관료 수천 명의 사적 영역을 캐야 할까? 그렇다. 하지만 금융거래 추적 시스템이 정교할 필요는 없다.

아프리카처럼 가난한 대륙에서는 공직자 중 합법적으로 부를 쌓은 백만장자가 많지 않다. 아직까지는 그렇다. 아프리카의 부패는 세계에서 가장 심각한 수준이기에, 사실 아프리카 공직자들에겐 은행 계좌를 조사받지 않을 권리가 오래전부터 금지되었어야 했다. 만약 이 조건을 거부하는 아프리카 국가들이 있다면 원조 요청을 할 수 없게 해야 한다. 아프리카인들은 외국의 입장과 무관하게 이러한 개혁을 스스로 촉구할 필요가 있다.

3. 각 국가에 대한 직접적 원조의 50퍼센트를 축소한다

기존의 권고들과 달리 아프리카 국가들에 대한 직접적 해외 원조는 늘리지 말고 오히려 줄여야 한다. 예산이 적을수록 필연적으로 더 잘 관리될 수 있기 때문이다. 더불어 원조를 둘러싼 국가 간 경쟁이 치열해질 것이고 엄격한 기준을 충족시키는 몇 안 되는 나라에서의 프로젝트를 선택, 준비 및 감독할 시간도 늘어날 것이다.

직접적 원조의 축소로 절감된 재원은 지역대학 설립, 다국적 인프라 프로젝트, 농업 연구 및 국가 간 에이즈 관련 계획 등 보다 보편적인 목적을 위해 전환시킬 수 있을 것이다. 그리고 이러한 지원은 여러 국가에게 동시에 또는 아프리카 전 대륙에 도움이 될 것이다.

풍부한 원조는 헛된 희망을 갖게 하고, 인적 자원을 포함한 대륙 내 자원의 개발계획을 무력화하며, 서양의 양심을 달래줌과 동시에 향후 닥칠 더 큰 공포에 둔감해지게 만든다. 전문인력의 지속적 이탈과 나쁜 정책들은 질병과 기근, 실업 및 자포자기를 더욱 확산시킬 것이다. 그런 환경에서는 오직 정치적 변화만이 상황 변화에 대한 희망을 심어줄 수 있다.

4. 빈곤감소를 진지하게 원하는 4~5개국에 집중적인 원조를 실시한다

진심으로 노력하는 국가는 '집중치료' 병동에서 빼내주어야 한다. 이런 국가들에겐 더 이상 면밀한 감독이 필요치 않고, 대신 보다 유연하고 큰 규모의 지원을 제공해야 한다. 불행히도 이러한 국가는 우간다, 가나, 모잠비크, 탄자니아, (아마도) 말리 등 총 5개국에 불과하다. 이 수는 아프리카 전반의 정치 시스템 개방, 부패 지도자 교체, 자기주도적 발전에 따른 이점이 분명해짐에 따라 증가할 수도 있다.

반대로 빈곤에 무관심하고, 국민의 기초 교육을 보장하지 않으며, 에이즈 퇴치와 관련하여 행동 없이 말로만 일관하는 정부에겐 원조가 제공되어선 안 된다. 이 양극단 사이에 놓인 정부들은 여전히 원조를 받아야 하지만, 그들 자신의 결단력이 전 세계를 감동시키기 전까지는 엄격한 조건을 충족시켜야만 한다.

앞서 언급한 5개국에 대해 국제사회는 백지수표 같은 원조를 허용해야 한다. 해당 국가들은 이런 대우를 받을 만하다. 그들이 목표를 달성할 경우엔 2~3년 내에 재차 원조를 받을 수 있게 해야 하고, 그렇지 못할 땐 국제기구들의 감독을 다시금 받게 조치해야 할 필요가 있다.

국제사회는 이 다섯 개 나라를 제외한 모든 국가에 대해서는 어떤 형태의 일반예산 원조도 중단하고, 그런 다음엔 그들이 제대로 된 정책과 프로그램을 통해 영구적 이익을 얻을 수 있게끔 대규모 지원을 계속해야 한다. 만약 그들이 단기간에 모든 자금을 사용할 수 없음이 분명해지면 나머지 자금은 시간이 지난 뒤 꺼내 쓸 수 있는 기부기금에 넣으면 되고, 더 이상 원조를 필요로 하지 않는다면 원조 대상국 그룹에서 '졸업'할 수 있을 것이다.

그러나 이 그룹에 해당하는 국가의 수는 계속 소수로 유지되어야 하고, 새로 들어오려는 국가에겐 매우 까다로운 기준을 적용해야 하며, 그룹 내 국가들에 대한 모든 신규 원조는 무상지원으로 이루어져야 한다.

5. 국제사회 감독하에 선거할 것을 요구한다

지금은 원조가 보다 공개적으로 정치와 관련되어야 할 때다. 원조를 받는 아프리카 국가들은 이제 공개적 정치토론 및 공정선거라는 최소 기준을 충족하게끔 해야 한다. 서구인들에겐 이에 따르는 장점이 명백히 보이지만, 정치적 진보에 있어 자신만의 속도와 방식을 고집해온 아프리카 지도자에게는 이 방식이 달갑지 않을 수 있다. 재능과 지식 및 가치로 진정한 경쟁을 해야 하는 상황이 되면 그들 대부분은 자기 자리를 보전하지 못할 것이므로 그들은 당연히 저항을 할 것이다.

아프리카 수원국들에서의 선거에 대한 국제사회의 감독은 매우 체계적인 방식과 충분한 인력 투입을 통해 이루어져야 하고, 선거 며칠 전이 아닌 몇 달 전부터 시작되어야 한다. 무엇보다 선거 감독관들은 유권자 등록 리스트 마련에 세심한 주의를 기울이고, 야당도 국영 미디어를 이용할 수 있게 해야 한다.

정치, 경제, 사회의 개혁은 병행 추진되어야 한다. 미국은 민주주의를 성장의 핵심적 특징으로 고집했지만, 오랫동안 유럽은 이런 미국의 생각이 지나치게 단순하고 근본주의적이라 여겼다. 회의론자들은 한국, 대만, 중국, 인도네시아와 같은 나라들이 정치적 개혁 도입보다 경제적·사회적 진보를 먼저 이루어낸 독재국가였다고 지적한다.

사실 한동안은 아프리카 국가들이 스스로 자신들의 방식을 바꾸게끔 설득할 수 있을 거란 합리적 희망이 있었다. 그러나 아프리카 지도자 대부분은 마치 임종을 맞은 사람처럼 계속해서 부인하거나 협상을 하려 한다. 여전히 그들은 옳은 일이기에 그 자체를 실행하려 하기보다 그렇게 하는 데 따르는 '보상'을 받길 원한다.

수년 동안 원조기구들은 자신들이 하는 모든 일에서 대중의 참여와 공개토론이 갖는 중요성을 배웠다. 하지만 정부보다는 '거버넌스'에 대해 논하는, 또 정치와 경제 간엔 직접적 관련이 있다는 사실을 회피하는 과거의 방식에 묶여 있었다. 상상력이 풍부하고 열정적이었던 세계은행 총재 짐 울펀슨조차도 부채 문제는 부채 탕감과 연결시켰지만 인권 문제를 개발 논의의 중심으로 끌고 들어오진 못했다.

서방 세계가 정치 과정에 개입을 꺼린 것은 건전한 원칙에 기초했기 때문이다. 이웃나라 침략이나 대량학살을 저지르지 않는 한, 개인과 마찬가지로 국가 또한 사생활을 가질 권리가 있다고 여겼던 것이다. 중국에서 용납되지 않는 일은 차드에서도 하면 안 되지만 서방의 이러한 자제의 결과로 아프리카는 끔찍한 고통을 겪었다. 그리고 아프리카인들은 더 이상 정치적 '중립' 입장을 견지함으로써 독재를 강화시켜준 서구 사람들을 참아낼 수 없는 상황에 이르렀다.

이젠 아프리카 정부들이 너무나 비난받을 만한 행동들을 하고 있으므로 그들에게 과거에 취했던 예우를 버려야 한다는 주장이 제기될 수도 있다. 「파이낸셜타임스」의 전 아프리카 담당 편집장인 마이클 홀먼 Michael Holman은 지난 10년 동안 예방 가능했던 질병으로 사망한 3,000만 명의 아프리카 어린이를 언급하며 이렇게 말했다.

"대량학살의 희생자가 아니라는 건 사실이지만, 그 아이들은 대량학살 규모의 방치에 따른 희생자다."[1]

홀먼은 아프리카에 더 큰 원조를 엄숙히 약속해놓고선 이를 지키지 않은 서방 정부들에게 '위선의 악취'가 난다고 생각했다. 하지만 아프리카는 서방 국가들의 약속 이행보다 스스로의 대대적 개혁이 우선적으로 필요하고, 오래된 '무개입' 원칙을 적어도 향후 20년간은 고려해선 안 된다는 게 내 생각이다.

국제사회 감독하의 선거를 거부하거나 소수의견을 억압하거나 자유언론을 침해하는 정부에게는 원조를 중단해야 한다. 이러한 정책 변화는 일부 정부가 무너지게끔 하고, 또 일부 정부들에겐 더 이상 서방 국가들의 죄책감에 의존하는 것만으론 어려움에서 벗어날 수 없음을 깨닫게 하는 충격을 줄 수 있다.

거버넌스와 관련하여 국제사회는 이전보다 개입적인 규칙을 정립하고 국가 간 비교를 진행 중에 있다. 이런 조치들은 앞으로 더욱 강화되어야 하고, 그로 인해 원조의 규모가 계획보다 작아진다 해도 그렇게 되게끔 두어야 한다. 아프리카에게 훨씬 더 필요한 것은 새로운 지도자, 아이디어, 접근 방식, 기술이다. 원조 예산의 축소는 경제개발 대신 실질적인 정치발전을 가져올 것이다.

일부 서양인들은 아프리카가 아직은 민주주의를 할 만큼 '성숙'한 상태가 아니라고 생각한다. 하지만 우리는 선거철마다 투표를 위해 뜨거운 태양 아래에서 몇 시간 동안 길게 줄서서 기다리는 이들을 고려해야 한다. 지난 2005년 5월 에티오피아의 투표율은 85퍼센트였는데, 불행히도 선거 결과는 같은 해 9월까지 발표되지 않았으며 11월에는 부정투표 혐의에 대해 항의하다 33명이 사망했다. 아프리카인들은 스스로 선택을 내릴 준비가 되어 있다. 그렇게 할 수 있는 선택지만 제공된다면 말이다.

6. 자유언론과 사법부 독립 등 민주주의의 다양한 요소를 장려한다

그렇다 해도 제대로 된 선거만이 전부는 아니다. 국가원수를 모욕으로부터 보호하는 법은 오히려 아프리카 시민들을 모욕하는 것이다. 이러한 법은 지도자의 전통적 권리를 강화하지만 독립적 견해와 반대 의견을 억누르기 때문이다. 부끄러움을 아는 아프리카인이라면 정치에 관여하지 말아야 하는 환경인 것이다.

마찬가지로 개인적 견해를 밝혔다는 이유로 한 명의 기자라도 구금하는 정부는 24시간 이내에 국제여론의 심판을 받게 해야 한다. 정부가 그러한 폭정을 지속하는 경우 원조 프로젝트는 물론 일부 서구의 공식적인 상업거래조차도 48시간 이내에 중단시키고, 이러한 압박으로도 효과를 거둘 수 없다면 해당 정부와 거래하는 국제기업들은 그와 관련한 타당한 해명을 주주나 소비자에게 의무적으로 내놓게끔 해야 한다. 또한 언론인의 사망 혹은 실종에 대한 후속 조사를 거부하는 정부는 고립시켜야 한다.

이렇듯 강경하고 구체적인 대응들은 그간 보다 나은 정부에 대해 서방 국가들이 아프리카에 해왔던 언어적 호소에 밀려 실행되지 않았고, 그 결과 대다수의 아프리카인들로 하여금 외국 정부들이 과연 자신들의 자유에 얼마나 신경을 쓰는 건지 궁금하게 만들었다.

물론 가혹한 조치들이긴 하다. 그러나 이는 잘못된 발전용 댐 건축 프로젝트를 중단시키려면 비용 증가나 기술적 위험을 각오해야 하는 것과 마찬가지다. 언론인에 대한 탄압 이상으로 건전한 정부 운영이나 국가의 상징적 가치를 훼손하는 것은 없다. 공공 정책에 대한 독립적 의견의 중요성을 평가절하하는 것보다는 프로젝트 비용의 증가를 감내하는 편이 낫다.

국제사회가 취해야 할 또 다른 조치는 신뢰할 수 있는 아프리카 내 압력단체에 대한 지원을 확대하는 것이다. 이러한 지원은 보다 개방적인 사회의 출현에 필수적이다. 미국 정보국United States Information Agency이 아프리카 지식인과 전문가 수천 명을 대상으로 진행한 미국·유럽 스터디 투어와 같은 문화교류 프로그램들은 엄청난 효과를 거두었다. 민주주의 및 인권단체를 지원하는 소액 보조금도 가치가 있고, 소규모 출판사에 인쇄용지 비용을 지원하는 것과 같은 참신한 접근법도 시도되어야 할 필요가 있다.

7. 아프리카의 학교 운영 및 에이즈 프로그램을 운영·감독한다

원조 담당자들은 학교 교육이 전체 사회의 건강 및 번영과 갖는 연관성을 충분히 알고 있기에 초등교육을 절대적 우선순위에 둔다. 그런데 아프리카의 각기 다른 48개국에서 이는 얼마나 실현 가능한 일일까? 확고한 목적하에 막대한 재원을 투자하는 다른 주요 프로젝트가 그렇듯 이 일도 충분히 실현될 수 있다. 아프가니스탄 탈레반 정권이 2001년에 전복된 것처럼 말이다.

이것이 뜻하는 바는 무엇일까? 행정 및 교육과 관련한 현 공무원 대부분은 지금의 자리를 지키되, 지역학교 수준에서의 자금유출과 오용을 막기 위해 국제인력(국가당 100~150명으로 구성)의 감독을 받아야 한다는 의미다. 모든 감독관이 서양인일 필요는 없다. 해외 체류 중인 아프리카인들도 근로계약이 매력적이라면 기꺼이 고국으로 돌아가 고귀한 업무를 맡는 일원이 될 것이다.

교육과 관련한 원조 및 감독 시스템의 목적은 학령에 이른 모든 아이들을 학교에 등록시키고 교습과 학습의 질을 향상시키는 것이다. 이를 위한 지원조치에는 학비와 보조교재 및 교복의 지원, 빈곤가정의 경우 자녀의 노동력 손실에 따른 보상, 교사의 질 향상 및 급여인상, 보다 안전하고 깨끗한 학교 건설, 지역문화에 보다 적합한 커리큘럼 마련이 포함될 것이다. 새로운 연구가 조금 더 필요할 테고, 현재 갖고 있는 지식은 그저 실행에 옮기기만 하면 된다. 이미 국회의 승인을 받은 재원이라면 실제로 학교에 전달되게끔 해야 한다.

이렇게 하면 20년 뒤에는 교육부를 통제하게 되겠지만, 1970년대 이후의 모든 세대에겐 스스로의 힘으로 성공할 수 있는 공정한 기회가 주어질 것이다. 초등교육 수준에서 이것이 성공한다면 중·고등교육, 직업교육 및 대학교육에도 적용해볼 수 있다.

에이즈 퇴치는 변덕스러운 아프리카 정부에 맡기기엔 너무나 중요한 문제다. 취약계층을 위한 정보제공에 요구되는 조직 규모 구축, 의약품의 저장 및 유통에 필요한 물류 네트워크 조성은 대부분의 국가에서 전례가 없다. 에이즈 치료제를 저렴하게 공급하면 문제 완화에 도움이 되겠지만 아프리카에서는 부적절한 정치적 약속 탓에 부당하게 착취되는 계기로 작용되기도 한다. 과거에 이보다 더 얄팍한 이유로 전쟁을 자처했던 국가들은 이제부터라도 국내 자원, 운명론, 편견에 이끌려 반응하기보다 이 새로운 전쟁터에 국제사회와 동행할 필요가 있다.

8. 정부 정책 및 원조 협정에 대한 시민사회 감시그룹을 설립한다

아프리카 여론을 참고하려는 원조국들의 노력은 존경받을 만하지만 사실 그 노력은 임시적이고, 피상적이며, 대표성을 띠지 못한다.

아프리카 국가들은 국가 현안과 관련하여 대중과 국회위원에게 객관적 견해를 제공할 독립적 의견조사위원회 설립이 갖는 가치를 깨달아야 한다. 시민단체들은 정부가 받은 원조협정 제안을 서구 원조국 및 개인투자자들을 포함한 모든 외부 이해관계자와 함께 검토하고, 그에 대한 지지를 보내거나 그 협정을 맺지 말아야 할 근거를 제시할 수 있다.

많은 아프리카 국가에 '저명인사', 즉 현 정권 및 전 정권과 가까운 이들로 구성된 경제위원회가 있다. 이런 위원회들은 대개 독립적 판단을 내리기보다는 자신들의 특권만을 누리고 아무런 비판도 제기하지 않는 엘리트들의 모임이다. 합법적 절차를 통해 선출된 국회조차도 그렇다. 나이지리아의 상·하원 의원들은 취임 직후 급여 및 수당의 대폭적 인상을 표결에 부쳤고, 이 요구가 충족되지 않으면 국가예산의 승인을 보류하겠다고 위협했다. 정부는 분했지만 달리 취할 방도가 없었다.

차드의 석유 수익 감독그룹과 같은 시민단체들은 정치 상황에 영향을 받지 않고, 공무원들을 감독하며, 공공 정책들에 대한 필터 역할을 한다. 이러한 단체들의 검토를 통과하지 못한 국제협정 제안은 의회에서 비준될 가능성이 거의 없다. 반대로 검토를 통과한 제안은 대중에게 그들의 선출식 대표들이 국익을 위해 행동하고 있음을 더욱 확신하게 할 수 있다.

하지만 이러한 그룹을 만드는 것은 쉽지 않다. 그러므로 기존 기관들의 복제판이 되지 않으려면 그룹 구성원들은 장점을 기준으로 선발되어야 하고 독립적인 모습을 보여야 한다. 그 구성원들을 지명하는 것은 종교협회, 노동조합, 인권단체, 여성단체, 기업연합, 언론인 네트워크, 환경운동단체, 법조인협회 등 주요 비정부기관들이 될 것이다. 이들은 정부나 정치에서의 지위에 일반적으로 유혹되지 않고 그와는 다른 방식으로 대중에게 봉사하는 것에 관심을 보였던 사람을 감시그룹의 구성원으로 뽑아야 한다.

그룹 구성원들은 각자의 헌신과 객관성을 다지기 위해 2~3년의 임기를 교대로 둘 수 있다. 또한 그들에겐 연구와 여행을 위한 예산, 그리고 자신의 보고서를 발행할 수 있는 권한이 주어져야 하고 그들의 청중은 해외 기부자들이 아닌 자국의 정부 및 일반 대중이 되어야 한다.

9. 인프라 및 국가 간 연결에 더욱 집중한다

개별 국가에 집중되지 않는 원조자원은 국가별 이익보다는 공동의 이익을 위한 목표, 즉 농업 연구, 감염병 통제, 지역통신 및 교통 등과 같은 분야에 그 초점이 맞춰져야 한다.

지금의 도로, 항구, 철도, 수도, 전력 및 통신 시설 등 인프라는 엄청난 수요를 충족시키기엔 부족하다. 인체의 힘줄과 혈관이 그렇듯 인프라는 국력을 결정하는데, 이것이 약하면 경제 전체가 침체에 빠지고 빈곤은 깊게 또 넓게 퍼진다. 시장을 확장하고 지역 간 협력을 개선하려면 서로 다른 아프리카 지역들이 정치적·경제적·문화적은 물론 물리적 측면에서도 더욱 긴밀히 묶여야 한다.

강력한 인프라는 경제적 기회와 사회적 진보를 확산시키고, 발전의 결실을 보다 공평히 공유할 수 있게 하며, 불화의 가능성을 낮춰줄 수 있다. 또한 사람과 재능, 지식, 경험을 한데 끌어모은다. 개선된 도로는 진료소 또는 학교를 그것이 필요한 이들과 더 가까이 연결해준다. 작은 마을에 놓이는 짧은 다리들조차 사회 주변부에 사는 사람들에겐 차이를 만들어줄 수 있다.

이러한 프로젝트 대부분은 소규모일 것이고, 자금조달의 상당 부분은 국내 또는 민간에서 이루어질 것이다. 하지만 규모가 큰 프로젝트라면 아프리카 친구들에게는 더 나은 삶을 위한 돌파구를 제공하고 환경과 지역사회를 보호하는 방식으로 프로젝트가 설계될 수 있게끔 도와야 한다.

10. 세계은행, IMF, 유엔개발계획의 통합을 추진한다

이 제안은 얼핏 보이는 것보다 더 급진적이다. 국제개발 정책의 중심에 있는 이 세 기구는 각자의 서로 다른 존재이유raisons d'tre를 지키려 애쓰며 상호 긴장관계에 있다. 그런데 그들의 경쟁과 상충되는 목표들은 아프리카에게 주는 조언에 혼란을 초래했다. 그들은 불필요한 논쟁에 불을 붙였고, 때로는 사실보다 이념을 앞세웠으며, 명확한 처방과 모호한 처방 사이에서 흔들렸고, 광범위한 분야에 자원을 분산시켰다.

이 세 기구는 물과 기름처럼 양립할 수 있다. 세계은행은 경제의 장기적 건전성을 위해 투자한다는 데 자긍심을 갖고 있다. IMF의 접근방식은 보다 단기적이고 정통적이며 엄격하다. 국제 커피 가격이 오른다면 세계은행은 소규모 농부들이 더 많은 수익을 얻기를, IMF는 정부가 커피로 얻은 수익을 공공 적자나 부채를 줄이는 데 사용하길 원할 것이다. 유엔개발계획UNDP은 이렇게 섬세한 문제에 대해서는 별다른 입장을 취하지 않는다. 이 기구의 활동은 표면적으론 건전해 보이나 종종 아니기도 하고 국가적 문제(분권화 연구 등)의 끝자락에 있어 누군가에게 좌우될 수 있는 제도적 혹은 '역량 구축' 이니셔티브에 대한 지원에 초점이 맞춰져 있다. 자금은 매우 적고 기술 전문가보다는 외교관이 많다.

설상가상으로 세계은행과 IMF는 지난 20년 동안 일련의 '조정협정 coordination agreements'을 맺었음에도 끊임없이 다투고 있다. 두 기관 모두 유엔개발계획UNDP을 비전문적이고 가볍다며 얕잡아본다. 한편 유엔개발계획UNDP 직원들은 이 두 기관을 혐오한다. 부국들의 매우 비전형적 도구이고, 빈민들과는 개인적 접촉이 전혀 없는 엘리트 분석가들만 가득한 기구라고 여기기 때문이다.

이 세 기구는 유엔의 광범위한 목표를 저마다 다른 방식으로 수행하고 있다. IMF는 아프리카뿐 아니라 부국을 포함한 모든 국가의 경제발전을 감독할 책임이 있다. 세계은행은 국제자본 시장에서 자금을 조달할 수 있는 능력이 있음을 자랑스럽게 생각한다. 세계은행 이사회의 투표권은 서방 국가들이 장악하고 있는데, 1국 1투표권 공식을 적용하면 때때로 유엔총회가 마비될 수 있기 때문이다. 반면 유엔개발계획UNDP은 모든 국가의 견해를 반영하고 모든 이의 친구로 여겨지는 기구란 점을 기쁘게 여긴다.

세 기구를 통합하면 각자의 강점을 결합할 수 있다. 그러한 통합을 통해 새로운 유엔기구가 탄생하면 아프리카와 모든 개발도상국은 보다 일관성 있는 서비스의 혜택을 받을 것이다. 그리고 시간이 지나 다른 개발도상국들이 자립하고 나면, 그에 따라 아프리카는 그 새 기구가 가질 의제의 중심이 될 것이다. 또한 세 기구가 통합되면 수천 명의 직원도 관리자나 연구원 대신 학교 조사관이나 선거참관인이 되는 등 자유로워질 수 있다.

❈ ❈ ❈

이상의 열 가지 제안은 그 어느 것이라도 아프리카의 인적 환경을 변화시키는 데 기여할 것이다. 종합해보면 앞서의 제안들은 민주주의에 큰 힘을 불어넣을 것이고, 아프리카 전역의 활동가로 하여금 정치적 담론의 면모를 바꾸기 위한 노력을 심화하게끔, 또 국경을 넘어 서로 손잡고 협업하게끔 격려할 것이다. 이러한 개혁은 적절한 교육을 받을 수 없던 젊은이들에겐 진정한 기회를, 에이즈 감염자들에겐 희망을 줄 수 있다.

전반적 원조의 규모를 줄여야 한다는 제안은 비열해 보일 수도 있다. 석유 생산국이자 인구 2,500만 명에 불과한 이라크와의 전쟁에 2003년과 2004년 지출했던 2,000억 달러와 비교했을 때, 인구 6억 명의 아프리카에 이루어지는 연간 250억 달러의 지원이 과연 큰 규모일까? 유럽연합EU이 유럽의 농부들을 보호하기 위해 쏟아붓는 3,500억 달러는 어떤가?

이라크 전쟁에 들인 비용에 비하면 아프리카가 받는 원조의 규모는 확실히 작다. 하지만 그렇다고 해서 원조자금의 낭비가 정당화되는 것은 아니다. 유럽의 농업 보조금은 실제로 그 목표를 달성하고 있다. 젊은 농부들이 그 토지에 살고 시골의 풍경이 보존되고 있으니 말이다. 그러나 아프리카의 경우엔 그렇지 않다. 원조가 그간 효과적이지 않았기 때문에 예산은 축소되고 있으며, 이렇게 줄어든 예산을 보다 생산적으로 관리하는 것은 앞으로의 과제가 되었다.

앞서의 제안들에 따른다면, 개별 국가에게 지급이 거부된 자금 중 일부는 간접적 이익을 주는 일반 프로그램에 사용될 것이다. 국제감독 하에 선거를 치르거나 초등교육과 에이즈 프로그램에 외부 감독을 허용할 준비가 된 국가들이라면 해당 목적을 위한 원조를 받을 수 있을 것이다. 뿐만 아니라 그들이 자신들의 행동과 우선순위를 바꿈(가령 일등석 탑승보다 일류 학교를 만드는 데 관심을 쏟는 등)으로써 세계의 관심을 끈다면 다른 목적을 위한 상당량의 지원들도 받을 수 있다. 이러한 상황에선 원조 규모를 과거 수준으로 다시 늘리는 경우도 생길 수 있을 것이다. 하지만 그렇게 하려면 진정한 변화가 있다는, 또 해당 정부의 행동이 실제로 달라졌다는 확실한 증거가 필요하다.

국제 대외원조는 이미 축소되고 있는 상황인데 이러한 경향을 왜 가속화해야 하는가? 이는 원조가 아프리카의 정치적 변화를 지연시키고 있기 때문이다. 국가 정책 결정에 어느 정도의 영향이라도 미치려면 외부의 직접적 개입이 필요하다는 것이 오랫동안 많은 국가에서 여겨온 생각이다. 원조 전문가들의 완곡한 전문용어를 빌리자면 "일단 테이블에 자리를 잡는 것"이 중요했다. 그러나 대부분의 나라와 관련하여 우리는 이제 그 생각에서 벗어나야 한다. 이를 통해 우리는 지난 세대 사람인 줄리어스 니에레레의 명쾌한 생각을 실현할 수 있다.

"우리가 노력을 게을리하면 원조국들은 우리 이익을 위해 우리와 협력하는 것에 흥미를 잃을 것입니다. 그리고 어떤 경우에도 우리에겐 이런 국가들에게 의존할 권리가 없습니다. 우리 스스로 자립할 수 있게끔 도와주려는 그들의 의지를 받아들일 수는 있지만, 그들의 원조를 핑계로 우리의 일과 희생을 미뤄선 안 됩니다. (…) 심는 것에도 추수하는 것에도 때가 있습니다. 유감스럽지만 아직 우리는 심어야 할 때입니다."[2]

그렇다면 외부인들은 아프리카의 개발에 얼마나 많은 영향을 미치게 될까? 겉보기엔 과거보다 덜하겠지만 실제로는 더 많을 것이다. 원조가 한정적으로 이루어지는 데다 서방의 의견이 좀 더 믿을 만하기 때문이다. 진지한 태도를 보이는 국가에게 원조가 집중된다면 지렛대 효과는 거의 필요하지 않다. '게임'은 바뀔 것이고 모두가 같은 방향으로 당길 테니 줄다리기도 없을 것이다. 또 만약 어떤 국가들이 자국의 발전을 위해 지적知的인 정책 외의 인센티브를 필요로 한다면, 자발적 개혁의 추진을 통해 지속적 결실을 얻는 진지한 국가들이 그러한 인센티브의 예가 될 것이다.

그렇다면 면밀한 감독보단 유연하고 큰 규모의 원조가 필요하기에 예외가 되어야 한다고 앞서 언급한 5개국, 즉 우간다, 탄자니아, 모잠비크, 가나, 말리는 어떤 점에서 특별한 것일까?

이 국가들은 대부분 오랫동안 정치적 혼란을 겪어왔지만, 그럼에도 미래를 심각하게 고민했다. 또한 탄자니아는 유일하게 정부가 전복되시 않은 국가다. 아프리카 최초의 독립국인 가나는 1981년 이래로 꾸준한 목표 달성 및 진정한 경제적·사회적 성공을 보여주고 있다. 자국으로 돌아간 가나인들은 저축한 돈을 투자하고 있는데, 이는 변화와 자신감을 확실하게 보여주는 신호다. 이러한 모습은 1971년 이디 아민에 의해 추방되었다가 스스로 재건을 시작한 우간다 내 아시아 공동체에서도 볼 수 있다. 과거 마르크스주의를 우선시했던 모잠비크는 이제 상식을 앞세우는 나라로 달라지고 있다. 여전히 매우 가난하긴 하지만 이 나라 국민 중 빈곤층이 차지하는 비중은 6년 동안 70퍼센트에서 56퍼센트로 감소했다.

부패는 이 다섯 나라에 지금도 퍼져 있으나 각국 정부는 그 척결을 위해 믿을 만한 노력을 기울이고 있다. 물론 이들이 완벽한 국가라곤 할 수 없다. 우간다와 탄자니아는 국제부채를 탕감받은 후 각각 대통령의 새로운 제트기를 구입했으니 말이다. 그러나 이런 류의 비난으로부터 완전히 자유로운 국가는 세계 어디에도 없고, 이 5개국은 원조를 받는 다른 아프리카 나라에 비해 월등히 낫다.

초등교육과 에이즈 예방 과정을 국제적으로 감독해야 한다는 주장은 합리적인 것일까? 혹 이는 과거에 원조를 받았던 방식보다 더 굴욕적인 게 아닐까? 아마 그럴 것이다. 하지만 시민들의 기본적 필요조차 돌볼 의지가 없는 정부라면 당당해지고 싶어 해선 안 된다. 과거의 원조는 관대히 또 여러 곳에 분산되어 지원되었으나 새로운 원조는 엄격히, 또 선택과 집중을 통해 이루어져야 한다. 서방이 그 우선순위를 명확히 한다면 아프리카 대중, 그리고 아마도 점점 더 많은 아프리카 지도자들 또한 그 핵심을 파악할 수 있을 것이다.

앞서의 제안 중 일부를 중앙아시아 및 중동 등 다른 개발도상국에도 적용할 수 있을까? 확실히 가능하다. 그러나 그런 점이 아프리카에 대한 긴급성을 흐려선 안 된다.

긴급구호 활동 및 가끔 있는 군사적 개입을 제외한 모든 아프리카 관련 원조는 중단하는 것이 더 논리적이지 않을까? 물론이다. 하지만 이는 인류의 10퍼센트를 등지는 것이나 매한가지다.

⬧ ⬧ ⬧

내가 한 제안들은 과연 현실적일까? 일부는 분명 논란의 여지가 있다. 하지만 기존 해결책이 효과적일 거라 기대하는 것보다 비현실적이진 않다. 많은 경우 아프리카에 원조를 제공하는 것은 길거리 주정

뱅이에게 주는 돈이 음식 구입에 쓰일 거라 기대하는 셈이나 마찬가지다. 현재의 접근 방식은 실질적 돌파구를 가려버리면서 진보에 대한 헛된 환상을 심어준다.

나의 제안들은 나이지리아와 수단 같은 산유국들, 또 콩고민주공화국(옛 자이르)처럼 자원은 풍부하지만 민족적·정치적 분쟁이 치열한 국가들에겐 별 도움이 되지 않을 것이다. 이 3개국은 아프리카 대륙 전체 인구의 3분의 1을 차지하고, 영토 또한 넓어서 두 개 국가만 거치면 대륙을 횡단할 수 있다.

나이지리아는 남아공과 마찬가지로 다른 나라와 구별되는 하나의 세계를 이룬 국가다. 형식적이긴 하지만 민주주의가 회복되었고, 진정으로 정보가 공유되고 개방된 사회로 나아가려는 이 나라의 여정은 이제 겨우 시작되었을 뿐이다.

사실 나이지리아는 원조를 필요로 하지 않고 최근까지도 선의의 원조 제공 노력들이 나쁜 정책과 부패로 인해 좌절된 바 있다. 심지어 새 정부에 대한 지지 의사가 있었던 세계은행조차 심각한 수준으로 증가한 이 나라 차관을 정당화할 수 없었다. 부정부패 추적 및 횡령자금의 회수를 위한 보다 나은 메커니즘이 마련된다면 민생을 황폐하게 만든 나이지리아의 엄청난 부패를 줄이는 데 확실히 도움이 될 것이다. 부채 탕감이 도움을 줄 수 있는 것은 사실이지만, 그것은 제대로 관리될 때에만 가능한 일이다.

수단은 남부의 기독교 소수민족을 지속적으로 박해해온 은둔적 이슬람 정권이 통치하는 국가다. 이 나라는 중국과 말레이시아의 자금으로 유정을 개발, 세계 여론의 영향에서 벗어날 수 있었다. 엑손모빌과 세계은행이 차드-카메룬 석유 송유관 프로젝트를 추진할 동안 수단은 타당한 환경 영향 평가 없이 그와 유사한 송유관을 건설했다. 수단 정부는 전 세계는 물론 국민들과 논의하는 대신, 정부에 저항하는 송유관 주변 마을의 사람들을 무장 헬리콥터로 제압했다. 테러와의 전쟁을 선포한 미국의 압력으로 수단 정부는 남부 반군과 벌였던 25년간의 내전을 종식했다. 그러나 평화기 정착되기까지의 실행은 너녔고, 아프리카연합AU 평화유지군의 주둔을 마지못해 받아들였던 서부 다르푸르 지역에선 새로운 인종 문제가 발생했다.

'아프리카의 척추'라고도 불리는 콩고민주공화국에서 5,000만 국민이 정상적 삶에 대한 약간의 희망이라도 품게 하려면 보다 급진적인 조치가 필요하다. 악명 높은 콩고민주공화국은 지난 8년간 전쟁과 굶주림으로 약 400만 명의 사망자를 냈는데, 이는 르완다의 종족분쟁이 느린 버전으로 이루어진 것과 같다. 영국의 토니 블레어 총리는 아프리카의 이러한 문제 상황에 개입하기 위해 유럽군 창설을 제안했으나 평화를 누리는 국가들이 아프리카의 파벌 분쟁에 정기적으로 군대를 투입할 거라 기대할 수는 없는 일이다.

유엔 주도의 다국적 행정부가 국가 전체를 장기간 통치하지 않는 한 이런 문제의 해결을 위한 효과적 개입을 고안해내긴 어렵다. 그런 개입은 여전히 중앙정부 혹은 자신들의 지역에 대한 통제권을 (필요하다면 분리를 통해서라도) 원하는 다양한 반군단체들의 저항을 받을 것이다. 또한 유엔군이 콩고인을 위해 다른 콩고인들을 죽여야 한다면 이 또한 심각한 위험에 마주하게 될 수 있다.

그러나 장점도 있다. 이라크와 같은 분쟁지역에 쓰였던 자원 중 일부가 콩고인들을 구하는 데 사용될 수 있다는 점이다. 원조가 아닌 직접적 행정 및 재건을 통해서 말이다. 인류는 이를 원하고 있으며 현실 정치 또한 이것이 가능해지고 있다. 이는 아프리카 대륙의 심장을 가로지르며 유익한 영향을 미치고 아프리카를 먼 친척이 아닌 가까운 사촌으로 대하려는 세계의 의지를 보여줄 것이다.

이러한 개입은 효과가 없을 수도 있는데, 그럴 경우엔 콩고민주공화국이 분리되는 것을 허용해야 한다. 식민지 시대에 건립된 모든 국가 중 아마도 가장 불안정한 곳일 이 나라는 분명 민족적 분열과 자원 경쟁이 가장 심한 국가인 동시에, 냉전기간 동안 지정학적 고려에 의해 가장 눈에 띄게 유지된 국가이기도 하다. 만약 국제적 노력이 그곳에서 다시 실패한다면, 가장 인도적인 해결책은 그들로 하여금 민족주의와 자연에 기대어 자신들의 길을 가게끔 내버려두는 것일지도 모른다.

13장

새로운 시대

20세기 초반 프랑스 총리 조르주 클레망소Georges Clemenceau에겐 한 가지 골칫거리가 있었다. 옆집 정원의 나무가 너무 커서 서재가 그늘에 거의 가려 있는 것이었다.

더 안 좋은 점은 그 이웃이 가톨릭 신부였다는 것이다. 클레망소는 나무 문제와 관련하여 불편한 부탁을 그에게 하기 꺼릴 정도로 성직자에 대한 반감이 심했다. 이에 클레망소의 비서는 직접 가서 이웃의 성직자에게 나뭇가지를 다듬어달라 부탁했고 성직자는 친절하게도 그 부탁을 들어주었다.

이튿날 아침 갑자기 밝아진 서재에 들어선 클레망소는 무슨 일이 있는지 물었고, 비서는 그에게 상황을 설명히며 이웃집 사제 앞으로 감사의 편지를 보내는 것이 좋겠다고 제안했다. 클레망소는 단호히 말했다.

"말도 안 돼! 수신인을 뭐라고 써야 하나. 내 아버지가 아닌 사람을 '아버지father'*라 할 순 없지 않나!"

• 　사제에 대한 호칭.

며칠 후 비서는 발신함에서 쪽지를 발견했다.

"(하느님) 아버지, 당신께서 제게 빛을 허락해주셨기에 저는 당신을 부를 자유를 얻었습니다."

아프리카인들은 유머감각과 위계질서를 동시에 보여주는 이 이야기를 좋아하지만, 이 이야기를 아프리카에 대한 비유로 보는 이는 거의 없을 것이다. 하지만 그 대륙이 가진 잠재력 및 현재 그곳이 겪는 어려움의 원인은 노예무역과 식민주의, 세계은행 등과 관련해 정말로 걷어내야 할 큰 오해들의 그늘에 가려져 있다. 개개의 아프리카인들은 수십 년간 자신들이 직면한 도전에 맞섰으나 그들의 정부는 그렇지 않았다. 더 안 좋은 점은 대부분의 지도자들이 통제력을 잃을 것이 두려워 개인의 수도권 및 혁신적 해결책을 가로막아왔다는 것이다. 국내외 아프리카 인재들에겐 날개를 펼칠 수 있는 기회가 주어져야 한다. 그들은 신선한 공기와 빛을 필요로 하고 있다.

❈ ❈ ❈

1990년대 초의 어느 날, 나는 코트디부아르 수도 외곽에 있는 여러 진료소를 방문했다. 대부분은 더럽고 지저분한 데다 주사기, 붕대, 약품까지도 부족한 상태였다. 직원들은 게으르고, 무기력했으며, 명백한 이유로 사기가 떨어져 있었다. 한 진료소에선 산모가 난산으로 심한 열상을 입었는데 조산사가 전기 구리선으로 찢긴 상처를 봉합해야만 했다. 아침시간이 끝나갈 쯤엔 나도 낙담에 빠졌다.

하지만 집으로 돌아가기 전에 우연히 발견한 진료소에서는 간호사가 문 앞에서 나를 맞아주었다. 그녀는 옷을 잘 차려입었고, 깨끗한 모습이었으며, 방문객이 있다는 것에 행복을 느끼는 듯했다. 진료소는 시설이 잘 갖춰져 있었고 질서정연했다. 간호사에겐 약품과 알코올, 붕대가 있었고, 가구들은 사용 가능한 상태의 것들이었으며, 환자의 이력을 적은 그녀의 수첩에도 흠잡을 데가 없었다. 또한 그녀는 흰개미들이 훼손시킨 나무 문과 창문을 교체하는 중이었다.

무엇이 그런 차이를 만들어냈을까? 대안이 부족하고 정부 지원을 무작정 기다릴 수만도 없었던 그 간호사는 마을 여성들에게 진료소 운영을 도와달라고 설득하는가 하면, 이탈리아 자선단체에 연락해 우물을 보수하기도 했다. 그녀에겐 정상적 구조에 못 미치는 상황을 보완할 수 있는 확신, 에너지, 상상력, 그리고 매력이 있었다. 나는 아마 그녀가 일하기 시작한 지 얼마 안 된 신참이라 아직까지 그런 열정이 있는 거라 여겨 그녀에게 그 진료소에서 얼마나 오래 일했는지 물었다. 그녀가 11년이라고 답했을 때 나는 깜짝 놀랐다. 동시에 조금 전까지 낙담해 있던 마음도 사라졌다.

그해 말에는 젊은 친구 몇 명이 내게 바나나 재배 프로젝트를 지원해달라고 부탁했다. 그들은 이미 수도에 있는 직장에서 일하고 있었는데, 한 사람은 교사였고 다른 사람은 정보 프로그래머였다. 하지만 그들은 고향 마을에 있는 100명의 젊은이가 부모로부터 물려받은 땅에서 농사짓는 일을 돕고 싶어 했다. 재배용으로 자른 바나나 묘목들을 사는 데 2,000달러가 필요하다기에 나는 그들에게 그 돈을 주었다.

몇 달이 지난 뒤 교사 친구에게 바나나 프로젝트의 진행 상황을 묻자 그는 이렇게 대답했다.

"꽤 잘 진행되고 있어요. 몇 가지 힘든 일이 있었지만요. 우선 우리가 농촌개발을 하는 것이 아니라 정부에 반대하는 세력을 선동하는 거라고 우려한 도지사가 저희를 체포했어요. 세계은행 지사장이 사재를 털어 이 프로젝트에 기부했다는 걸 이야기하자 이튿날 풀어주더군요. 그다음엔 정부에서 청소년 체육부 장관을 파견해 저희 프로젝트를 조사했습니다. 그는 큰 감명을 받아 마을 사람들 앞에서 우리에게 메달을 주었고 프로젝트를 확대하라며 2만 달러 지원을 약속했습니다."

나는 신이 난 그를 실망시키고 싶지 않았다. 그는 감옥에서 나온 지 불과 1주일 만에 촉망받는 지역 영웅으로 거듭난 이였으니 말이다! 하지만 개인적으로 우려되는 점이 있었다. 그 청년들에게 정부가 씌웠던 혐의, 즉 개인적 계획으로 정치적 자본을 만든다는 바로 그 일을 정부 스스로가 하고 있다는 게 그것이었다. 또한 바나나 협동조합이 현명하게 사용할 수 있는 수준보다 지나치게 많은 돈을 갖게 될 것도 우려스러웠다.

하지만 6개월 후에 들은 소식은 더욱 놀라웠다. 협동조합 회원이 100명에서 400명으로 늘었고, 국가 농업자문 서비스의 기술지원 덕에 바나나의 생산량과 품질도 우수하다는 것이었다. 심지어는 마케팅도 그들이 상상했던 것 이상으로 잘 되었다는 것이 증명되었다. 사람들은 트럭 혹은 자전거를 타고 오거나 걸어와 바나나를 구입한 뒤 수도까지 운반해 갔다.

교사 친구에게 내가 "지난번 장관이 약속한 정부 자금 2만 달러가 유용하게 쓰였군요."라고 하자 그는 눈을 반짝이며 이렇게 말했다.

"아뇨. 그들은 우리에게 한 푼도 안 줬습니다. 선거가 끝나자 저희를 완전히 잊어버리더군요."

"그럼 이 모든 것에 들어간 자금은 어떻게 마련한 건가요?"

내 질문에 그는 "지부장님이 주신 2,000달러와 우리가 모은 돈으로 신입 회원들한테 재배용 바나나 묘목을 판매해서 조달했죠."라고 답했다. "너무도 놀랍네요."라는 나의 탄복에 그는 미소를 지으며 말했다.

"놀라지 마세요. 돈은 아프리카의 발전에 큰 문제가 아니라고 지부 장님이 항상 말씀하셨지 않습니까."

교사 친구는 자신이 창업자금을 무상으로 받았다는 사실을 잊고 있었다. 하지만 그는 개인의 주도권과 결단력, 좋은 조직, 개선된 공공 서비스(이 경우엔 농업 서비스)를 통해 작은 투자가 어떻게 사람들을 위한 주요 개선으로 변화할 수 있는지 확실히 보여주었다.

✖ ✖ ✖

아프리카에는 간호사나 교사 같은 사람이 악당보다 100배는 더 많다. 그러나 불행히도 군사적 협박, 민족분열, 올바른 정부에 대한 경험의 부재로 여진히 악당들이 책임자의 자리를 차지하고 있다.

고통과 미소가 공존하는 아프리카는 인류의 슬픈 시로 남아야 할까? 나는 아닐 거라고 믿는다. 개인의 의견과 주도권을 위한 주요 개방들이 이루어지고 부정부패와 잘못된 관리를 견고히 막을 수 있는 장치가 마련된다면 아프리카 국가들의 전망은 분명 변화할 것이다. 원조

규모가 줄어들면 일부 정부들은 스스로 무너질 것이지만 나머지 국가들은 해외의 원조와 조언에 의존하기보다 자국의 가능성을 위해 새로운 조치를 취하고, 현지 자원을 끌어들이며, 자신만의 길을 걸을 수밖에 없을 것이다. 그 길은 결국 더 나은 정부에 대한 아프리카 및 세계의 기대와 일치할 수 있다.

강경한 회의론자라면 군이 왜 그렇게 귀찮은 일을 해야 하는지, 또 아프리카에 과연 미래가 있는지 물을 것이다. 물론 아프리카 대륙이 아프리카인들 자신의 운명에 맡겨져야 한다는 생각은 전적으로 존중받아야 한다. 『알 카에다와 현대화의 의미Al Qaeda and What it Means to be Modern』라는 책의 저자 또한 국제 문제에 대해 불간섭주의적인 접근을 제시한 바 있다.

"많은 정권과 다양한 경제 시스템이 존재하는 이 세계에서 국제기구는 평화로운 공존을 위한 최소 조건을 설정해야 한다. (…) 어느 정권이든 명백히 평화를 위협하지 않는 한, 그 통치 형태를 바꾸도록 외세가 유도하는 시도는 없을 것이다. 절대 용납할 수 없는 정권일지라도 다른 사람들에게 위험을 가하지 않는 한 용인될 것이다."[1]

이보다는 아마 아프리카를 잊는 편이 분명 더 쉬울 것이다. 그러나 아프리카는 사라지지 않을 것이며 이 대륙에 대해 염려하는 것은 자유주의자나 이상주의자들만이 아니다.

미국 하원의 전前 공화당 원내대표이자 자칭 미래주의자인 뉴트 깅리치Newt Gingrich는 전 세계 인구의 10분의 1을 물질적 개선에서 제외해야 한다는 인류 진화의 '위법성'에 대해 언급한 바 있다.[2] 중동처럼 가능성이 희박한 곳에서도 민주주의 및 자유로운 언행이 촉진된다고 믿는 신보수주의자들은 아프리카 사람들의 진보가 얼마나 더딘지를 보면 크게 경악할 수도 있다. 또한 그들은 이런 주제에 대한 당혹스럽고 새로운 견해들을 보고 상품과 서비스의 자유로운 거래에 반대하는 반세계화주의자들과 공통점을 찾을 수도 있을 것이다. 왜냐하면 자신들과 마찬가지로 반세계화주의자들 역시 사상의 자유로운 흐름에 철저히 집착하기 때문이다. 세계화에 대한 가장 똑똑하고 열정적인 비판자 중 하나인 조지 몬비오George Monbiot에 따르면 "(대의민주주의 국가에 살지 않는) 이 사람들은 억압적인 정부를 약화시키고, 그 정부가 거부하는 평화와 물질적 번영을 얻기 위해 아마 지구상의 그 누구보다도 국제적·세계적 도움을 필요로 할 것이다."[3]

아프리카의 미래는 예측하기가 까다롭다. 다만 현 추세가 계속될 경우 매우 어두워질 거라는 점은 확실하다. 아프리카가 인류의 발상지이자 무덤이 되지 않으려면 무언가 변화가 있어야 한다는 점에는 의심의 여지가 없다. 시작이 늦었기 때문에 아프리카가 열망하는 바를 실현하기까지는 오랜 시간이 걸릴지 모르고, 또 물질적 면에서는 유럽이나 북미 또는 일본을 따라잡지 못할 수도 있다.

그러나 우리는 아프리카는인들에게 삶에서의 진정한 개선과 물리적 자원, 문화적 전통, 자연환경 및 물질적 기대 사이의 더 큰 조화를 보장할 수 있어야 한다. 미국 대법원 최초의 아프리카계 미국인 판사 서굿 마셜Thurgood Marshall은 은퇴 당시 자신이 어떻게 기억되길 원하냐는 질문에 이렇게 답했다.

"저에 대해 이렇게 말해주었으면 좋겠습니다. '그는 그가 가진 것으로 할 수 있는 일을 했다'라고요."

아프리카에게도 최소한 그렇게 할 수 있는 기회가 주어져야 한다.

⊠ ⊠ ⊠

아프리카에 대해 낙관하기란 어려운 일이다. 에이즈만 하더라도 아프리카 대륙의 잠재력, 회복력 및 사회구조를 깊숙이 파고들고 있다. 그러나 이러한 암울한 상황에서도 희망의 조짐은 보인다. 아프리카인은 다른 사람들의 정신을 억압하는 장애물에 대처하는 영웅이고, 창의력으로 매일 역경을 이겨낸다.

나는 언젠가 색종이로 포장한 시아프리카산 참마를 워싱턴 D.C.로 운송하여 백만장자가 된 남자를 만난 적이 있다. 구매자들은 중앙아메리카의 이민자들이었는데 이 점이 내겐 좀 의아했다. 그들은 아마 니카라과나 엘살바도르산 농산물을 더 친숙하게 여길 거라 생각했기 때문이다. 그런데 그들 사이에서 서아프리카산 참마에 대한 취향이 생겨났고 이 사업가는 그 점을 알게 된 것이다.

한 세대 전엔 말 그대로 혈액을 수출했고 지금은 남아공에는 물을, 미국에는 섬유를 팔고 있는 레소토와 같은 소국들은 정치적 안정과 대규모 민간투자의 힘을 보여주고 있다. 각 정부들 내에선 진전의 조짐이 나타나고 있으며, 심지어 퇴보한 기관들조차 놀라운 모습을 간혹 보인다. 2004년 말 골수 여당 지지자라고 알려졌던 한 판사는 짐바브웨의 대통령 로버트 무가베를 암살하려 계획했던 야당 지도자 모건 츠방기라이Morgan Tsvangirai에게 무죄를 선고했다. 국제적 지원에 힘입은 아프리카연합AU은 수단과 소말리아와 같은 여러 곳에서 진지하게 평화유지 활동을 시작했다.

아프리카 출신 인재 중 일부도 고향으로 돌아가고 있다. 나이지리아의 재무장관이자 전 세계은행 임원이었던 응고지 오콘조-이웨알라Ngozi Okonjo-Iweala는 나이지리아 경제에 수십 년간 부족했던 상식을 깨우쳐주었다. 2004년 11월 급격히 상승한 국제유가가 단기적으로 나이지리아에게 큰 도움이 되는 상황에서 그녀는 그 단점에 대해 공개적으로 의견을 밝혔다.[4] 이어 2005년 10월에는 운 좋은 수익 중 일부를 사용하여 나이지리아 역사상 가장 중요한 채무구제 협정을 체결했다. 이전 재무장관들이었다면 단기 호황을 걱정하기보다는 기뻐했을 텐데 말이다. 그녀와 가나의 코피 아난Kofi Annan(유엔 사무총장이 되기 전에는 외부에 잘 알려지지 않았던 인물이다) 같은 사람들은 아프리카의 가장 큰 자산 중 하나다.

모든 아프리카 정치가들이 부패했던 것은 아니며 일부는 자국에 남았다. 1장에서 노예제도와 식민주의를 다루며 인용했던 장 폴 응우판데Jean-Paul Ngoupande는 1996~1997년의 짧은 기간 동안 중앙아프리카 공화국의 국민통일정부Government of National Unity를 이끌었다. 나중에 그는 여러 암살 시도에도 살아남았고 한번은 자기 집 뒤쪽 창으로 뛰어내린 적도 있었다. 2001년 방기Bangui 주재 세계은행 사무소로 나를 방문했을 때 그는 픽업트럭을 타고 왔는데 무장한 세 명의 청년이 그를 경호하고 있었다. 외국인 친구들은 그에게 모든 것을 버리고 유럽으로 이주하지 않는 이유가 무엇이냐고 자주 물었다. 그때마다 그는 아프리카 내륙의 전통 속담으로 답을 대신했다.

"참새는 새똥으로 가득 차 있다고 해서 제 둥지를 떠나진 않는다네."[5]

응우판데는 2005년 4월에 구성된 자국의 새 정부에서 외무장관직을 수락했다. 현재까지 아프리카가 배출한 노벨상 수상자는 일곱 명인데, 그중 다섯명은 남아공 출신이다. 이들이 받은 노벨상은 가난과 전쟁 속에서도 번영할 수 있는 문학과 평화 분야의 것이었다.[6] 앞으로 과학, 의학 및 경제학 분야에서 노벨상을 수상할 만한 잠재력을 지닌 아프리카인은 수백 명이 있을 것이다. 그중 다수는 해외에서 공부하거나 일하고 있으며 여건이 허락한다면 귀국할 준비가 되어 있다.

인간의 결단은 종종 순수한 의지에 힘입어 자국에서 승리를 거두기도 한다. 한 아프리카 친구는 이렇게 말했다.

"우리 어머니는 학교에 발을 들여놓은 적이 없어요. 하지만 제가 열 살 때 우리에게 질문을 던지면서 글을 배우기로 결심하셨지요. 다섯 아들에게 어머니는 든든한 기둥이 되어주셨어요. 두 명은 박사가 되었는데 한 명은 인문학 박사, 다른 한 명은 의학 박사예요. 나머지 셋은 엔지니어가 되었고요."

❈ ❈ ❈

전 세계는 아프리카 해방에 기여할 수 있다. 하지만 아프리카인 자신들이 가장 중요한 조치를 취해야 한다.

우선 그들은 스스로를 불쌍히 여기는 것, 그리고 다른 이들도 자신들을 그렇게 여길 거라 기대하는 것을 멈춰야 한다. 해외원조와 마찬가지로 아프리카에 대한 동정심은 점점 줄어들고 있다.

지성인과 정치가들은 자신들의 실패에 대해 변명하는 것을 멈추고, 지역적 또는 민족적 기원과 상관없이 아프리카의 인재와 기업을 배출해야 미래가 있다는 점을 이해해야 한다. 또한 국내외의 관심을 끌 수 있게끔 급진적인 방식으로 이를 진행해야 한다.

그런 재능이 가지를 뻗어나가게 하려면 아프리카인들은 민주주의의 모방이나 독재에 자신들의 운명을 맡기지 말고 정부에 훨씬 더 많은 것을 요구해야 한다. 무력을 앞세울 필요는 없다. 기자들의 탄탄한 조사보도, 압력단체 창설, 국제적 여론에의 호소, 심지어 시민 불복종까지도 모두 저마다의 역할을 할 수 있다.

몬태나주의 교회단체들, 영국의 노령연금 수급자들, 프랑스 학교의 아이들과 같은 아프리카의 '비공식적' 친구들도 자유언론 옹호, 국경없는기자회Reporters without Borders와 같은 단체들에 대한 지원, 초등교육 개선 및 에이즈 퇴치에 중점을 둠으로써 힘을 보탤 수 있다. 차드-카메룬 송유관 프로젝트가 거의 실패할 뻔한 것에서 알 수 있듯, 국제적 시민 여론에는 정부와 기업의 결과를 좌우하는 힘이 있다는 사실을 의심해선 안 된다. 사실 그 프로젝트에 대한 대중의 감시는 여전히 성공과 실패를 가르는 중요 요건이다.

많은 이가 아프리카는 발전이 더딜 거라고, 또 어느 정도 방향성만 맞으면 가끔의 좌절도 받아들여야 한다고 말한다. 어떤 이들은 20년 전의 내가 그랬듯 어둠을 저주하기보다는 촛불을 켜는 편이 낫다고 덧붙일 수도 있다. 내가 보기에 우리는 이제 그냥 불을 켤 수 있다는 점을 충분히 알고 있다.

가난에도 불구하고 아프리카는 더 나은 미래를 건설할 수 있는 엄청난 자원이 있다. 일례로 높은 산과 원시림, 아름다운 해변을 가진 카메룬과 같은 나라는 입국 비자를 폐지하고 사람들을 괴롭히지 않게끔 경찰을 설득하면 생태 관광객들의 주요 국제 여행지가 될 것이다. 코스타리카는 한때 모든 숲을 베어냈는데도 자연보호구역으로 지정하여 방문객이 쉽게 올 수 있게 한 덕분에 관광지로 인기를 끌게 되었다. 카메룬에서는 코스타리카에서보다 훨씬 더 많은 동식물을 볼 수 있으니 충분히 가능하다.

현재 해외에 보유된 아프리카 저축액의 40퍼센트는 잠재적으로 자국 내 투자가 가능하다. 또한 해외에는 아프리카의 정치적·경제적 전망이 밝아지면 고국으로 돌아갈 수 있는 재능 있고 경험 많은 아프리카 인재들이 수천 명 있다. 더불어 아프리카에서는 돈과 아이디어를 통해 보다 직접적으로 아프리카인들을 지원하려는 많은 정부와 민간 자선단체들이 있다.

아직 붕괴되지 않은 한 가지는 '아프리카의 정신'이다. 아프리카의 고집 일부는 단순한 인간의 생존본능에서, 또 다른 일부는 진실과 마주하는 것을 꺼리는 데서 비롯되었다. 물질적인 면만 고려했다면 남아공에서 아파르트헤이트가 한창일 때 정부로부터 억압받았던 흑인의 대다수는 아마 여타 아프리카 국가의 '자유로운' 이들의 삶보다 나았을 것이다. 비록 일부 국가에서는 여전히 차별과 불평등한 기회라는 문제와 마주하고 있으나 서구에 사는 아프리카 노예들의 후손 수백만 명은 평균적인 아프리카인들보다 건강, 교육, 직업에 대한 접근성이 훨씬 더 크다.

아프리카인들은 이제 스스로 주장해야 한다. 아프리카에 아직 독립국이 없던 시절, 영국의 언론인이자 역사학자였던 바실 데이비슨Basil Davidson은 『아프리카의 각성The African Awakening』(1955)에 다음과 같이 썼다.

"아프리카 전역에는 (…) 다양한 변화, 현대 세계로의 이동, 복종의 종식과 평등의 시작에 대한 열망이 있다."[7]

그로부터 수십 년이 지난 지금, 아프리카는 잠시 희망이 멈춘 상황이다. 아프리카의 인간적 아름다움, 잠재력, 고통에 익숙한 이들만이 향후 10년 안에 돌파구를 희망할 수 있다. 오직 아프리카인들만이 자신들을 억압하는 테러, 가난, 평범함의 순환을 끊을 수 있음을 그들은 다른 어떤 이들보다 잘 알고 있다.

해 제

지난 수십 년간 국제사회의 천문학적 규모의 원조에도 왜 아프리카의 상황은 근본적으로 개선되지 않을까? 혹은 실제로는 많은 개선이 이루어졌으나 그것이 우리에게 잘 보이지 않는 것일까?

떠오르는 젊은 대륙, 풍부하고 많은 자원의 보고, 지구의 마지막 남은 성장 동력으로 혁신과 새로운 비즈니스 기회가 펼쳐지는 희망의 대륙 아프리카. 빈곤과 기아로 죽어가는 안타까운 사람들, 원조와 선교를 통해 도움을 주어야 하는 곳. 질병과 사건 사고가 끊이지 않고 분쟁과 부패가 만연한 절망의 대륙. 2023년의 아프리카는 그 사이 어디쯤 위치하고 있을까?

로버트 칼데리시는 이에 대해 여전히 답을 찾으며 아프리카와 세계가 놓치지 말아야 할 통찰과 교훈을 주고 있다. 지난 15년간 '아프리카', '개발협력'이라는 두 단어에 천착하며 더 나은 답을 찾고자 애쓰고 있는 한 사람으로서 새로운 배움과 고민을 안겨준 이 책을 감수하며 느끼고 고민한 소고를 나눈다.

'아프리카'의 해체와 합체

한 개인이나 사회를 깊이 이해하기 위해서는 다면적 접근과 충분한 시간이 필요하다. 더군다나 인격적 주체는 하나의 모습으로 머물러 있지 않고 끊임없이 생동하며 변화한다. 하물며 셀 수 없이 많은 민족 집단을 포함한 방대한 땅인 아프리카는 어떠할까?

그러나 외부 세계는 개별의 인격, 사회, 나라가 아닌 '아프리카'라는 네 글자 안에 이 땅과 사람들을 가두어 저마다 가진 이해관계와 색안경을 끼고 그곳을 바라본다. 그 시작에는 근대 식민지배나 노예무역과 같은 침탈의 과정에서 선주민들의 고유한 주체성 파괴와 타자화가 있었다는 것을 기억해야 한다. 우리는 역사적 관점에서, 또 현대를 살아가는 세계시민의 측면에서 '외부인'인 우리가 만나는 '아프리카'가 얼마나 제한적이며 실제와 다를 수 있는가에 대해 경계해야 한다. 때로 그것이 직접 삶으로 겪어낸 것이라 할지라도, 아프리카 전체가 아닌 일부의 모습일 뿐이며 내 개인의 특수한 맥락과 관계 속에서 제한적으로 형성된 것임을 겸손하게 인정해야 한다. 다만 그중에 확신할 수 있는 것이 있다면 – 특정한 이해관계, 특히 주로 권력을 더 가진 편에 속하는 경우가 많은 외국인과 현지인의 사이가 아닌 – 친구와 이웃의 동등한 입장에서 교제하고 교류했던 경험, 그 속에서 만났던 '아프리카인', '특정 국가인'이 아닌 한 사회의 구성원으로 살아가는 고유한 인격체로서 한 사람이 가진 이야기와 관계를 통해 배운 것이라 할 수 있겠다.

그 땅에서 직접 살지 않고서는 그런 기회를 얻기 어렵다고 여길 수 있으나, 거대한 추상과 물리적 땅으로서만 '아프리카'를 바라보지 않고 조금만 가까이 눈을 돌려보면 우리 사회에도 이미 많은 아프리카인들이 함께 살아가고 있음을 알 수 있다. 아프리카에 대한 제대로 된 만남과 이해는 기회가 닿는 가장 가까운 곳에 있는 한 사람으로부터 시작되어야 한다. 뭉뚱그려진 하나의 대륙이 아니라 동·서·남·북·중앙 5개의 권역으로, 54개 또는 55개 국가로, 그 안의 다양한 민족 집단으로, 결국엔 십수억의 각기 다르고 특별한 개별적 인격체로 나누어질 '아프리카'를 바르게 이해하기 위한 노력이 선행되지 않고서는 그 어떤 프로젝트나 협력도 제대로 이루어지기 어렵기에, 아프리카를 과감하게 해체하는 것으로부터 아프리카 제대로 보기를 시작했으면 한다.

하지만 아프리카 내부의 입장에서는 외부와는 다른 방향으로 접근해야 한다. 해체가 아니라 쇄신과 변화를 위한 연대이다. 국제 사회에서 최근 아프리카 대륙의 인기는 그 어느 때보다 뜨겁다. 이미 오래전부터 아프리카에 공을 들여온 영국, 프랑스, 미국, 일본, 중국과 같은 나라 외에도 인도, 러시아 그리고 우리나라 또한 최초로 '2024 한-아프리카 정상회의' 개최를 공표하며 대아프리카 협력 강화를 추진하고 있다. 아프리카 국가 입장에서는 뿌리치기 쉽지 않은 러브콜일 것이다. 강한 국력과 높은 경제력을 가진 나라들은 대아프리카 협력 이니셔티브를 통해 대규모의 지원, 투자 계획을 약속하기 때문이다. 그러나 냉정하고 치열한 국제사회에서 특수한 상황에 자원의 양이 제한되어 있는 인도적 지원을 제외하면, 겉으로 잘 들어나지 않아도 어느 나라나 자국의 직간접적 이익을 고려하여 지원을 하는 것은 자명한 일이다. 하지만 선택도 그에 대한 결과도 아프리카가 스스로 결정하고, 책임져야 한다. 결국 저자가 비판하는 지난 수십 년간의 낮은 원조 효과성에 대한 근본적 원인, 특히 내부가 먼저 혁신적으로 변화하기 위해 노력하지 않는다면, 확대되는 아프리카 지역에 대한 세계의 지원과 투자는 순효과가 아닌 또 다른 부작용을 낳을 것이다. 이방인으로서 가지는 주제

넘는 희망은, 시간이 더 걸리더라도 아프리카 국가들이 똘똘 뭉쳐 대륙의 자생력을 키우는 방향으로 나아갔으면 하는 것이다. 공통의 역사적 연대 의식을 바탕으로 개인, 민족, 국가 이기주의를 넘어 내부를 병들게 하는 부정과 부패를 힘 모아 척결하고, 나아가 대륙 전체의 발전과 번영을 위해 더 강하게 연대하고 연합해야 한다. 함께 하는 아프리카는 개별의 국가보다 훨씬 강력하고, 국제사회에서도 더 큰 힘을 발휘할 것이다. 현재도 아프리카자유무역지대AfCFTA, 아프리카연합AU의 아젠다 2063 추진 등 노력은 있지만 서로 다른 이해 관계와 자국 이익 추구로 진정한 통합의 힘을 발휘하기 위해서는 아직 넘어야 할 산이 많다. 부디 쉽지 않은 여건 속에도 외부와 과거를 탓하기 보다, 내부를 바꾸고 현재와 미래를 향해 나아가는 깨어있는 개개인과 지도자가 더 늘어나길 바란다. 외부가 아닌, 아프리카 스스로가 가지고 있는 것을 바탕으로 건강하고 지속가능한 발전의 생태계가 만들어질 수 있도록, 내부와 국제사회의 애정어린 관심과 비판적인 지지가 어느 때 보다 필요하다.

아프리카와 '함께' 더 나은 세상을 만들기 위해

지난 몇 년 우리는 코로나19와 기후위기로 다양한 자연재해 발생을 겪으며 세계의 위기를 현실로 느끼며 살고 있다. 이제 국제개발협력에 종사하는 사람 뿐 아니라 이 시대를 살아가는 모두가 시민을 넘어 세계시민으로서의 고민과 실천을 넓혀가야 하는 때이다. 그것은 우리의 생존과 직결된 문제이며 특히 다음 세대가 건강하게 살아갈 수 있는 세상을 준비하는 일이기도 하다. 그러나 깨어서 함께 변화하자는 목소리와 행동이 커지는 것과 동시에, 역설적으로 인류 역사상 가장 기술이 발달하고 자원이 풍요한 시대인데도 불평등은 더욱 심화되고 차별과 혐오도 늘어나고 있다. 이 문제를 어떻게 해결해 나갈 수 있을까? 나는 그 연결고리의 끝과 시작에 '아프리카'가 보인다. 로버트 칼데리시는 지난 수십 년 간 지속되어 왔던 원조의 실패 원인을 통렬하게 꼬집고, 아프리카 내부의 혁신을 중심으로 변화를 위한 열 가지 방안을 제시하고 있다. 오랜 세월 개발 전문가로 아프리카 여러 지역에서 활동하며 얻은 깊은 통찰과 애정이 담긴 이야기로 교훈이 크다.

나는 저자가 주는 교훈에서 우리가 한 걸음 더 나아가기를 희망한다. 동전의 앞뒷면처럼 근대 아프리카 역사와 현재의 문제들은 복잡한 인과관계가 첨예하게 얽혀있다. 그러므로 아프리카의 진정한 변화와 발전은 단편적인 접근으로 한쪽 방향으로만 노력해서 풀 수 없다. 마침 세계의 개발협력 흐름도 공여국-수혜국 대신 협력 대상국으로, 일방적 원조가 아닌 파트너십을 강조하고 있다. 아프리카 안과 밖을 이분법적으로 나누는 것을 극복하고, 세계의 공동 발전을 위해 아프리카의 각 국가가 얼마나 핵심적인 협력 파트너인지 먼저 깨달아야 한다. 이를 통해 지금의 난제가 그들 '아프리카'만의 문제가 아니라 우리 '세계의' 공동 문제라는 인식을 바탕으로, 아프리카의 그리고 세계의 공동 번영과 지속가능한 발전을 위해 더 나은 해법을 고민하고 실천하는 사람들이 더 많이 늘어나길 기대한다.

사단법인 아프리카인사이트 대표 허성용

옮긴이의 글

2017년 초 나는 사무소장으로 탄자니아행 비행기에 올랐다. 떠나기 전 내게 아프리카는 전사의 후예 마사이 사람들, 드넓은 초원의 야생동물, 독수리 앞에서 기력이 다해 죽어가는 흑인 어린이, 이런 단편적인 모습들로만 존재했다. 줄리어스 니에레레 공항에 처음 내렸을 때 황열병 접종 증명서를 보여주는 줄, 비자 신청하는 줄, 자국민으로 비자 없이 입국 심사 받으려는 무리들의 줄이 무질서하게 엉켜 밀고 밀치는 상황에서 뒤돌아 소리 치는 흑인은 낯선 환경에 처음 내딛는 나를 바짝 긴장시켰다.

한국에서 탄자니아로 바뀐 이질적인 환경에 적응하면서 한국인으로서는 이해하기 어려웠던 탄자니아의 모습에 지쳐갈 즈음, 사무실 선반에서 『The Trouble with Africa』를 발견해 읽게 되었고, 이 책 안의 일화들이 내가 겪는 일들과 유사한 것에 동질감을 느끼면서 다른 사람들과 대화할 때면 종종 이 책의 내용을 언급했다. 2017년의 상황이 이 책이 처음 출판된 2006년의 상황하고 크게 다르지 않아 많은 사람에게 소개하고 싶었기 때문이다.

로버트 칼데리시는 30년간 국제개발협력 분야에서 일했다. 대표적 다자개발기구인 세계은행 사무소와 본사에서 일하면서 개발협력에 대한 폭넓은 안목을 키웠고, 현실적인 개선책에 대해서도 누구보다 고민을 많이 한 인물이다. 그가 이 책에서 간간이 내비치는 개인적 경험 속에서 여러분은 인간에 대한 애정과 자조적인 현실 속에서도 유머를 잃지 않는 긍정을 느낄 것이다.

이 책을 처음 읽은 분들은 아프리카의 부정적인 면을 부각시켰다고 생각할 수 있다. 사하라이남 아프리카의 부정적인 면을 우회하지 않고 직설적인 화법으로 지적하고 있기 때문이다. 그러나 아프리카가 전반적으로 내전, 장기독재, 미숙한 정치, 제대로 뿌리내리지 못한 민주주의, 엄혹한 정치 상황으로 인해 경제·사회·문화 역시 일상적으로 영향을 받고 있다는 점은 부인할 수 없다. 그럼에도 이 책은 일반 개개인에 대한 열린 태도와 애정으로 점철되어 있다.

아프리카가 개인의 권리행사가 자유롭지 않은, 민주주의가 성숙되지 못한 사회라는 사실을 염두에 두면 일상적으로 마주하는 부조리들을 이해할 수 있다. 같은 환경에서 자랐다면 나 또한 별반 다르지 않을 것이라는 역지사지의 태도는 너와 나의 구분, 또는 피부색에 상관 없이 같은 사람으로 받아들일 수 있게 한다.

나는 운이 좋아 한국이라는 나라에서 태어나 체계적인 교육을 받은 덕분에 탄자니아 사무소장으로 현지인과 함께 일할 수 있는 자리를 얻었을 뿐 나를 "Boss"라는 불편한 칭호 아래 업무적으로 지원해 준 탄자니아 사무소 직원들, Mr. Marco, Mr. Paulo, Ms. Josephine은 높은 인격, 업무에 대한 책임감, 열정, 상대방에 대한 배려로 내게 많은 감동을 주고 나의 보잘것 없는 우월감을 내려놓도록 했다.

사무소장 부임 초기 시행착오를 겪으며 이 친구들을 저도 모르게 얕잡아 보며 혹독하게 대했던 것에 대한 후회가 2020년 초 3년의 임기를 마치고 떠나온 지금까지 마음의 부담이었다. 그래서 이번에는 시행착오 없이 잘해 보고 싶어 2022년 초 아프리카 가나의 사무소장으로 지원해 나와있다. 탄자니아에서와 유사한 일들은 맷집이 생겨 대수롭지 않게 헤쳐나가고 있지만, 서아프리카는 동아프리카와는 또 달라서 가나에서도 특유의 일들을 맞닥뜨리면서 일상의 희노애락을 겪고 있다.

혹자는 묻는다. 왜 그렇게 화나는 일이 많은 아프리카에 또 가냐고. 부조리한 일상 속에서 켜켜이 쌓이던 울화는 이해의 순간 사그라들고, 이질적으로만 느껴졌던 현지 상대방과 이심전심 무엇인가 통했을 때는 보람과 감동이 터지곤 한다. 서구화된 사회의 시선으로 보자면 아직은 어두운, 미지의, 저개발 아프리카이지만 몰랐던 지역, 생소한 사회, 낯선 사람을 알아가는 기쁨을 이 책을 통해 누려 보길 바란다.

이현정

출 처

서문

1. Excerpts of the letter of Yaguine Koita and Fode Tourkana, dated July 29, 1999, posted on the Jubilee 2000 website (jubilee2000uk.org).
2. Jean Ziegler's best-selling 2002 book, Les nouveaux maîtres du monde [The New Masters of the World], starts with the same story, but draws conclusions very different from mine. He implies the boys died because rich countries, multinational corporations, and global financial institutions have made it difficult for developing countries to raise enough domestic resources for development.
3. Sir Thomas Browne (1605–1682) in Religio Medici.
4. Ryszard Kapuscinski, The Shadow of the Sun, introduction.
5. John Gunther, Inside Africa, p.xxi.
6. Map of the World (Planisphere), included in the exhibition "Caliphs and Kings: The Art and Influence of Islamic Spain" at the Arthur M. Sackler Gallery, Smithsonian Institution, Washington, DC, Summer 2004.
7. Most notably in George N. Ayittey's Africa Betrayed.
8. Aminata Traoré, Lettre au Président des Français à propos de la Côte d'Ivoire et de l'Afrique en général, p.29.
9. See also Martin Wolf, Why Globalization Works; Jagdish Bhagwati, In Defense of Globalization.
10. Samuel Brittan, "Democracy alone is not enough," Financial Times, May 13, 2005.

1장. 변명거리 찾기

1. Aminata Traoré, Lettre au Président des Français p.28.
2. Ibid., p.104.
3. "Rwandan celebrity downplays role," The Gazette, Montreal, May 1, 2005, p.A3.
4. Paul Theroux, Dark Star Safari, pp.313–314.
5. James Morris, The Road to Huddersfield: A Journey to Five Continents, p.47. 16 clad rm 12/7/05 11:56 PM Page 231
6. George Monbiot, The Age of Consent, p.20.
7. Catherine Caufield, Masters of Illusion, Chapter 12.
8. Graham Hancock, Lords of Poverty, Part I.
9. Susan George and Fabrizio Sabelli, Faith and Credit, p.3.
10. Robert Coughlan, Tropical Africa, p.85.
11. John Iliffe, Africans: The History of a Continent, p.131.
12. René Dumont, Paysans écrasés, terres massacrées, p.266.
13. Iliffe, p.127.
14. Press conference of November 23, 2004.
15. Ibid.
16. Sir Donald Cameron, My Tanganyika Service and some Nigeria.
17. Sir Philip Mitchell, African Afterthoughts.
18. J. H. Oldham, White and Black in Africa, p.4.

19. Dumont, Paysans écrasés, pp.267–268.
20. Basil Davidson, The African Awakening, pp.237–238.
21. Antoine Glaser and Stephen Smith, L'Afrique sans Africains, pp.225–250.
22. Dumont, False Start, p.76.
23. Ibid., p.290.
24. Paul Johnson, A History of the Modern World (1983), p.517.
25. John Reader, Africa: A Biography of the Continent, p.93.
26. Ibid., p.234.
27. J. C. Carothers, The Mind of Man in Africa, p.35.
28. John Hatch, in Dumont's False Start in Africa, p.295.
29. African Regional Organizations and their Role in the Present World Context, Closing statement of the Union of African Parliaments meeting at its 21st Conference in Niamey, Niger on 22nd and 23rd August, 1998 (www.uafparl.org).
30. Background Paper on African Union (October 24, 2001), prepared by Natalie Steinberg for the World Federalist Movement, p.1 (www.wfm.org).
31. Ibid., p.4.
32. Review of Jean-Paul Ngoupandé's L'Afrique sans la France, in Le Monde, May 17, 2002.

2장. 다양한 시각에서 본 아프리카

1. Conversation in the US Ambassador's residence in Abidjan, Ivory Coast in September 1993.
2. La Voie, No. 335, October 29, 1992, p.6.
3. Notre Temps, No. 172, August 18, 1994, pp.4–5.
4. Notre Temps, No. 174, August 31, 1994, pp.10–11.

3장. 권력을 가진 악당들

1. Henry M. Stanley, In Darkest Africa, p.9. 16 clad rm 12/7/05 11:56 PM
2. Michela Wrong, In the Footsteps of Mr. Kurtz, p.187
3. Omar Bongo, Blanc comme nègre, p.291 (author's translation).
4. A. Conan Doyle, The Great Boer War, p.22.
5. New York Times, February 9, 2004.
6. BBC News, January 29, 2002.
7. Quoted in John Gross, ed., The New Oxford Book of English Prose, p.308.
8. Quoted in J. Mohan, "Nkrumah and Nkrumahism," Socialist Register, London, p.198.
9. Gwendolyn Carter, Independence for Africa, p.34.
10. Kwame Nkrumah, Autobiography, p.x.
11. Quoted in Ryszard Kapuscinski, The Shadow of the Sun, p.103.
12. Raphael Lakpé, "Des êtres inachevés," in La Voie, October 25, 1993 (author's translation).
13. The Economist, "The World This Week," May 29, 2004.
14. African Women's Media Center inaugural conference, December, 1997.
15. Remarks made by President Nelson Mandela at the closing banquet of the South African Institute of International Affairs (SAIIA) conference on "Southern Africa into the Next Millennium," March 19, 1998, Smuts House, Johannesburg.
16. Léopold Senghor, Ce Que Je Crois, p.14 (author's translation).
17. Ibid., p.24.
18. Ibid., p.131.
19. Ibid., p.190.
20. Noël X. Ebony, 20 années de passion en 100 articles), p.355 (author's translation).

21. "OAU Stance on Amin 'disgrace': Nyerere," Associated Press/ Montreal Gazette, December 11, 1978.
22. Remarks over lunch at World Bank headquarters, Washington, DC, May 5, 1998.
23. World Bank Press Release, October 14, 1999.
24. Financial Times, July 1, 2004, p.4.
25. The Citizen (East Africa), January 19, 2004, p.9.
26. The Guardian Weekly, April 1–7, 2004, p.3.
27. Quoted in The Financial Times, July 15, 2004, p.5.
28. "Malawi president a bad choice," BBC News, May 4, 2005.
29. Anthony Sillery, Botswana: A Short Political History, p.192.
30. La Presse de Tunisie, November 1, 2003, pp.1 and 4 (author's translation).
31. Letter from Mr. Paul Kegne, in BTP Afrique, February-March 2002, p.83 (author's translation).
32. Review of Beyond the Miracle (Profile Books, 2003) in The Guardian Weekly, November 13–19, 2003, p.18.
33. Stephen Smith, Nécrologie, p.217. 16 clad rm 12/7/05 11:56 PM
34. Transparency International Press Release: "Transparency International urges NEPAD leaders to ratify AU Anti-Corruption Convention," November 22, 2004.
35. Winston Churchill, A History of the English-Speaking Peoples, Volume II, Dodd, Mead & Company, New York, 1966, pp.291–292

4장. 문화, 부패, 정당성

1. Quoted in Ian Smith, Bitter Harvest. The Great Betrayal, p.102.
2. Robert Coughlan, Tropical Africa, p.17.
3. J. C. Carothers, The Mind of Man in Africa, p.54.
4. Quoted in Nadine Gordimer, Living in Hope and History, pp.50–51.
5. Ibid., p.51.
6. Carothers, p.121.
7. Talk at the World Bank, June 17, 1998.
8. Francis Parkman, Pioneers of France in the New World, pp.39–40.
9. Ryszard Kapuscinski, The Shadow of the Sun, p.36.
10. Le Monde, October 30, 2003.
11. Geoffrey Gorer, Africa Dances, p.186.
12. CNN/New Scientist, October 2, 2003.
13. Wrong, p.172.
14. Kapuscinski, p.36
15. Christopher Kolade, "Corruption in Africa, in Calderisi et al.,ed.,Faith in Development, p.80.
16. Coughlan, p.96.
17. International Herald Tribune, August 9–10, 2003
18. Quoted in Basil Davidson, The African Awakening, p.86.
19. Carothers, pp.157–162.
20. Quoted in Wrong, p.119.
21. Chinua Achebe, The Trouble with Nigeria, p.33.
22. Excerpt of a speech by the President of the Club d'Hommes d'Affaires Franco-Ivoirien, "Quelle justice pour les hommes d'affaires?," Abidjan, April 8, 1993 (author's translation).
23. J. H. Plumb, The Making of an Historian, pp.328–329.
24. Eric Orsenna et al., Besoin d'Afrique, p.348 (author's translation).
25. Oakland Ross, "Into Africa," Toronto Star, May 25, 2003.
26. Editorial in The New York Times, December 30, 2003, entitled "Harvesting Poverty."

27. Jean Ziegler, Les Nouveaux Maîtres du Monde, pp.90, 93–116, 179–202.
28. Chinua Achebe, "An Image of Africa: Racism in Conrad's Heart of Darkness," in Hopes and Impediments, pp.1–20.
29. Talk at the World Bank, June 17, 1998.
30. Keith Richburg, Out of Africa, p.xviii.
31. Stephen Smith, Négrologie: Pourquoi l'Afrique Meurt (author's translation), p.14. 16 clad rm 12/7/05 11:56 PM
32. Ibid., p.23.
33. Quoted in Roy Richard Grinker, In the Arms of Africa, p.77.
34. Ibid., p.79.
35. Smith, p.131.
36. Associated Press, September 14, 2004.
37. New York Times, March 1, 2004.
38. New York Times, June 23, 2004.
39. Financial Times, May 28, 2004.
40. Aryeh Neier, quoted in The International Herald Tribune. August 17, 2004.
41. The Economist, May 1, 2004, p.8.

5장. 탄자니아: 아프리카식 사회주의

1. Julius Nyerere, Ujamaa: Essays on Socialism, pp.22–23.
2. Ibid., pp.24–28.
3. Ibid., p.32
4. Ibid., p.35.
5. Ibid., pp.30–31.
6. Ibid., p.77.
7. Ibid., p.67.
8. Nyerere, The Arusha Declaration : Ten Years After, p.19.
9. Ibid., p.20.
10. Ibid., p.32.
11. Ibid., pp.34–35.
12. Ibid., p.35.
13. Ibid., pp.50–51.
14. Goran Hyden, Beyond Ujamaa in Tanzania, p.225.
15. Wall Street Journal, July 17, 1981, p.B26.
16. Bernard Joinet, Tanzanie: Manger d'abord (author's translation), p.185.
17. Ibid., pp.189–191.
18. Hyden, p.18.

6장. 코트디부아르: 기적의 종말

1. Meeting at the Ivorian President's residence in Abidjan, October 31, 1992.
2. Alain Decaux, Le tapis rouge, pp.238–240.

8장. 경제학의 실패

1. World Trade Organization Press Release, November 17, 2000.
2. These are real GDP figures for 2002, using constant 1995 prices (World Bank, African Development Indicators, p.15.)
3. World Bank study cited in the Financial Times, October 7, 2003 16 clad rm 12/7/05 11:56 PM

4. "The end of investor Afro-pessimism," Financial Times, May 10, 2005.

9장. 국제원조의 험난함

1. Robert S. McNamara, "Development and the Arms Race," Speech at the University of Chicago, May 22, 1979.
2. World Bank, World Development Report, pp.33–35.
3. P.T. Bauer, Equality, the Third World, and Economic Delusion, p.100.
4. Teresa Hayter, Aid as Imperialism, p.9.
5. Meeting of the "Friends of the Central African Republic," in the offices of the French Perma-nent Representative to the United Nations, New York, July 5, 2001.
6. Michael Holman, "Africa's Potemkin deception," Financial Times, January 30, 2004.
7. Michael Holman, Last Orders at Harrods: An African Tale, pp.224–225.
8. Ibid., p.226.
9. Ron Suskind, The Price of Loyalty, p.245.
10. Ibid., p.254.
11. The Economist Pocket World in Figures, 2001.
12. René Dumont, False Start in Africa, p.96.
13. "The Challenge of Inclusion," Address of James D. Wolfensohn to the Annual Meeting of the Board of Governors of the World Bank Group, Washington, DC, September 1997.
14. Donald Fraser, African Idylls, p.34.
15. James Morris, The Road to Huddersfield, p.107.

10장. 차드-카메룬 송유관

1. World Bank Press Release, July 26, 2005.
2. Amnesty International, "Contracting out of Human Rights: The Chad–Cameroon pipeline project," September 7, 2005.

11장. 가치의 충돌

1. I first heard this story in 1969 (the year after the Poor People's Campaign) from my Oxford neighbor, the British Caribbean Rhodes Scholar, Richard Jacobs.
2. "Un gendarme militant" ["A principled policeman"], Notre Temps, Abidjan, December 22, 1994.

12장. 아프리카를 바꾸는 방법 10가지

1. Financial Times, January 20, 2004.
2. Nyerere, The Arusha Declaration: Ten Years After, p.51. 16 clad rm 12/7/05 11:56 PM

13장. 새로운 시대

1. John Gray, Al Qaeda and What It Means to be Modern, p.114.
2. During lunch at the World Bank in June 2000.
3. George Monbiot, The Age of Consent, p.79.
4. Financial Times, October 27, 2004.
5. Jean-Paul Ngoupandé, L'Afrique sans la France, p.18 (author's translation).
6. Albert Luthuli (1960), Desmond Tutu (1984), Nelson Mandela (1993), and Wangari Maathai (2004) for Peace; Wole Soyinka (1986), Nadine Gordimer (1991), and John Coetzee (2003) for Literature
7. Basil Davidson, African Awakening, p.9

참고 문헌

Achebe, Chinua. The Trouble with Nigeria. Oxford: Heinemann, 1983. ———. Hopes and Impediments. New York: Doubleday (Anchor Books), 1989.

———. Home and Exile. New York: Random House, 2001.

Appiah, Kwame Anthony and Gates, Henry Louis, Jr. Africana: The Encyclopedia of the African and African American Experience. New York: Perseus Books, 1999.

Ayittey, George N. Africa Betrayed. New York: St. Martin's Press, 1992. Bauer, P. T. Equality, the Third World, and Economic Delusion. Cambridge: Harvard University Press, 1981.

Bhagwati, Jagdish. In Defense of Globalization. New York: Oxford University Press, 2004.

Bongo, Omar. Blanc comme nègre. Paris : Grasset, 2001.

Calderisi, Robert et al., Faith in Development. Washington: The World Bank/Regnum Press, 2001.

Cameron, Donald. My Tanganyika Service and Some Nigeria. London: George Allen and Unwin, Ltd., 1939.

Carothers, John Colin. The Mind of Man in Africa. London: Tom Stacey, 1972.

Carter, Gwendolyn. Independence for Africa. London: Thames and Hudson, 1961.

Caufield, Catherine. Masters of Illusion: The World Bank and the Poverty of Nations. New York: Henry Holt and Company, 1996.

Chomsky, Noam. Hegemony or Survival: America's Quest for Global Dominance. New York: Henry Holt and Company, 2003.

Churchill, Winston. A History of the English-Speaking Peoples, Volume II. New York: Dodd, Mead, and Company, 1966.

Conan Doyle, Arthur. The Great Boer War. London: George Bell & Sons, 1901.

Coughlan, Robert. Tropical Africa. New York: Time/Life, 1962.

Davidson, Basil. The African Awakening. London: Jonathan Cape, 1955. Decaux, Alain. Le tapis rouge. Paris: Perrin,1992.

Dumont, René. False Start in Africa. New York and Washington, DC: Frederick A. Praeger, 1966.

———. Paysans écrasés, terres massacrées. Paris: Robert Laffont, 1978.

Ebony, Noël X. 20 années de passion en 100 articles. Abidjan: Union Nationale des Journalistes de Côte d'Ivoire et Fraternité Matin, 1994.

Fraser, Donald. African Idylls. New York and London: Fleming H. Revell Company, 1925.

George, Susan. Faith and Credit: The World Bank's Secular Empire. Boulder and San Francisco: Westview Press, 1994.

Glaser, Antoine. L'Afrique sans Africains: Le rêve blanc du continent noir. Paris: Stock, 1994.

Gordimer, Nadine. Living in Hope and History: Notes from Our Century. New York: Farrar, Straus, Giroux, 1999.

Gorer, Geoffrey. Africa Dances. London: Penguin Books, 1945.

Gray, John. Al Quaeda and What It Means to Be Modern. London: Faber and Faber, 2003.

Grinker, Roy Richard. In the Arms of Africa: The Life of Colin M. Turnbull. New York: St. Martin's Press, 2000.

Gunther, John. Inside Africa. New York: Harper & Brothers, 1955.

Hancock, Graham. Lords of Poverty: The Power, Prestige and Corruption of the International Aid Business. New York: The Atlantic Monthly Press, 1989.

Hayter, Teresa. Aid as Imperialism. Harmondsworth: Penguin Books, 1971. Holman, Michael. Last Orders at Harrods: An African Tale. Edinburgh: Polygon, 2005.

Hyden, Goran. Beyond Ujamaa in Tanzania. Berkeley and Los Angeles: University of California Press, 1980.

Iliffe, John. Africans: The History of a Continent. Cambridge: Cambridge University Press, 1995.

Johnson, Paul. A History of the Modern World. London: Wiedenfield and Nicolson, 1983.

Joinet, Bernard. Le soleil de Dieu en Tanzanie. Paris: Les Editions du Cerf, 1980.

———. Tanzanie: Manger d'abord. Paris: Editions Karthala, 1981.

Kapuscinski, Ryszard. The Shadow of the Sun. New York and Toronto: Alfred A. Knopf, 2001.

Mitchell, Philip. African Afterthoughts. London: Hutchinson and Company, 1954.

Monbiot, George. The Age of Consent: A Manifesto for a New World Order. London: Harper Perennial, 2003.

Morris, James. The Road to Huddersfield: A Journey to Five Continents. New York: Random House (Pantheon Books), 1963.

Museveni, Yoweri. Sowing the Mustard Seed. London: Macmillan: 1997.

Ngoupandé, Jean-Paul. L'Afrique sans la France. Paris: Albin Michel, 2002.

Nkrumah, Kwame. Autobiography. London: Thomas Nelson and Sons, 1961.

Nyerere, Julius K. Ujamaa: Essays on Socialism. Dar es Salaam: Oxford University Press, 1968.

———. The Arusha Declaration: Ten Years After. Dar es Salaam: Government Printer, 1977.

Oldham, J. H. White and Black in Africa: A Critical Examination of the Rhodes Lectures of General Smuts. London: Longmans, Green, and Co., 1930.

Orsenna, Eric et al. Besoin d'Afrique. Paris: Fayard, 1992.

Parkman, Francis .Pioneers of France in the New World. Boston: Little, Brown, and Company, 1925.

Reader, John. Africa : A Biography of the Continent. London: Hamish Hamilton, 1997.

Richburg, Keith B. Out of America: A Black Man Confronts Africa. New York: Harcourt, 1998.

Sallah, Tijan M. and Okonjo-Iweala, Ngozi. Chinua Achebe: Teacher of Light. Trenton New Jersey and Asmara, Eritrea: Africa World Press, Inc., 2003.

Senghor, Léopold Sedar. Ce Que Je Crois. Paris : Bernard Grasset, 1988.

Sillery, Anthony. Botswana: A Short Political History. London: Methuen & Co., Ltd, 1974.

Smith, Ian. Bitter Harvest: The Great Betrayal and the Dreadful Aftermath. Johannesburg: Jonathan Ball Publishers, 2001.

Smith, Stephen. Négrologie: Pourquoi l'Afrique Meurt. Paris: Calmann-Lévy, 2003.

Stanley, Henry M. In Darkest Africa. New York: Charles Scribner's Sons, 1891.

Stiglitz, Joseph E. Globalization and Its Discontents. New York: W.W. Norton & Company, 2002.

Suskind, Ron. The Price of Loyalty: George W. Bush, the White House, and the Education of Paul O'Neill. New York: Simon & Schuster, 2004.

Theroux, Paul. Dark Star Safari. Toronto: McClelland & Stewart, 2004.

Traoré, Aminata. Lettre au Président des Français à propos de la Côte d'Ivoire et de l'Afrique en général. Paris: Fayard, 2005.

Wolf, Martin. Why Globalization Works. New Haven: Yale University Press, 2004.

The World Bank. Adjustment in Africa : Reforms, Results and the Road Ahead. New York: Oxford University Press, 1994.

——. Assessing Aid: What Works, What Doesn't, and Why. New York: Oxford University Press, 1998.

——. Aid and Reform in Africa. Washington, DC: World Bank, 2001.

——. Can Africa Claim the 21st Century Washington, DC: World Bank, 2000.

——. World Development Report. Washington, DC: World Bank, 1980.

Wrong, Michela. In the Footsteps of Mr. Kurtz: Living on the Brink of Disaster in the Congo. London: Fourth Estate, 2000.

Ziegler, Jean. Les nouveaux maîtres du monde. Paris: Fayard, 2002.

왜 아프리카 원조는 작동하지 않는가

초판 1쇄 발행 2023년 5월 20일

지은이 로버트 칼데리시
옮긴이 이현정
해 제 허성용
공 역 김민지, 양지예, 정현재, 최진보

기획·편집 도은주, 류정화
마케팅 박관홍
외주 편집 장윤정

펴낸이 윤주용
펴낸곳 초록비책공방

출판등록 2013년 4월 25일 제2013-000130
주소 서울시 마포구 월드컵북로 402 KGIT 센터 921A호
전화 0505-566-5522 팩스 02-6008-1777

메일 greenrainbooks@naver.com
인스타 @greenrainbooks
블로그 http://blog.naver.com/greenrainbooks
페이스북 http://www.facebook.com/greenrainbook

ISBN 979-11-91266-80-1 (03300)

어려운 것은 쉽게 쉬운 것은 깊게 깊은 것은 유쾌하게

초록비책공방은 여러분의 소중한 의견을 기다리고 있습니다.
원고 투고, 오탈자 제보, 제휴 제안은 greenrainbooks@naver.com으로 보내주세요.